KB163410

여성 셰프 분투기

Taking the Heat:
Women Chefs and Gender Inequality in the Professional Kitchen
By Deborah A. Harris and Patti Giuffre

여성 셰프 분투기

Taking the Heat : Women Chefs and Gender Inequality in the Professional Kitchen

요리에 가려진 레스토랑에서의 성차별

데버러 A. 해리스 · 패티 주프리 지음 | 김하현 옮김

현실문화

일러두기

1. 이 책의 외래어 표기는 국립국어원의 외래어 표기법을 따랐다.
2. 단행본은 『 』로 잡지·신문은 《 》, 신문기사·TV 프로그램·영화·웹사이트·논문은 〈 〉로 표시했다.
3. 국내에 번역 출간된 도서는 원서명을 생략하고 번역 출간된 도서명으로 표기했다.

차례

| 들어가는 말 |

"부엌에 여자가 있다고?!"

샴페인 메이커 '뵈브 끌리꼬Veuve Clicquot'는 지난 3년간 '세계 최고의 여성 셰프 어워드'를 후원했다. 2013년 수상자는 여성 셰프 최초로 «미슐랭 가이드»에서 별 3개를 받은 이탈리아 출신의 나디아 산티니Nadia Santini였다. 하지만 그녀를 향한 찬사는 여성 셰프만 대상으로 하는 상이 꼭 필요하냐는 비판에 빛을 잃었다. 셰프에서 텔레비전 프로그램 진행자로 변신한 앤서니 보뎅Anthony Bourdain은 이런 트윗을 날렸다. "지금, 우리가 '세계 최고의 여성 셰프'를 정할 이유가 있는가? 마치 여성 셰프가 매우 희귀한 존재라도 되는 것처럼 말이다." 다른 셰프들과 유명한 요리 평론가들 역시 여성 셰프와 남성 셰프를 구분하는 데 문제를 제기하고, 여성 셰프를 대상으로 한 어워드를 폐지하자고 제안했다. 이들은 이런 어워드가 분열을 초래하며 여성 셰프는 다른 기준으로, (보통은) 남성 셰프보다 덜 엄격한 기준으로 평가받아야 하는 것처럼 보이게 한다고 주장했다.

이런 사례는 레스토랑에서 여성이 어떤 위치에 있는가 하는 문제의 일부일 뿐이다. 하지만 여기에는 '실제로' 여성 셰프가 다른 남성 중심적인 직업에 종사하는 여성들처럼 희귀한 존재로 여겨진다는 사실이 깔려 있다. 몇몇 남성 셰프는 록스타만큼 유명해서 요리에 별 관심이 없는 사람들조차 그들의 이름을 알고 있는 반면, 능력 있는 여성 셰프의 이름은 거의 알려져 있지 않다. 우리는 젠더 불평등을 지속시키거나 저항하는 데 일이 어떤 역할을 하는지에 주목하는 젠더 학자로서, 여성 셰프들이 직장에서 겪는 수많은 모순을 연구해야겠다고 마음먹었다. 그동안 요리는 주로 여성의 몫으로 여겨졌는데, 왜 셰프의 세계는 남성이 장악한 것일까?

우리는 곧 이 질문에 대답하는 것이 생각보다 훨씬 어렵다는 것을 알게 됐다. 요리의 세계가 성별화된 이유를 이해하려면 전문 셰프의 역사, 요리 평론가와 기자 같이 셰프가 만든 음식을 평가하고 홍보하는 문화 중개자의 영향, 남성 중심적인 직장 문화에서 일하는 여성 셰프들의 경험을 전부 살펴봐야 하기 때문이다. 이런 요인을 전부 검토해야만 왜 어떤 직업은 남성적인 것으로, 또 어떤 직업은 여성적인 것으로 규정되어 남성의 일, 또는 여성의 일로 인식되는지 알 수 있다. 또한 여성 셰프 연구는 여러 직업 내에서 젠더 불균형을 지속시키는 메커니즘과 과정을 파악하고 젠더 통합을 위한 전략을 강조하는 데 도움이 될 수 있다.

여성 셰프는 어디에 있는가?

먼저 우리는 누구를 '셰프'라고 부르는지부터 분명히 하고자 했다. 셰프에 대한 관심이 점점 더 커지고 있기 때문에 '누가 셰프인가' 하는 문제는 관련 분야 내에서도 논쟁거리다. 모든 레스토랑이 요리사를 고용한다. 하지만 고급 레스토랑과 최고급 호텔은 요리사뿐만 아니라 셰프도 고용한다. 셰프는 부엌의 최고 관리자로 부엌과 부엌에서 일하는 직원을 관리하며 창의적인 측면에서 부엌을 통제할 수 있는 권한을 갖는다. 많은 셰프가 요리학교를 졸업했지만 여러 레스토랑의 현장 실무 교육OJT에서 배운 셰프도 많다.

셰프 드 퀴지니에chef de cuisine라고도 불리는 헤드 셰프head chef는 보통 고급 레스토랑을 이끈다. 헤드 셰프 바로 밑에 있는 수 셰프sous chef는 헤드 셰프와 긴밀히 협력하며 조리장chefs de partie을 감독하는 등 그날그날의 부엌 운영을 책임지기도 한다. 조리장은 라인 쿡line cook으로서 각자 소스, 앙트레/그릴, 생선 요리, 샐러드와 차가운 애피타이저를 맡아 책임진다. 이 밖에 제과와 디저트를 담당하는 패스트리 셰프를 한 명 이상 고용하는 레스토랑도 있다. 특히 부엌의 규모가 크고 복잡한 레스토랑에서는 코미commis라는 견습 셰프를 고용해 각 파트를 보조하고 일을 배우게 한다.

미국 노동통계국의 자료에 따르면, 2013년 요리 산업 내에서 셰프와 헤드 쿡head cook 중 여성은 오직 20%뿐이었다. 또한 요리 전문 온라인 매거진 «스타셰프닷컴»의 2005년 조사 결과 헤드 셰프의 89%, 수 셰프의 82%, 라인 쿡의 66%, 관리자의 60%가 남성으로 드러났다. 여성이 남성보다 많은 유일한 분야는 패스트리였다. 제빵사의 80%, 패스트리 셰프의 77%, 제빵사와 패스트리 셰프 밑에서 일하는 요리사의 84%가 여성이었다. 또한 경제 전문지 «블룸버그 뉴스»가 엘리트가 가장 많은 부엌을 조사한 결과 미국의 상위 15개 레스토랑 그룹에서 일하는 헤드 셰프 160명 중 여성은 고작 6.3%뿐이었다. 여성의 과소대표 문제로 많은 지적을 받은 기업의 세계에서도 여성 CEO가 전체 CEO의 24%를 차지한다(미국 노동통계국, 2013). 즉, 여성이 전문 레스토랑의 부엌보다 회의실에서 더 잘나가고 있다는 것을 의미한다.

여성 셰프가 남성 셰프보다 뒤처진 이유는 무엇일까? 요리 세계가 점점 더 인기를 얻고 있는데도 전문 셰프에 관한 연구 자료는 많지 않다. 미식 분야의 역사나 특정 레스토랑이 어떻게 성공적인 팀으로 운영되고 있는지를 연구한 자료가 있긴 하지만 전문 레스토랑의 부엌에 엄연히 존재하는 젠더 불평등에 주목한 사회학적 연구는 거의 없다. 전문 레스토랑의 부엌에 여성이 별로 없는 이유를 설명할 때 혹자는 근무 환경이 매우 혹독하다는 사실을 언급하며 여성은 신체적·감정적으로 연약하기 때문에 셰프가 될 수 없다고 주장한다. 하지만 최근 법이나 금융, 군사 분야처럼 고된 직종에서도 젠더 통합이 이루어지고 있으므로, 단지 업무가 고되기 때문에 여성 참여가 줄어든다고 볼 수는 없다. 또 다른 사람들은 페미니즘이 힘을 얻으면서 여성이 부엌에서 벗어날 수 있었고, 그 결과 매우 적은 수의 여성만 셰프라는 직업에 뛰어든 게 아니냐고 말하기도 한다. 페미니스트들이 가정에서의 요리와 다소 복잡한 관계를 유지한 것은 사실이다. 하지만 요리에 대한 페미니즘의 입장을 문화 전체에 단일하게 적용하는 것은 옳지 않다. 몇몇 페미니스트 작가는 여성이 가족을 위해 요리를 함으로써 개인적인 만족감 또는 어떤 권력마저 얻을 수 있다고 주장하기도 했다. 또한 여성이 전문 셰프라는 직업에서 멀어진 것이 페미니즘 때문이라는 주장은 "선택이라는 레토릭"에 의존한다. 불평등, 특히 젠더 불평등은 단지 남녀가 다른 선택을 했기 때문에 추구하는 직업이 달라진 결과라는 것이다. 이런 주장은 직장에서의 구조적 불평등뿐만 아니라 요리 분야의 성별화된 현실—낮은 지위의 저임금 일자리는 대부분 여성이, 헤드 셰프 같은 지위가 높은 일자리는 대부분 남성이 차지—까지 무시해버린다.

요리학교 재학생의 인구통계학적 자료는 요리 세계에 대한 여성들의 관심을 보여준다. 미국 교육부에 따르면, 2007년 미국 요리학/셰프 양성 과정에서 학사학위를 받은 학생의 47.2%가 여성이었다. 5년이 채 되지 않는 기간 동안 거의 6%가 늘어난 수치다. 미국에서 가장 좋은 평가를 받는 요리학교인 CIA Culinary Institute of America에서도 여학생 수가 계속 늘어나고 있으며, 2012년 졸업반의 36%가 여성이었다. 이 숫자는 여성이 요리학교에 등록하는 시점과 레스토랑에서 더 높은 직급으로 승진하는 시점 사이에 어떤 일이 벌어져 여성으로 하여금 남성과는 다른 경력을 쌓게 만드는 것이 분명하다는 사실을 보여준다.

젠더 불평등과 전문 셰프

그렇다면 왜 여성 셰프를 연구해야 하는가? 요리 산업에서 여성이 겪는 어려움을 조사하는 것은 셰프라는 직업 내에서 젠더 불균형이 지속되는 메커니즘과 과정을 파악하는 데 도움이 될 수 있다. 세실리아 리지웨이Cecilia Ridgeway는 남성과 여성이 다름 아닌 일을 통해 물적 자원을 얻고 권위 있는 지위에 오를 수 있는 것이므로 업무 현장에서의 젠더 불평등이 매우 중요한 역할을 한다는 사실을 지적한다. 직업은 매우 성별화되어 있으며, 남녀 간 임금 격차가 발생하는 가장 주된 원인이 바로 직업에서의 성별 분리 현상이다. 직업에서의 성별 분리 현상은 남녀가 각기 다른 직업에 모여 있다는 사실을 보여준다. 몇 안 되는 예외가 있긴 하지만, 남성이 많은 직업은 여성이 많은 직업보다 임금을 더 많이 받는다. 심지어 같은 직업 내에서도(예를 들면, 셰프) 남성과 여성은 전문 분야가 서로 다르다. 이런 경우 업무의 내용이 기술적으로 크게 다르지 않음에도 남녀의 지위에 따라 임금의 수준도 달라지고 조직 내에서 상위 계층으로 올라갈 수 있는 기회도 달라진다.

일에서의 젠더 불평등을 다룬 수많은 연구는 고용 차별과 직원에 대한 성별화된 평가, 남성 중심적인 직장 문화 같은 단일 메커니즘만 조사했다. 그러나 우리는 전문 셰프라는 직업을 사례 연구의 주제로 삼아 일터에서 젠더 불평등이 발생하고, 유지되고, 간혹 저항에 부딪쳐 변화하는 여러 방식을 면밀하게 살폈다. 이처럼 하나의 직업을 깊이 있게 들여다봄으로써 과거뿐만 아니라 현재의 업무 현장의 구조 및 상호작용에서 젠더 불평등이 어떤 모습으로 나타나는지를 살펴볼 수 있을 것이다.

셰프 연구는 사회적으로 젠더화된 직업(특정 업무가 남성다운 일로 분류되는가, 아니면 여성스러운 일로 분류되는가)이 어떻게 생겨나며 그런 직업 내에서 여성이 어떻게 기회를 잃는지 자세히 보여준다. 요리하는 남성은 일반적으로 여성의 일로 여겨진 것을 수행하지만, 전문 레스토랑에서의 요리는 남자답고 지위가 높은 일로 변신한다. 셰프 연구는 특정 상황에서 남성이 어떻게 여성의 것으로 간주되는 일에서 자신의 우월함을 내보일 수 있는지를 설명해준다. 그러므로 우리는 젠더화가 어떻게 전문 셰프를 남성적인 직업으로 규정했는지 이해하고, 어떤 과정을 통해 여성 셰프가 등장했을 때조차 젠더화가 그대로 유지되는지를 이해해야 한다. 이를 통해 젠더가 일에서 확고한 지위 특성으로 작동하고 있다는 사실을 더욱 잘 드러낼 수 있다.

또한 셰프는 창조적인 직업 내에서 발생하는 젠더 불평등을 연구하기에 알맞은 직업이다. 셰프직은 현재 변화의 한복판에 있다. 과거 셰프는 고용인 계층에 불과했으나 지금은 «타임아웃 뉴욕*Time Out New York*»에서 "새로운 록스타"로 묘사될 정도다. 이렇게 문화적 지위가 높아진 데는 셰프의 역할이 블루칼라 생산직 노동자에서 창조경제의 일원으로 바뀐 데 일부 원인이 있다. 창조경제는 혁신에 높은 가치를 매기며 성차별이나 인종차별 같은 구시대적 요소를 버리고 능력주의를 표방하는 노동문화를 추구한다. 이처럼 전문성을 중시하는 문화에서 새롭고 흥미로운 요리를 만들어낼 수 있느냐 없느냐가 성공과 승진의 기회를 제공하는 열쇠가 된다면, 왜 헤드 셰프는 대부분 남자인 걸까? 우리는 창조적인 직업에서는 언제나 능력이 성공을 결정한다는 주장에 의문을 제기하고, 어떻게 젠더 같은 지위 특성이 창조적인 영역에서조차 직업적 성공에 영향을 미치는지 알아봤다.

여성과 미식의 장場 그리고 성별화된 조직

전문 셰프의 세계에서 어떻게 젠더 불평등이 생겨나고, 유지되고, 가끔은 저항에 부딪치는지를 알려면 피에르 부르디외Pierre Bourdieu의 장場 개념과 조앤 애커Joan Acker의 성별화된 조직 연구를 참고해야 한다.

여러 직업들은 진공 속에 존재하는 것이 아니라 다양한 행위자와 규칙 그리고 직업적 성과에 영향을 미칠 수 있는 규범으로 이루어진 장 속에 위치한다.

부르디외의 장 이론을 이용하면 '게임'이 시작되는 방법과 게임의 규칙, 게임 플레이어들 간의 상호작용 등 장의 다양한 요소가 서로 협력해 미식의 장에서 여성이 취할 수 있는 위치를 만들어내는 과정을 살필 수 있다. 또한 문화의 특정 분야가 어떻게 생성되었는지를 이해하는 데도 도움이 되며, 이런 무대들이 형성된 환경과 관련해 역사적 맥락을 훑어볼 수 있다. 하지만 이런 접근법은 젠더 같은 지위 특성들이 작동해 장 내의 행위자들이 취할 수 있는 선택지를 제약한다는 사실을 간과할 수도 있다. 이는 셰프 같은 창조적인 직업을 연구할 때 특히 문제가 될 수 있는데, 실제로는 젠더 및 다른 형태의 불평등이 만연함에도 행위자의 능력에 따라 위치가 정해진 것처럼 보이는 경우가 왕왕 있기 때문이다.

애커의 성별화된 조직 연구를 활용하면 장 내 행위자들이 의심하지 못하게, 심지어는 아예 모르게 젠더가 장의 요소에 영향을 끼치는 방식을 살필 수 있다. 애커에 따르면, 모든 조직(직업)은 남성성과 여성성에 대한 개념뿐만 아니라 해당 업무에 어떤 집단의 노동자가 잘 어울리는지에 대한 의견을 재생산하고 계속 유지하는 방식으로 성별화되어 있다. 성별화된 조직 이론은 장의 규칙이 어떻게 만들어지고 어떻게 여성에게 불이익을 가져다주는지, 여성이 셰프로서 성공하기 위해 어떤 방식으로 특정 게임의 규칙을 거부하거나 우회하는지를 설명하는 데 도움이 된다.

부르디외는 문화 생산 과정을 맥락 없이 연구하는 것에 반대했으며, 예술이라고 여겨지는 것들은 결코 진공 상태에서 생겨나는 것이 아니라고 주장했다. 그리고 문화 생산을 사회적 활동으로 개념화해야 한다고 강조했다. 부르디외는 문화 생산에 여러 요인이 다양하게 얽혀 있다는 사실을 강조하고 문화적 생산물이 만들어지는 과정 및 문화적 생산물과 그 생산자가 지위와 명성을 얻는 방법을 묘사하기 위해 장 개념을 고안했다. 부르디외와 바캉Wacquant은 『성찰적 사회학으로의 초대』에서 장을 구체적인 실천과 규칙, 권위의 형태, 평가 기준을 갖춘 사회의 축소판으로 묘사했다.

부르디외는 문화의 장을 게임에 비유해 설명했는데, 이 게임에서 사람들은 저마다 적합한 문화 생산자로 받아들여지려고, 또 지위와 자본(경제적 자본, 사회적 자본, 인적 자본, 문화 자본)을 얻으려고 고군분투하고 경쟁한다. 장 내에 있는 게임 플레이어들은 이런 자본을 이용해 더 높은 위치로 올라갈 수 있으며, 권력을 이용해 게임이 형성되는 방식에 영향을 미칠 수 있다.

비평가 같이 문화를 선도하는 사람들에게 정통성을 부여받은 문화 생산자(예술가)들은 부르디외가 '토큰'이라고 묘사한 자본을 더 많이 얻을 수 있다. 오직 소수의 플레이어만이 게임에서 높은 수준에 올라 자신의 작품과 함께 귀중한 대접을 받게 되며, 이런 희소가치 덕분에 엘리트 아티스트는 장 내에서 더욱 독보적인 지위에 오를 수 있을 뿐만 아니라 여러 제도와 문화 선도자들에게 정통성을 부여할 수 있는 권력을 얻게 된다.

프리실라 파크허스트 퍼거슨Priscilla Parkhurst Ferguson 은 장 개념을 기반으로 프랑스 오뜨 퀴진haute cuisine의 발흥을 조사한 후 셰프와 레스토랑 손님, 요리 엘리트로 이루어진 미식의 장이 존재한다고 주장했다. 퍼거슨은 프랑스 오뜨 퀴진이 구체적인 규칙과 평가 기준을 갖고 더욱 구체화되면서 미식의 장을 형성했다고 본다. 이때 셰프는 미식의 장 안에서 행위하며 관심과 자본을 얻으려고 경쟁한다. 미식의 장에는 고유한 역사적 힘이 있으며, 이 역사적 힘은 셰프가 자신의 일을 직업으로 규정한 방식과 장의 규칙(예를 들어, 셰프의 역할이나 셰프가 쌓아야 하는 경력에 대해 널리 공유된 믿음), 셰프의 문화 생산물에 지위를 부여하는 요리 평론가나 요리 조직 같은 독특한 문화 선도자들을 지배한다.

퍼거슨은 미국의 요리 문화가 아직 확실히 자리를 잡지 못했고 획일적이므로 미국에는 미식의 장이 존재하지 않을 거라고 보았다. 하지만 장 이론은 상호 연결되어 있는 미식의 세계를 이해하는 데 여전히 유효하다. 오늘날 미식의 세계는 계급이 뚜렷하게 분리되어 있고, 셰프들은 인정과 지위를 얻으려고 경쟁한다.

장 이론이 오늘날의 요리 세계에 잘 들어맞는 또 다른 지점은, 문화 선도자와 비평가들이 특정 셰프와 이들이 만든 요리에 정당성과 지위를 부여하는 중요한 역할을 한다는 점이다. 또한 장 개념을 확장하면 미식의 장이 더 이상 특정 지리적 위치에 한정되지 않는다는 사실을 인정할 수 있다. 엘리트 셰프들은 전 세계를 여행하며 다른 나라에서 온 셰프들과 함께 훈련받고 요리의 왕국을 더욱 확장시킨다.

우리는 미식의 장 개념을 이용해 여성이 전문 셰프직에서 두각을 나타내지 못하게 막은 역사적 맥락과 현재의 제도적 메커니즘을 살펴볼 것이다. 이를 위해 먼저 전문 셰프의 역사를 살펴보고, 초기 셰프들이 특정한 직업적 규범과 제도를 만들어 여성에게 불이익을 안기고 심지어 배척하기까지 한 방식을 알아볼 것이다. 셰프의 일은 요리와 밀접한 관련을 맺고 있으며, 요리는 본디 여성적인 행위로 간주되기 때문에 셰프직은 여성화의 위협, 즉 여성적인 노력으로 정의될 위험에 계속 노출되었다. 일이 한번 여성적인 것으로 정의되면 일의 가치가 평가 절하될 가능성이 생기며, 수많은 연구가 특정 직업 내에서 여성의 비율이 높을수록 임금이 더 낮다는 결과를 내놓았다. 초등학교 교사처럼 처음에는 남성이 주를 이루었다가 점점 여성이 많아진 직업은 실제로 소득이 줄었다. 폴라 잉글랜드Paula England와 낸시 폴브레Nancy Folbre에 따르면, 남녀 간 소득 격차가 발생하는 주요 원인은 여성성의 평가 절하에 있다. 타인에 대한 마음의 표현으로 여겨지는 가정에서의 돌봄 노동은 집 밖에서 임금을 받으며 수행하는 노동보다 낮은 가치가 매겨진다.

남성적이고 전문적이어야 하는 셰프의 일은 여성이 가정에서 하는 요리, 즉 비전문적이고 보수도 없는 행위와 비교될 위험에 계속 노출된다. 이 같은 여성화의 위협은 여성적인 것으로 코드화된 업무를 해야 하는 남성에게 불안정한 남성성과 불확실한 느낌(앞으로 '위태로운 남성성'이라는 용어로 표현하겠다)을 유발한다. 여성화의 위협을 무효화하고 남성 노동자들이 위태로운 남성성을 경험하는 것을 막기 위해 셰프의 업무가 가진 남성적 특성(예를 들어, 셰프라는 직업이 가진 군사적 배경에 주목하기)은 강조하고 여성적인 것으로 간주될 가능성이 있는 기술이나 특성(예를 들어, 타인을 돌보는 것)은 무시하는 여러 행동이 취해진다. 초기 셰프들은 이런 여성화의 위협을 인지하고 있었고, 자신의 업무와 가정에서 여성이 하는 요리 사이에 거리를 두기 위해 일부러 미식의 장 내 영향력 있는 단체—요리학교나 유명한 파인다이닝 레스토랑—에서 여성을 배척했다. 이런 과정을 거치며 남성 셰프는 지위와 정당성, 보상을 얻었고, 셰프직은 남성적 활동이라는 생각이 단단히 자리잡게 되었다.

우리의 이론적 모델은 셰프가 미식의 장에서 셰프라는 직업을 형성하는 유일한 행위자라고 보지 않는다. 미국의 요리계에서는 여러 중요한 행위자들이 셰프직 자체뿐만 아니라 셰프 개개인의 성공과 실패에 상당한 영향력을 행사하고 있다. 엘리트 요리학교와 음식 전문 기자, 요리 평론가, 제임스 비어드 재단James Beard Foundation 같은 단체가 현재 미식의 장에서 정당성을 부여할 수 있는 권력을 가진 행위자들이다. 특히 음식 전문 기자와 요리 평론가들은 셰프를 둘러싼 담론을 형성하고 미식의 장에서 누구의 노력에 가치를 매기고 보상을 줄 것인지를 결정하는 데 상당한 영향력을 행사한다. 미디어의 관심이 셰프에게 점점 더 중요한 요소가 되고 있으므로 미디어가 여성 셰프의 성장에 미치는 영향력 또한 반드시 살펴보아야 한다.

그동안 남성 셰프들은 자신이 가진 권력을 이용해 남성에게는 혜택을 주고 여성은 배척하는 조직적 규범과 체제를 만들어왔으며, 미식의 장에 속해 있는 다양한 레스토랑의 세계가 이러한 규범과 체제를 갖는다. 레스토랑의 세계는 여러 사람으로 이루어진 네트워크가 생산물을 만들어내는 사회적 공간으로 작동한다. 그리고 이러한 생산 공간들은 애커가 성별화된 조직 이론을 통해 모든 조직(또는 산업이나 직업)에서 남성성과 여성성이 제도화되어 있다고 주장했듯 전혀 성 중립적이지 않다. 마찬가지로 레스토랑의 세계도 전문 요리의 성별화된 측면을 재생산하는 근로 체제와 상호작용을 갖는데, 요리 관련 직업의 구조(긴 근무 시간과 낮은 지위 상승 가능성)와 일터에서 요리 전문가 사이에 매일 발생하는 상호작용(괴롭힘이나 차별)이 여기에 해당된다. 성별 분리 현상은 남성의 이익을 옹호하기 때문에 일터에서 남성은 남성성을 강화하려 하고 젠더 통합에 저항한다. 이런 현상은 해당 직업에 진입하고자 하는 여성을 달가워하지 않고 남성성이 과잉된 직장 문화에서 특히 잘 드러난다. 남성 셰프의 경우 공격적이고 경쟁적이며 레스토랑에 여성 셰프가 들어왔을 때 변화를 거부하는 남성 중심적 직장 문화를 조성하려고 한다.

애커는 성별화된 조직이 교묘하고도 공공연하게 남성성을 중시한다는 점을 강조한다. 조직이 성별화된 상태로 남아 있는 방법 중 하나는 남성이 더욱 생산적이고 리더 자리에 더 적합하며 일에 더 헌신적이라고 정의내림으로써 젠더 고정관념을 재생산해 남성 셰프에게 이익을 가져다주는 것이다. 여성 셰프에 대한 고정관념으로는 여성이 레스토랑 업무를 수행하기에 체력이 달릴 뿐만 아니라 리더십과 업무 능력이 부족하다는 주장을 들 수 있다. 이런 믿음은 셰프직이 계속해서 "남성의 일"로 비치는 데 일조하며 레스토랑의 전통적인 위계질서에서 여성이 높은 자리로 올라서는 것을 어렵게 만든다.

우리는 미식의 장이 어떻게 작동하고 여성 셰프의 지위에 어떤 영향을 미치는지를 이해하기 위해 셰프를 다룬 미디어의 내용을 분석하고, 전문 셰프로 일한 경험이 있는 센트럴 텍사스 지역의 여성 33명과 심층 인터뷰를 했다.

분석한 미디어 자료는 2004년부터 2009년 사이에 발행된 유명 신문(«뉴욕타임스*the New York Times*» «샌프란시스코 크로니클*San Francisco Chronicle*»)과 음식 전문 잡지(«푸드앤와인*Food&Wine*» «고메*Gourmet*»)에 실린 레스토랑 리뷰 2,206개 및 셰프 프로필이다. 요리 전문 미디어는 규모가 점점 커지고 있으며 미식의 장에 강력한 영향을 미친다. 이러한 미디어 자료는 전국적인 수준에서, 심지어는 국제적인 수준에서 미식의 장을 보여주며 누가 가장 주목할 만하고 기량이 뛰어난 셰프로 여겨지는지도 살짝 알려준다. 우리는 미식의 장에서 문화 선도자(음식 전문 기자와 요리 평론가)가 셰프를 평가하고 칭찬을 분배하는 데 얼마나 중요한 역할을 하는지를 이해하려고 이들이 쓴 글을 분석했다. 남성 셰프와 여성 셰프를 평가하고 묘사하는 게 다른지 알고 싶었고, 만약 실제로 그렇다면 어떤 식인지 궁금했다. 미디어에서 재현되는 셰프의 모습은 남성 지배를 영구화하는 데 일조하며, 남성 셰프의 결과물에 높은 지위를 부여하고 여성 셰프의 결과물을 평가 절하함으로써 특히 미식의 장 상층부에 큰 영향을 미친다.

우리가 인터뷰한 여성 33명은 셰프로 일하고 있거나 일했던 사람들이다. 우리는 셰프가 되고 싶었던 동기와 셰프가 되려고 받은 교육 및 훈련, 일터에서 상위 계층으로 승진한 경험, 일과 가정 사이의 균형에 대한 결정, 전문 요리의 세계에서 여성의 위치 등 전반적인 생각을 물었다. 인터뷰는 반 구조적semi-structured이었기 때문에 인터뷰에 응한 여성들이 자신의 언어로 말할 수 있었고, 또 자신의 경험을 가장 잘 반영할 수 있는 방식으로 사건과 반응을 연결시킬 수 있었다.

이처럼 미디어 자료와 심층 인터뷰를 함께 분석함으로써 직업적 체제가 직장에서 여성에게 불이익을 안기는 복잡한 과정을 살펴볼 수 있었다. 이로써 특정 직업을 '남성의 일' 또는 '여성의 일'로 이름 붙이는 역사적 힘을 논의할 수 있을 뿐만 아니라 남성 중심적인 장에 여성이 진입하는 것을 더 쉽게 혹은 더 어렵게 만드는 레스토랑 세계의 현 상태를 살펴볼 수 있다. 또한 미국 전역의 레스토랑 세계를 보여주는 미디어 자료와 여성 셰프의 입에서 나온 지역 자료를 모두 사용했기 때문에 다양한 장소에서 나타나는 성별화의 패턴을 살펴볼 수 있다.

이 책의 개요

이 책에서 우리는 미식의 장의 체제와 규범이 여성 셰프에게 어떻게 불이익을 가져다주는지 살펴볼 것이다.

1장에서는 전문 레스토랑 부엌의 진화에 초점을 맞추고 셰프가 어떻게 권위 있는 직업으로 부상했는지 알아본다. 그리고 미식의 장에서 젠더와 직업적 지위가 언제나 복잡하게 뒤얽혀 있었음을 살펴보고, 초기 셰프들이 여성화의 위협에서 벗어나 전문직이라는 정체성을 획득하기 위해 여성을 배척할 수밖에 없었던 상황을 상세히 파헤친다. 또한 역사적으로 셰프에게 나타난 주요 트렌드와 요리 스타일을 살펴봄으로써 여전히 전문 요리의 무대에 젠더 문제가 만연해 있다는 사실을 알 수 있을 것이다.

2장에서는 미디어의 주목과 찬사가 지위 획득에 미치는 영향을 살피고, 미디어가 남성 셰프와 여성 셰프를 다루는 방식을 비교한다. 그리고 셰프를 평가하는 과정에 성별화된 요소가 있으며, 셰프에게 훌륭함의 가치를 분배하는 과정에서 나타나는 이런 차이가 미식의 장에서 권위 있는 자리에 오르는 여성의 능력에 어떤 영향을 주는지 살펴볼 것이다. 미디어는 성공한 남성 셰프를 전통적인 요리법에 도전한 선구자로 표현하는 반면, 여성 셰프는 가족 또는 문화적 전통에 의존하고 기존의 경계 안에 안전하게 머무르는 착한 여성이어야만 좋은 평가를 내린다. 이런 차이가 미식의 장에서 더 높은 자리에 오르고 경력을 쌓고자 하는 여성 셰프에게 어떤 의미를 띠는지 논할 것이다.

3장에서는 셰프가 되는 과정을 알아보고 어떻게 여성 셰프가 전문 레스토랑에 진입해 구성원으로 받아들여지는지 살펴본다. 여성 셰프들은 기존 문화에 잘 녹아들어야 한다는 압력을 받지만 동시에 여성이라는 이유로 전문 레스토랑의 부엌에서 눈에 띄는 존재일 수밖에 없다. 스스로를 전문 셰프로 입증하려면 기나긴 과정을 겪어야 하며, 이때 여성은 모두가 남성인 일터에 침입한 '타자'로 지명되기 때문에 불이익을 받을 수 있다. 또한 3장은 젠더 중립성(셰프라는 일에서 젠더는 중요치 않다는 인터뷰이들의 주장)에 대한 언급이 만연하다는 사실을 다룬다. 이 같은 젠더 중립성의 강조는 전문 레스토랑의 부엌에 완벽하게 적응하는 것이 얼마나 중요한지를 더욱 두드러지게 보여주며, 동시에 남성성이 과잉된 직장 문화가 어떻게 여성이 들어온 후에도 지속될 수 있는가에 대한 통찰을 제공한다.

4장에서는 전문 레스토랑의 부엌에서 나타나는 성별화된 리더십 유형을 살펴보고, 심층 인터뷰를 통해 여성 셰프가 리더 역할을 맡았을 때 어떤 선택지를 고를 수 있다고 보는지 알아본다. 우리가 인터뷰한 여성 셰프 대다수의 말에 따르면, 전문 레스토랑에서 일하는 여성 셰프는 남성적인 관리 유형을 선택해 "나쁜 년"이 되거나 "여성스러워"져야 한다. 이때 "여성스럽다"는 말은 원하는 것을 얻기 위해 여성성에 크게 의존하는 여성을 묘사할 때 주로 사용하는 표현이다. 두 가지 노선 중 그 어떤 것도 동료들의 존중을 보장해주지 않았으며 다 단점이 있었기에 인터뷰이 대다수는 세 번째 노선을 택했다. 바로 남성 동료들에게 "엄마"나 "큰누나" 같은 존재가 되는 것이다. 4장에서는 이 제한된 선택지가 암시하는 바와 이런 선택지가 여성 노동자에게 미치는 영향을 논한다. 여성 노동자들은 전문직 종사자로 받아들여지기 위해 자신이 아닌 다른 모습을 연기해야 한다고 느꼈을 수 있다.

5장에서는 레스토랑을 그만두고 다른 일을 찾아 떠난 여성 셰프를 다룬다. 인터뷰이 17명이 인터뷰 당시 일을 그만둔 상태였다. 이들이 일을 그만둔 주된 이유는 일과 가사를 동시에 해낼 수 없다는 것이었다. 긴 근무시간과 부족한 휴일, 빈약한 의료보험 혜택은 아이를 키우는 엄마들이 미식의 장에 남아 있는 것을 어렵게 만든다. 그 밖에도 전문 레스토랑 부엌을 떠난 여성들이 어떤 직업을 선택했는지 알아본다. 또한 셰프 일을 계속하는 여성들과 함께 일과 가사를 문제없이 병행하려면 어떤 자원이 필요한지 살펴본다.

마지막 6장에서는 젠더가 어떻게 미식의 장에서 여성의 위치에 영향을 미치는지에 대한 연구결과를 요약한다. 역사적 추세, 정당성을 부여할 권력을 가진 행위자들이 남성 셰프에게 보이는 호의, 남성성 과잉의 직장문화, 리더십과 관련된 젠더 고정관념, 직장생활과 가족 부양의 의무를 병행하기 어렵게 만드는 직장제도 등이 전부 합쳐져 여성 셰프뿐만 아니라 수많은 남성 중심적 장에 속해 있는 여성 모두에게 불이익을 가져다준다. 또한 6장은 셰프는 일반적인 노동자와 다르며 셰프의 업무 현장에는 고유한 문화가 있기 때문에 변화가 어렵다는 통념을 재검토한다. 그리고 전문 요리의 세계(뿐만 아니라 다른 남성 중심적 직업)를 더욱 젠더 통합적으로 만들기 위해 미식의 장과 사회에서 어떤 변화가 일어나야 하는지를 논의한다.

왜
더 많은 여성이
셰프가 되지
않는가?

Taking the Heat:
Women Chefs and
Gender Inequality
in the Professional
Kitchen

2013년 미국 ABC 방송국은 새로운 요리 경쟁 프로그램인 ‹더 테이스트The Taste›를 내놓았다. 가정주부부터 전문 요리사까지 다양한 사람들이 경쟁에 참여했고, 심사위원은 셰프 앤서니 보뎅과 루도 레페브레Ludo Lefebvre, 브라이언 말라키Brian Malarkey 그리고 요리책 저자이자 요리 프로그램 진행자인 나이젤라 로손Nigella Lawson이었다. 셰프 경력이 가장 길거나 가장 유명한 상을 받은 사람이 무조건 우승하는 게 아니었다. 우승자는 오로지 (이 프로그램이 이름을 걸고 약속했듯이) 요리의 맛으로 결정되었다. 이를 위해 ‹더 테이스트›는 희망에 찬 참가자들이 가장 자신 있는 요리를 준비한 후 4명의 심사위원이 요리의 주인을 모른 채 한 입씩 맛보는 것으로 문을 열었다. ‹더 테이스트›는 이런 블라인드 테스트 방식이 기울어진 운동장을 평평하게 만들어 집에서만 요리를 했던 사람도 전문 셰프와 경쟁할 수 있게 해준다는 사실을 강조했다.

하지만 첫 방송이 진행되면서 ‹더 테이스트›의 패턴이 드러났다. 심사위원들은 각각의 요리를 맛본 후 방금 먹은 것에 대한 감상을 나누었다. 그들의 대화는 프로가 만든 것인지 아마추어가 만든 것인지를 알려주는 '신호'나 흔적이 요리에 드러나는지를 논의하는 방향으로 흘러갔다. 심사위원들은 플레이팅 감각과 식재료 선택의 전문성, 요리에 사용된 기술의 능숙도를 언급하며 참가자들을 구분했다. 그리고 특히 훌륭한 요리가 등장했을 때는 맛을 본 후 알겠다는 듯한 미소를 지으며 "말할 필요도 없이" 이 요리는 프로의 작품이라고 말했다.

심사위원의 논평은 가정 요리와 소위 전문 요리의 오래된 틈을 잘 보여준다. 심사위원들이 나눈 이야기에는 요리에 전문 셰프로서의 경력이 의심할 여지없이 드러나며, 전문 셰프가 만든 음식은 집에서만 요리를 했던 사람의 음식보다 뛰어날 것이라는 가정이 깔려 있다. 심사위원들의 반응은 요리 경쟁 프로그램의 문턱을 낮추겠다는 프로그램의 목적과 상반되며, 오히려 가정에서 만든 요리는 프로가 만든 요리보다 수준이 낮다고 보는 오래된 위계질서를 뚜렷하게 드러낸다.

이러한 위계질서의 상당 부분은 오늘날 셰프가 전문가라는 지위를 얻기까지 지난하고 긴 과정을 거쳤다는 사실에서 비롯한다. 그동안 셰프는 육체노동을 하는 블루칼라라는 인식이 강했다. 이들이 '하인'에서 '새롭게 떠오르는 록스타'로 변하는 데는 상당히 기나긴 여정이 있었고, TV 프로그램과 상당한 수익을 내는 식료품 라인, 국제적인 레스토랑 체인이 한몫했다. 마이클 시몬스Michael Symons는 역사적으로 "요리사들이 공공연하게 무시당하고, 사적으로는 모욕을 당하고, 밥도 제일 마지막에 먹어야 하고, 돈도 전혀 받지 못했다"는 사실에 주목한다. 셰프가 대중의 의식 속에 각인된 것은 겨우 몇십 년 전이다.

전문 셰프의 지위 변화에 영향을 미친 요소는 여러 가지가 있을 수 있지만, 여기서는 셰프직이 성별화된 역사를 살펴볼 것이다. 우리는 왜 전문 셰프가 남성의 일이라는 정체성을 얻게 되었는지 알고 싶었다. 본질적으로 '남성의 일'이거나 '여성의 일'인 직업은 존재하지 않으므로, 어떻게 특정 직업이 남성적인 일 또는 여성적인 일로 코드화되는지 질문해야 한다. 그리고 이 질문에 대답하려면 먼저 전문 셰프의 기원을 살펴보고, 여성화의 위협과 위태로운 남성성이라는 개념이 셰프가 하나의 직업으로 인정받는 과정에 상당한 영향을 미친 이유를 알아봐야 한다.

지금부터 남성이 하는 요리와 여성이 하는 요리가 각각 공적이고 사적인 것으로 구분되는 현상에 대해 논의할 것이다. 그리고 1700년대 프랑스로 넘어가 이때 처음으로 등장한 전문 셰프에 대해 알아보고, 1960년대와 1970년대의 누벨 퀴진nouvelle cuisine 운동에서 발생한 프랑스 요리의 변화를 살필 것이다. 그다음 20세기 미국에서 미식의 장이 발달한 과정을 살피고, 미국 문화에서 있었던 유명 셰프의 등장이 전문 레스토랑에서 여성의 위치에 미친 영향을 밝힌다. 이러한 과정을 통해 여성이 미식의 장에서 공식적으로 배제된 방식을 알 수 있으며, 최근 미식의 장에서 여성의 참여와 영향력이 무시당하고 경시된다는 사실을 확인할 수 있을 것이다.

젠더, 요리 그리고 영역 분리

인간의 역사 대부분에서 젠더와 요리는 복잡한 관계를 맺었는데, 대개 여성이 가족 구성원을 위해 요리를 하는 정례적인 돌봄 노동의 형태였다. 반면 남성의 요리는 오랫동안 여성의 요리보다 더 중요하고 위상이 높은 것으로 여겨졌다.

처음으로 공식석상에서 요리를 한 남성은 고대 이집트의 왕족을 위해 일하던 사람들이었다. 이들의 요리는 신에게 제물을 바치는 과정에서 (동물의) 고기를 다듬고 조리한 성직자 계급에 의해 전문적으로 발전했다. 성직자들은 음식을 다루고 준비하는 것을 신과 연결시켜 사회에서 힘 있는 자리를 차지했다. 이렇게 성직자들의 요리는 특별한 지위를 얻게 되었고 여성이 매일 하는 일반적인 요리보다 우월한 것으로 여겨졌다.

이런 사례는 남성의 요리와 여성의 요리가 서로 다른 위상을 갖게 된 원인의 일부를 요리의 공적 또는 사적인 속성에서 찾을 수 있다는 사실을 보여준다. 특히 1700년대 말에서 1800년대 초 산업화가 확산되고 남성과 여성의 "영역 분리"가 발생하면서 이런 차이는 더욱 심해졌다. 역사적으로 남성의 공적인 농사일은 여성이 가정에서 하는 요리보다 더 중요한 것으로 여겨졌다. 앤 크리텐던Ann Crittenden에 따르면, 현금 경제가 등장한 후 남성은 임금을 받으며 일하기 시작했지만, 여성은 물물교환을 하는 가족 경제에 그대로 남아 있었다. 이 기간 동안 남성은 임금 노동과 정치, 그 밖의 공적 생활을 하며 공적 영역으로 이동했다. 반면 여성은 집이라는 사적 영역에 귀속되어 요리와 청소, 자녀 양육 같은 집안일을 떠맡았다. 이 같은 영역 분리 이데올로기는 남성 권력의 제도화에 일조했다. 사업과 법, 정치 분야에서 영향력 있는 위치를 차지한 쪽이 남성이었기 때문이다. 여성은 여러 공적 영역에 참여할 수 있는 법적 권리를 갖지 못했고, 이런 상황은 남성과 여성이 서로 다른 재능을 갖는다는 생각을 더욱 공고히 했다. 두 개의 영역으로 나누어진 일들은 남성이 공적 영역에서 하는 임금 노동이 여성이 집에서 하는 무급 노동보다 훨씬 가치 있다는 생각과 함께 위계질서를 갖게 되었다.

이런 젠더 분리는 요리 분야와도 관련 있으며 오늘날에도 여전히 발생한다. 그동안 남성도 어느 정도 요리를 하게 되었지만 여전히 여성보다 적게 한다. 가정에서 남녀가 보이는 요리 패턴을 조사한 마저리 드볼트Marjorie DeVault의 연구 결과에 따르면, 요리 자체뿐만 아니라 정리와 식단 계획 같은 음식 관련 노동 대부분을 도맡는 쪽은 여성이었다. 요리는 매일 해야 하는 일임에도 그리 큰 주목을 받지 못했으며, 많은 여성이 보이지 않는 노동의 형태로 요리를 하게 되었다. 또한 여성이 하는 요리는 집에서 무급 노동의 형태로 수행되기 때문에 자연히 남성이 집 밖에서 임금을 받으며 하는 일반적인 일, 특히 남성 셰프가 하는 전문적인 요리보다 덜 중요한 것이 되었다.

프랑스 오뜨 퀴진과 전문 셰프의 탄생

급성장한 셰프라는 직업이 남성적인 장으로 확립되는 과정에는 영역 분리 외에도 여러 가지 요인이 있었다. 먼저, 요리는 프랑스 오뜨 퀴진이라는 형태로 통일되고 성문화되어야 했다. 오뜨 퀴진(또는 고급 요리)은 17세기 프랑스에서 발달해 엘리트의 음식이 되었고 지금도 고급 요리의 대명사로 자리 잡고 있다.

오뜨 퀴진 요리를 만들어낸 초기 셰프들은 주로 군대 출신이었다. 실제로 셰프 드 퀴지니에chef de cuisine라는 직책은 오피서 드 퀴지니에officer de cuisine라는 군사 직책에서 유래했다. 이 시기 셰프직은 경쟁이 매우 심했으며, 군사적 배경 때문에 폐쇄적인 서열과 혹독한 위계질서를 갖고 있었다. 개인 (남성) 셰프를 두는 것은 높은 지위의 상징이었으며, 초기 셰프들은 고용주의 부를 드러낼 수 있도록 성대하고 향락적인 연회를 준비해야 했다. 만찬은 매우 공들여 준비되었고 대규모 인원을 필요로 했으며 가끔은 그 수가 수백에 이르렀다. 이때 수백 명의 고용인 역시 고용주의 지위를 드러내는 상징이 되었다. 요리를 하고, 만찬을 준비하고, 고용인을 관리하는 능력뿐만 아니라 요리를 아름답게 담아내는 예술적 능력까지 소유했지만 셰프는 여전히 다른 고용인들과 다를 바 없는 하인 계급이었다. 당연하게도 셰프들은 능력을 인정받지 못하는 데 염증을 느꼈다. 초기 셰프들은 주부 및 다른 미숙련 하인들이 하는 저급한 요리와 자신의 일을 구분하려고 했다. 하지만 이들의 작품은 개인의 창조성과 취향을 표현한 것이라기보다는 고용주(그토록 정교한 음식을 내놓을 수 있는 사람)의 것으로 여겨졌기 때문에 대부분의 셰프는 오랫동안 보이지 않는 곳에서 묵묵히 일해야만 했다.

한 개인으로서 사람들에게 큰 관심을 받은 첫 번째 셰프는 마리 앙투안 카렘Marie Antoine Carême(1784~1833)이다. '셰프의 왕'으로 불린 카렘은 유명세를 탄 첫 번째 셰프로서 개개인의 부엌에 영향을 미치는 것을 넘어 미식 문화 자체를 형성했다. 요리계에서 명성을 얻은 셰프는 카렘 외에도 더 있지만, 카렘은 셰프의 의미를 획기적으로 바꾼 장본인이며 오늘날까지도 전통적인 프랑스 부엌에 큰 영향력을 행사하고 있다.

카렘은 프랑스 요리의 세계에서 셰프가 맡는 역할에 웅대한 비전을 갖고 있었다. 그는 셰프가 정통성 있는 직업으로 인정받아야 한다고 믿었으며, 셰프가 "학자이자 과학자, 예술가"의 역할을 한다고 강조했다. 또한, 『프랑스 요리의 예술*L'Art de la Cuisine Française*』을 출간해 프랑스혁명 이후의 요리에 체계를 갖추었는데, 에이미 트루벡Amy Trubek은 "책이 출간되자 귀족들의 집에서 익명으로 요리를 하던 셰프들은 대중을 상대로 한 전문가가 될 수 있었다. 셰프가 갖고 있던 지식이 어디든 퍼져 나갈 수 있게 되었기 때문이다"라고 말했다. 요리책 출간은 프랑스 요리를 성문화 및 표준화함으로써 셰프의 전문적인 속성을 더욱 강조하는 데 공헌했다. 의료계가 정통성 있는 직업으로 인정받기 위해 표준화된 교재와 훈련법을 만든 것과 마찬가지로 초기 셰프들의 저서 출간도 셰프의 일에 정통성을 부여해주었던 것이다. 또한 요리책 출간은 더 고상하고 이성적인 남성의 요리(가르치는 사람)와 단순하고 어머니가 해준 음식 같은 여성의 요리(뛰어난 남성 셰프의 책으로 요리를 배우는 사람)라는 이분법을 더욱 강화하는 역할을 하기도 했다.

남성 전문 셰프가 가정에서 요리를 하는 여성을 가르친다는 개념은 새로운 것이 아니다. 프랑스혁명 이전에도 프랑수아 마랭 François marin과 프랑수아 메농 François menon 같은 남성들은 하인을 대거 고용했던 귀족들의 거대 저택이 점점 힘을 잃자 여성이 요리를 하는 작은 가정을 대상으로 요리책을 출간해 돈을 벌었다. 당시 여성은 책을 내기 힘들었기 때문에 요리 정보의 원천으로서 남성이 지니고 있었던 지위는 더욱 단단해졌다. 요리 지식을 생산하는 가장 큰 목소리는 남성의 것이었고, 여성은 프랑스 미식 문화에 기여하지 못하게 억압당했다. 또한 당시의 젠더 규범은 여성이 새로 생긴 레스토랑 문화에 발을 담그는 것을 금지해 공적 영역에서의 요리는 남성의 것이라는 사실을 재확인했다.

프랑스 미식의 장은 오귀스트 에스코피에Georges Auguste Escoffier(1846~1935)의 업적으로 한걸음 더 나아갔다. 에스코피에는 셰프이자 1902년에 출간된 『요리의 길잡이*Le Guide Culinaire*』의 저자로 지금도 여러 셰프들이 언급하고 있다. 에스코피에는 1889년 런던에 문을 연 사보이 호텔에서 일하기 시작했다. 오늘날 셰프가 호텔과 손잡는 것은 흔한 일이지만, 당시에는 매우 예외적인 일이었다. 에스코피에는 상류층 가정에서 사적으로 향유했던 오뜨 퀴진을 공적 영역의 레스토랑으로 옮겨놓는 데 일조했다.

프랑스혁명이 일어나기 전, 셰프들은 주로 귀족의 저택에서 일했다. 당시 음식을 사먹을 수 있는 공공장소로는 선술집과 여관, 요리도구 상점, 대형 식당인 타블 도트tables d'hôte가 있었다. 이 밖에도 케이터러caterer나 트뢰테르traiteur가 운영하는 사업을 통해 주문한 요리를 배달받을 수도 있었는데, 이들은 엄격한 제약을 거쳐 부엌이 없는 사람들을 위해 요리하는 것이 허용된 길드에 속해 있었다. 길드의 엄격한 규칙과 길드에 적용되던 법을 봤을 때 당시 귀족의 저택을 제외하면 셰프가 일할 수 있는 장소는 거의 없는 것과 다름없었다. 하지만 이런 제약은 1789년 프랑스혁명 이후 사라졌고, 주로 귀족의 저택에서 일하던 셰프들은 공적 영역으로 넘어가 레스토랑에서 일하기 시작했다. 이런 변화는 미식의 장이 발달하는 데 중요한 역할을 했다. 문화 창조자들을 지원하는 새로운 공간에 많은 소비자가 몰려들었고, 그 결과 셰프들은 더욱 자율적인 환경에서 창의적인 요리를 할 수 있게 되었기 때문이다.

오뜨 퀴진이 귀족의 저택에서 공공 레스토랑으로 이동한 것은 프랑스 문화와 전문 셰프직의 터닝 포인트였다. 에스코피에는 사보이 호텔에서 일하면서 셰프가 군대에서 일하던 시대에 작별을 고했으며, 사보이 호텔 레스토랑의 부엌을 더욱 표준화하고 오늘날처럼 위계질서에 따라 각자 다른 요리를 담당하는 형태로 재구성했다. 셰프들은 더 이상 요리를 처음부터 끝까지 혼자 만들지 않았다.

남성과 여성에게 적절한 사회적 장소가 각각 무엇인지 결정하는 문화적 규범은 당시 유럽에서 발달하던 초기 레스토랑 문화에서 여성을 배제시켰다. 어떤 사람들은 여성이 배제된 이유를 설명할 때 레스토랑에 여성이 있으면 식사에 집중하지 못하고 정신이 산만해진다는 믿음을 언급한다. 프리실라 파크허스트 퍼거슨은 많은 여성이 진정한 미식가가 되어 레스토랑 문화에 참여할 수 있을 만큼 금전적인 여유가 없다고 본다. 재정적 수단이 있는 여성도 있었지만, 레스토랑과 레스토랑이 자리한 도심지는 "난잡함"이라는 문제(즐기려는 목적이 아니라면 왜 여자가 저녁을 먹으러 도시로 가겠어?) 때문에 "불확실한 도덕적 지위"를 갖고 있었다. 여성은 이런 이유에서 다시 한 번 레스토랑 출입이 만류되었다.

여성은 레스토랑에서 일을 할 수도 없었다. 여성 요리사는 시골의 여관이나 레스토랑보다 초라한 식당에서는 일할 수 있었지만, 당시 프랑스 미식의 세계에서 여성 셰프는 단 한 번도 출현하지 않았다. 에스코피에 또한 부정적인 태도로 요리법과 플레이팅이 섬세한 남성 셰프와 모든 재료를 계량해야 하고 구할 수 있는(그리고 주로 빈약한) 재료로만 요리가 가능한 여성 요리사를 비교했다. 에스코피에에게 두 가지 요리 스타일의 차이(그리고 그 요리 스타일을 실천하는 사람의 차이)는 명확했다.

여성의 요리가 남성의 요리보다 열등하다는 비판은 여성이 요리 경연 대회에 참여하거나 요리학교에 등록하는 것을 금지한 정책 덕분에 더 강해졌다. 1800년대는 셰프들이 여러 요리 박람회에 참여해 조리 기술과 플레이팅 실력을 선보이며 경쟁하던 시기였다. 여성은 이 경쟁에서 배제되었고, 요리의 기술적 측면에 주목한 박람회의 특성은 맛과 영양을 중요시한 여성의 가정 요리와 전문 요리 사이의 간격을 더욱 벌려놓았다.

또한 여성은 초기에 있었던 요리학교에서도 배제되었다. 사실 이 요리학교들은 셰프를 전문직으로 만들기 위해 경계를 긋는 수단이었다. 초기 셰프들은 견습생 생활을 하면서, 또는 군대에서 일을 배웠다. 하지만 레시피가 더욱 표준화되고 셰프는 몇 가지 핵심 기술에 정통해야 한다는 기대가 생기면서 더 많은 교육이 필요해졌다. 셰프가 되기 위해 필요한 전문 기술이 강조되고 엘리트 요리학교의 설립으로 지적 자본의 전수가 제도화된 것은 셰프가 정통성 있는 전문직으로 인정받는 데 일조했다. 요리학교 졸업생은 요리학교를 졸업하지 못한 사람들(집에서 요리하는 사람들)보다 더 나은 자격을 갖고 있다고 주장할 수 있었고, 이를 통해 셰프의 정통성이 더욱 강조되었다.

타고난 차이 그리고 배제의 결과

이런 배제 전략의 결과, 여성은 여러 해 동안 오뜨 퀴진의 세계에 거의 참여하지 못했다. 당시 여성들이 요리를 하지 않았다거나 레시피와 요리책을 만들지 않았다는 게 아니다. 하지만 여성이 만든 결과물 대부분은 당시 미식의 장 내에서 지위가 낮은 것으로 여겨졌다(적어도 눈에 띄었다면 말이다). 퍼거슨에 따르면, "여성의 요리는 집 안 부엌에 갇혀 레스토랑이라는 공적인 요리 세계에서 배제되었고 이런 이유로 당시 요리책이 점령하고 있었던 문화 공간에서도 배제당했다. 그 결과 여성은 전문화된 오뜨 퀴진의 명망 높은 요리 문화에서 오랜 기간 부재하게 되었다." 남성 셰프는 항상 자신의 어머니나 할머니 같은 여성에게 레시피와 기술을 얻어냈지만, 여성은 그 공로를 거의 인정받지 못했다. 이러한 체제는 남성 요리와 여성 요리의 구분을 더욱 강화했고 여성화의 위협으로부터 전문 셰프라는 새로운 지위를 보호하는 수단으로 기능했다. 남성 요리사와 여성 요리사를 분명히 구분되는 장소에 배정함으로써(레스토랑 대 가정), 기술 수준의 차이(전문가 대 아마추어)와 내적 목표의 차이(창조성의 표현 대 가족 돌보기)를 만들어냄으로써 남성 전문 셰프와 여성 아마추어 요리사의 구분은 계속 유지될 수 있었다. 만약 남성의 요리와 여성의 요리가 그저 달라 보이는 것뿐이라면 불평등 문제는 발생하지 않는다. 젠더 불평등 문제는 단지 요리를 한 주체가 여성이라는 이유로 남성의 요리가 여성의 요리보다 우월한 것으로 평가받을 때 발생한다.

전문 요리와 가정 요리가 구분되며 서로 다른 지위가 주어진다는 사실은 최초의 요리 평론가로 알려진 알렉상드르 발타자르 로랑 그리모 드 라 레이니에르Alexandre Balthazar laurent Grimod de la Reynière(1758~1837)의 글에서도 나타난다. 그리모 드 라 레이니에르는 음식에서 큰 즐거움을 얻는 사람을 뜻하는 '구르망Gourmand'이라는 용어를 만든 장본인이기도 하다. 그는 부엌과 식당을 분리하는 것이 중요하다는 내용의 글에서 조리 과정을 보지 않아야 음식이 훌륭하다고 느낄 수 있다고 했다. 여기서 식사 준비에 고된 노동이 수반된다는 사실이 잘 드러나는데, 그리모 드 라 레이니에르가 살던 시기에는 특히 더 그러했다. 요리를 진정으로 즐기기 위해서는 원재료에서 멀리 떨어져 있어야 한다는 주장은 남성과 여성의 요리를 바라보는 시각 차이에도 적용할 수 있다. 전문 레스토랑은 부엌(백 오브 더 하우스the back of the house)과 식당(프론트 오브 더 하우스the front of the house)을 분리한다. 레스토랑에서 식사를 하는 손님들은 자신이 먹고 있는 요리를 만들기 위해 부엌에서 한 일을 거의 보지 못한다. 요즘에는 부엌이 공개된 형태의 레스토랑도 존재하지만 이곳에서도 조리 과정은 전문 요리에 필요한 날것의 식재료와 고된 노동을 있는 그대로 보여주는 것이라기보다는 극적 효과의 소재에 더 가깝다.

남성 셰프의 일은 식사 준비의 그리 유쾌하지 않은 측면을 감출 뿐만 아니라 요리의 마법을 강조하기도 한다. 손님이 주문을 하면 어디에선가 느닷없이 요리가 나타난다. 하지만 가정 요리는 그렇지 않다. 부엌과 식당이 분리된 집은 거의 없기 때문이다. 음식을 먹는 사람은 식재료 및 요리 행위와 매우 가까운 곳에 있으며, 요리는 매일 반복되는 가족 일과의 일부다. 이는 곧 여성이 집에서 하는 요리는 남성 셰프가 요리를 할 때 생기는 마술적 매력이 부족하다는 것을 의미한다. 매일 요리를 할 때 생기는 고된 노동과 손질되지 않은 식재료가 눈앞에 그대로 드러나면 요리의 신비는 제거되고 매일같이 가족에게 음식을 제공하기 위해 필요한 기술은 평가 절하된다.

공간적 차이의 문제뿐만 아니라 남성 요리와 여성 요리의 차이가 자연스러운 것으로 받아들여진다는 점도 여성이 요리의 장에 진입하는 것을 어렵게 만든다. 여성이 요리를 하는 것은 "어린애를 보살피려는 생물학적 능력이 '자연'스럽고도 무의식적으로 확장된 것"으로 여겨진다. "하지만 남성이 요리를 하는 것은 이성과 의식의 표현, 즉 문화의 표현으로 여겨진다." 이런 관점에 따르면, 여성이 요리를 하려는 것은 자식이나 남편을 돌보려는 천성에서 비롯된다. 이처럼 여성은 타고난 요리사지만 요리에 들이는 노력은 단순하며 생물학적 욕구의 충족을 나타낼 뿐이다. 반면 남성의 경우 요리는 수년간 훈련을 통해 습득해야 하며 그렇게 얻은 기술은 단순한 생물학적 욕구를 훨씬 능가한다. 셰프가 스스로를 전문직으로 규정하기 시작했을 무렵, 남성 셰프들은 셰프의 공적인 요리 대 여성의 사적인 요리라는 구도를 강조하고 전문적인 훈련을 생물학적 동기보다 우위에 둠으로써 상황을 자신에게 유리한 쪽으로 끌어당길 수 있었다. 훈련을 거쳐 습득한 남성 셰프의 전문적인 요리 스타일은 개성적이고 전문적인 요리 스타일의 발전을 불러왔고, 단지 가족의 건강을 유지하기 위한 여성의 요리보다 더 우월한 것으로 받아들여졌다.

이처럼 여성의 요리를 단순한 생물학적 욕구로 치환하는 것이 옛날이야기 같다면, 음식 전문 기자이자 심리학자인 스콧 하스Scott Haas가 2005년 «개스트로노미카*Gastronomica*»에 쓴 글을 한 번 살펴보자. 하스는 오늘날 셰프가 된다는 것의 의미를 이야기하는데, 셰프가 된다는 것은 먹을 것을 가져다주며 고객을 돌보는 것과 같으므로 어떤 면에서는 어머니다운 행동이라고 설명한다. 그리고 이런 관점이 셰프를 어머니와 같은 차원에 올려둔다는 사실을 인정하면서 이렇게 말한다.

"어머니가 돌보는 아기들은 우유를 먹고 자라며 그 이후로도 수년간 밍밍한 음식만 먹는다. 하지만 셰프들은 손님이 추억에 잠기거나 감탄할 수 있도록 여러 가지 식재료를 사용해야 한다. 레스토랑의 요리는 어머니의 보살핌을 받았던 어린 시절의 심리적 경험을 한 단계 위로 끌어올린다."

만약 여기서 (남성) 셰프의 요리가 어머니가 만드는 단순한 음식보다 우월하다는 생각을 발견하지 못했다면, 하스의 글을 더 읽어보자. "또한 어머니들은 아이들과 음식으로 소통하려 하지 않는다. 그건 생물학적 기능일 뿐이다." 즉, 남성 셰프는 스스로 음식을 제공하고 양육자의 역할을 하기로 선택한 것이며, 이로써 생물학적 기능에 저항하고 밥을 먹이는 행위를 생리적 활동에서 문화예술의 형태로 한 단계 끌어올렸다고 평가하고 있다. 그래서 남성 셰프들의 노력과 헌신은 칭찬해야 마땅하다는 것이다.

누벨 퀴진과 셰프의 역할 변화

1960년대가 되자 프랑스 오뜨 퀴진에 큰 변화가 발생했다. '누벨 퀴진'이라는 요리 스타일이 등장해 전통적인 요리 방식뿐만 아니라 셰프가 된다는 것의 의미까지 뒤흔든 것이다. 이때 에스코피에가 도입했던 전통적이고 성문화된 프랑스 요리는 새로운 요리법을 시도하고 싶어 했던 창의성 있는 셰프들에게 지대한 영향을 미쳤다. 셰프들은 기존의 기술을 새로운 식재료와 결합하거나 새로운 기술을 기존 식재료와 결합하는 식으로 프랑스 오뜨 퀴진의 기존 규칙을 깨부쉈다. 요리 스타일이 변화하면서 더 가볍고 덜 조리된 음식이 등장했으며 연출법과 독창성이 중시되었다. 메뉴의 가짓수가 줄었고, 평균 식사 시간도 짧아졌다.

누벨 퀴진의 등장으로 발생한 가장 중요한 결과 중 하나는 셰프의 역할이 변했다는 것이다. 전통적인 프랑스 요리의 세계에서는 있을 수 없는 일이었다. 원래 셰프는 전통 요리와 그 요리법을 잘 알아야 했고 완벽한 요리를 만들어내야 했다. 이 경우 셰프 개인이 창의성을 발휘할 여지는 거의 없다. 하지만 격식 있는 프랑스 요리의 규칙을 위반한 누벨 퀴진은 셰프의 손에 더 큰 힘을 쥐어 주었다. 셰프들은 새로 얻은 자유를 이용해 레스토랑을 더욱 경제적이고 창의적으로 운영할 수 있게 되었고, 그 결과 개인적인 요리 스타일을 발전시키고 자기만의 시그니처 요리를 개발해 이름을 날릴 수 있었다.

누벨 퀴진과 누벨 퀴진의 새로운 목표는 전문 요리의 세계를 더욱 매력적으로 만드는 데 일조했으며 셰프를 크리에이터로 인정하며 큰 찬사를 보냈다. 전통적인 프랑스 요리 스타일보다는 자신만의 요리 스타일을 통해 인정받게 되자 셰프직은 육체노동이 아닌 창의적인 직업으로 자리 잡게 되었다.

미국 요리와 여성의 역할

프랑스에서 미식의 장이 자리를 잡는 동안 여성은 요리와 관련된 여러 분야에서 배척당했다. 출판사, 요리 경연 대회, 요리학교 모두 여성의 노동을 무시했고 여성의 요리를 남성이 하는 전문 요리보다 열등하다고 보았다. 여성도 요리 문화에서 일정 역할을 담당했지만 제한적이었다. 예를 들어, 요리책을 냈지만 남성의 책보다 훨씬 단순하게 구성되었다. 애덤 고프닉Adam Gopnik에 의하면 "레스토랑은 남성을 위한 공간이었다. 남성이 먹고, 즐겁게 이야기를 나누고, 요리를 하고, 자신을 뽐내고, 으스대고, 여자를 꼬드기는 공간 말이다. 반면 요리책은 전통적으로 여성적인 것이었다. 가정집의 부엌은 여성이 요리를 하고, 관리를 하고, 지시를 내리고, 브라우니를 만들고, 남자를 먹이고 뒷받침하는 공간이었다." 이렇게 남성의 공적/레스토랑 영역과 여성의 사적/요리책 영역은 오랫동안 분리되었다.

초기 미국의 전문 요리 세계에서 여성이 맡은 역할도 크게 다르지 않았는데, 미국의 일류 레스토랑 대다수가 프랑스의 영향을 크게 받아 여성을 고용하지 않았다는 데 일부 원인이 있다. 프랑스의 영향은 요리 교육 현장에도 퍼졌다. 미국에는 여성이 운영하는 요리학교가 여럿 있었는데, 주로 여성들이 자기 집에서 요리를 하거나 부잣집에서 요리사로 일할 때 필요한 지식을 가르쳤다. 아이러니하게도 1946년 미국에서 가장 명망 있는 요리학교인 CIA를 설립한 것은 프랜시스 로스Frances Roth와 캐서린 에인절Katherine Angell이라는 두 명의 여성이다. 설립자가 여성이었지만, CIA의 목적은 제대군인원호법GI bill에 따라 제2차 세계대전이 끝나고 미국으로 돌아온 남성들을 교육하는 것이었다. 1970년까지 여성은 CIA에 정식으로 등록할 수 없었고, 1972년이 되어서도 여성은 전체 재학생의 5%뿐이었다.

프랑스의 지배에 도전한 아메리칸 퀴진

몇십 년 전까지만 해도 미국은 훌륭한 셰프 또는 훌륭한 요리란 무엇인가에 대한 개념을 모두 프랑스에서 빌려왔다. 약 200년 동안 실로 "보편적인" 유일한 요리로 여겨졌던 프랑스 요리는 구체적인 규칙과 기술이 글로 남아 있었고, 셰프 개개인은 일단 이 규칙과 기술을 습득한 후 자기만의 스타일을 만들었다. 미국의 파인다이닝 레스토랑은 대부분 뉴욕 같은 문화 중심지에 있었고 프랑스 셰프들을 고용했다. 뉴욕의 르 파비용 같은 초기 레스토랑들은 단호하게 프랑스 요리만 내놓았고 대놓고 계급을 차별했다. 이곳에서 식사를 하려면 예복을 갖춰야 했고, 메뉴는 프랑스어로 쓰여 있었으며, 명망 있는 손님은 가장 좋은 자리에 앉히고 다른 사람들은 "유형지"에 앉히는 등 자리도 계급에 따라 다르게 배정했다. 이런 경향 때문에 프렌치 레스토랑은 계급을 나타내는 지표의 의미가 더욱 강해졌고, 미국 상류층은 더욱더 프렌치 레스토랑을 찾게 되었다.

프랑스 요리가 계속 미국 미식의 장을 지배한 것은 여성이 전문 셰프가 되어 성공할 수 없게 만드는 원인 중 하나였다. 패트릭

쿠Patric Kuh에 따르면, "부엌에 여성이 있느냐 없느냐는 언제나 프랑스식 요리와 이탈리아식 요리를 가르는 경계 역할을 했다." 프랑스에서 요리는 남성적이고 엘리트적인 기술이었던 반면, 이탈리아에서 가족이 운영하는 작은 레스토랑들은 지역적 특성을 유지하기 위해 여성의 요리에 의존했다. 쿠는 결과적으로 이탈리아 요리의 특징인 단순한 형태의 요리가 미국 요리를 지배하게 되었으나 그 전까지는 프랑스식 요리 스타일과 (누가 셰프가 되어야 하는가에 대한 생각 등의) 프랑스식 요리 지식이 미국 요리를 지배했다고 본다.

조제 존스턴Josée Johnston 과 샤이언 보먼Shyon Baumann 그리고 앨리슨 펄먼Alison Pearlman은 미국 미식의 장이 세속화의 과정을 겪었다고 주장한다. 수년간 프랑스 요리가 미국 요리를 지배했으나 제2차 세계대전 이후 찾아온 경제와 문화의 호황이 미국을 현재와 비슷한 방향으로 바꾸어놓았다는 것이다. 이런 변화는 유명 레스토랑인 포시즌이 1959년 부엌의 수장으로 미국 셰프인 제임스 비어드James Beard 를 고용한 데서 시작되었다. 미국 요리 형성에 혁혁한 공을 세운 비어드는 포시즌 레스토랑의 메뉴에 미국식 음식을 올리는 파격적인 결정을 내렸다. 오로지 프랑스 음식만 내놓던 다른 파인다이닝 레스토랑과 정반대의 결정이었다. 오리건 주의 시골에서 성장한 비어드는 개인의 배경과 관련 있는 음식을 특히 강조했고, "고향을 떠올리게 하는 맛"이라는 묘사가 가장 큰 칭찬이라고 믿었다. 또한 비어드는 다양한 사람들과 의사소통할 수 있는 능력을 갖추고 있었다. 비어드가 쓴 요리책은 당시 기술적 측면을 강조하던 셰프들의 요리책과 여성을 대상으로 한 초보자용 요리책 사이의 간극을 메웠다. 또한 비어드는 식품회사와 계약을 맺는 등 요리 이외의 분야에 뛰어든 최초의 미국인 셰프 중 한 명이기도 했다.

비어드가 일류 레스토랑에서 미국 요리의 위치를 한 단계 끌어올리고 있을 때 줄리아 차일드Julia Child는 『프랑스 요리 기술 마스터하기*Mastering the Art of French Cooking*』라는 책과 ‹프렌치 셰프The French Chef›라는 TV 프로그램으로 미국의 가정에 프랑스 요리를 전수하고 있었다. 1961년 시몬 벡Simone Beck, 루이제트 베르톨레Louisette Bertholle와 함께 출간한 『프랑스 요리 기술 마스터하기』는 기존 프랑스 요리책과는 상당히 달랐다. 실제로 이 책이 출간되기 전 미국 독자들이 받아들이지 못할 거라고 걱정한 사람들도 있었다. 원래 프랑스 요리책은 대부분 자신의 전문적인 정통성에 기대 비전문가 독자에게 프랑스 요리를 단순화해서 알려주는 남성 셰프의 책이거나, 프랑스 요리를 꼼꼼하게 가르치기보다는 친근하고 일상적인 어조로 프랑스를 안내하는 여성 작가의 책이었다. 하지만 『프랑스 요리 기술 마스터하기』는 독자들에게 큰 인기를 끌었다. 차일드가 교육적이고 일상적인 어조를 사용하면서도 프랑스 요리를 따라 하고는 싶지만 본업도 해야 하는, 당시 규모가 점점 커지고 있던 미국 중산층 독자에게 어필했기 때문이었다. 차일드도 서문에서 이

독자층을 "하인이 없는 미국 요리사"라고 표현했다.

가정 요리와 고급 요리라는 스펙트럼의 양 끝에 있었던 비어드와 차일드의 노력은 누적 효과를 일으켜 미국 요리 속 프랑스 헤게모니를 뒤흔들었다. 비어드는 미국 요리의 창의성을 보여주었고, 차일드는 자신의 요리 지식을 광범위한 독자와 공유함으로써 프랑스 요리를 대중화했다. 차일드는 전문 셰프에게 다시 여성화의 위협을 가한 것으로 비치기도 했다. 집에서 요리를 하는 사람도 전통적인 프랑스 요리를 할 수 있게 된다면 프랑스 요리의 지위가 흔들릴 수 있기 때문이다. 프랑스 요리를 전문으로 하는 셰프들이 자신의 요리가 가정 요리보다 훌륭한 이유를 설명할 수 없다면 전문 요리의 남성성은 위기에 처할 수도 있었다.

프랑스 요리가 인기를 잃고 있던 이때, 세계화가 확산되면서 새로운 시장이 열렸고 전 세계의 요리와 식재료가 소개되었다. 미국 셰프들에게는 새로운 기회였다. 미국 셰프들은 더 이상 프랑스 음식을 따라할 필요가 없었을 뿐만 아니라 다양한 전통 음식을 자유롭게 접할 수 있었고 이러한 전통을 스스로 만들어내는 경우도 간혹 있었다. 또한 이민자가 증가하면서 세계 각지의 요리를 먹고 싶어 하는 사람들의 수가 늘어났고, 고국의 요리를 이용해 새로운 레시피를 만들어내는 셰프들도 생겼다.

여러 언론매체가 등장한 것도 미국의 새로운 요리 형태를 대중화하는 데 일조했다. 1960년대 «뉴욕타임스»의 크레이그 클레이

번Craig Claiborne이 레스토랑 리뷰라는 개념을 소개했고, 그 결과 수많은 미국식 레스토랑의 위상이 높아지고 미국 요리에 관심이 늘었다. 점점 더 많은 미국인이 그의 평가에 주목했고 좋은 평가를 받은 레스토랑에 일부러 방문하곤 했다. 디너파티를 열 때 «고메»에서 본 요리를 따라하거나 줄리아 차일드의 ‹프렌치 셰프›를 참고하는 사람들도 있었다.

미국 셰프들은 영감을 얻기 위해 자신의 뒷마당을 돌아보기 시작했다. 1970년대 초 캘리포니아에서 등장한 젊은 이상주의자들도 마찬가지였다. 1970년대 초 캘리포니아 버클리대학교의 학생으로 정식 요리 훈련을 받지 않은 앨리스 워터스Alice Waters와 동료들이 셰 파니스라는 레스토랑을 열었다. 그들은 프랑스 요리에서 영감을 받아 지역에서 난 제철 식재료를 사용하는 음식문화를 만들었다. 셰프는 전통적인 블루칼라 일자리였기 때문에 막 대학을 졸업했거나 중퇴한 중산층 젊은이들이 부엌에서의 삶을 선택한 것은 당시에는 매우 드문 일이었다. 프랑스식 식사법에 마음을 빼겨 셰 파니스를 연 워터스와 동료들은 결국 미국만의 독특한 음식문화를 발전시키는 결과를 낳았다. 그리고 셰 파니스에 쏟아진 미디어와 대중의 긍정적인 평가는 미국 미식의 장에서 프랑스의 지배력을 약화시키는 데 일조했다.

하인에서 유명인사로

수년간 미국 셰프는 공식적으로 가정집의 하인으로 분류되어 가정부 및 유모와 같은 범주에 속해 있었다. 귀족이 권력을 쥐고 있던 시기의 프랑스와 마찬가지로 미국에서도 셰프는 미숙련 저임금 직종으로 간주되었고, 여성적인 노동으로 여겨질 때도 많았다. 헝가리 출신의 시카고 셰프인 루이 셰즈메리Louis Szathmary를 포함한 여러 활동가의 노력 끝에 1977년 미국 노동부는 셰프를 "전문 기술을 필요로 하는 관리직"으로 재분류했다. 마침내 셰프가 수백 년 동안 염원했던 지위에 오르게 되었다는 첫 번째 사인이었다.

최근 몇십 년 동안 전문 셰프의 지위가 높아진 데는 여러 가지 이유가 있다. 그중 하나는 미국인이 식사 준비에 할애하는 시간이 점점 줄고 있다는 점이다. 미국에서 성인이 식사 준비(뒷정리 포함)에 사용하는 시간은 일일 평균 30분이 조금 넘는다. 이런 현상은 전자레인지 같은 새로운 기술의 등장 및 데우기만 하면 바로 먹을 수 있는 가공식품의 대중화와 일부 관련이 있겠지만, 요리라는 행위에 대한 지식 부족과도 관련이 있다. 식품학 교수인 크리셴두 레이Krishendu Ray는 요리를 할 줄 아는 사람이 적을수록 요리 행위에 특별한 의미가 생긴다고 주장한다. 한두 세대 전에는 일상적이었던 행위(닭 뼈 바르기나 빵 만들기 등)가 세련된 기술이 되는 것이다. 오늘날에는 요리할 시간이 부족하거나 요리하는 법을 모른다는 이유로 점점 더 많은 사람이 홀로 또는 가족과 함께 레스토랑에 가서 끼니를 해결한다. 이때 대부분 패스트푸드 레스토랑에 가기 때문에 예술적이고 수준 높은 기술을 사용해 만드는 셰프의 요리는 더 큰 문화적 의미를 지니게 된다. 또한 음식이 집이나 가족과 관련된 즐거운 기억을 떠올리게 한다는 사실을 고려하면 요리와 요리를 만드는 셰프가 오늘날 특히 매력적으로 여겨지는 이유를 알 수 있다.

평소에 요리를 하지 않는 사람들도 요리에 매력을 느끼게 된 것은 푸드미디어의 성장과도 큰 관련이 있다. 1993년에 개국한 푸드네트워크Food Network는 현재 약 1억에 달하는 미국 가정이 시청하고 있다. 푸드네트워크의 성장은 푸드네트워크에서 방송하는 요리 프로그램의 진행자를 유명인사로 만드는 데 일조했고, 요리를 직업으로 하는 사람들에 대한 관심도 더욱 커졌다. 2005년부터 2010년 사이에 요리 관련 프로그램 수가 3배로 뛰었고, 그 전까지는 요리 관련 프로그램을 전혀 방송하지 않았던 NBC와 BRAVO 등도 요리 프로그램을 내보냈다. 사람들이 셰프의 삶에도 관심을 보이기 시작하자 앤서니 보뎅의 『쉐프』 같이 미국 레스토랑의 은밀한 뒷이야기를 담은 셰프의 자서전이 베스트셀러가 되었다. 셰프의 자서전은 독자들에게 레스토랑 부엌의 이면을 보여주었고, 레스토랑 부엌이라는 공간의 위험하고 섹시한 매력을 강조했다. 그웬 하이먼Gwen Hyman은 자서전이 전문 레스토랑의 부엌을 "카우보이 문화의 마지막 보루"로 그리는 방식을 묘사하며 "대중의 상상 속에서 레스토랑의 부엌은 고갈되고 착취되는 곳이 아니라 에너지와 힘을 얻는 곳이 되었다"고 말한다. 인터넷에 음식 관련 콘텐츠가 증가한 것 또한 미식의 장을 더욱 쉽게 들여다볼 수 있게 해주었다. 음식 관련 블로그와 웹사이트들은 레스토랑이 오픈할 때부터 마감할 때까지의 과정을 하나도 빠짐없이 파악할 수 있게 만들었다. 또한 사람들은 인기 있는 레스토랑에서 먹은 음식 사진을 찍어 인터넷에 공유하고, 과거에 요리 전문 작가나 평론가들이 했던 것처럼 레스토랑을 솔직하게 분석하고 비판한다.

그러자 셰프들이 사람들의 관심을 이용해 돈벌이에 관여하기 시작했다. 오늘날 미국 셰프들은 부엌에 숨어 있는 대신 홍보 대행사를 고용해 식료품 회사에 자신의 이름을 빌려준다. 릭 판타지아Rick Fantasia는 셰프들이 요리의 장에서 전문가로서의 상징 자본을 판매한다고 설명하며 이런 현상이 오뜨 퀴진과 상업 요리의 경계가 더욱 불분명해졌다는 사실을 보여준다고 말한다. 이런 상징 자본은 오늘날 소수의 엘리트 셰프가 식사 준비뿐만 아니라 식량의 지속 가능성과 아동 비만 같이 음식과 관련된 다양한 주제에서도 전문가로 대접받으면서 수많은 분야에 영향력을 미치게 한다.

전문 셰프의 위상은 이런 변화를 거치면서 상당히 높아졌다. 하이먼은 유명 셰프의 부상이 각기 다른 허레이쇼 앨저Horatio Alger(미국의 아동 문학가. 가난한 소년이 근면 성실함을 통해 성공하는 내용의 소설을 많이 썼다 — 옮긴이) 이야기로 기능했다는 점이 미국 대중문화가 셰프에 주목하기 시작한 이유 중 하나라고 보며, 셰프로서 성공하는 아메리칸드림은 우편물을 담당하는 말단 직원에서 CEO가 되었다는 보편적인 성공 루트와는 상당히 다르다는 점에 주목한다. 하이먼은 이렇게 말한다.

"요리는 손으로 하는 일인 동시에 마음으로 하는 일이기도 하다. 셰프는 장인의 솜씨와 창조성, 자기 수련, 전문성이 녹아 있는 직업이다. 셰프는 고학력일 필요도 없고, 양복을 입을 필요도 없으며, 나인투식스의 삶과는 매우 대조적이다. 또한 셰프로 성공한 사람들은 금전적인 보상을 받을 뿐만 아니라 상류 계급으로서의 품격을 약속받는다. 모순이지만 이 권위에서 나오는 반짝이는 오라와 우아함은 미국 셰프의 선배와 멘토들이 지니고 있었던 '프랑스다움'에서 비롯된다."

전문 셰프에게 쏟아지는 이 모든 문화적 관심은 요리학교에 등록하는 학생 수를 늘렸고, 더 많은 사람이 셰프라는 직업에 뛰어들도록 유혹했다. 셰프 마이클 룰먼Michael Ruhlman은 『더 리치 오브 어 셰프*The Reach of a Chef*』에서 요리학교 입학생의 인구통계학적 특징이 달라지고 있다고 말한다. 처음으로 중산층 출신이 요리학교 재학생의 대부분을 차지하게 되었으며, 젊은이들에게 요리는 더 이상 선택지가 많지 않아 어쩔 수 없이 선택한 일이 아니다. 이들은 대학에 가지 않고 전문적으로 요리를 배우겠다고 스스로 선택한다.

또 다른 변화는 다른 분야에서 수년간 일하다가 그만두고 요리학교에 등록하는 사람이 점점 많아지고 있다는 것이다. 이들 대부분은 흥미진진하고 창조적인 업무 환경에서 일할 수 있다는 약속에 매력을 느낀다. 셰프로 직업을 바꾼 사람들은 과거 레스토랑에서 일하던 전형적인 셰프들과 비교했을 때 젠더, 나이, 인종 또는 민족 면에서 훨씬 다양하다. 이처럼 다양한 사람들이 전문 요리에 관심을 가진 결과 생긴 장점 중 하나는 셰프는 하찮은 노동자가 아니라 어엿한 전문직이라는 개념이 더 강해진다는 것이다. 요리학교 입학생 중 대학 교육을 받은 사람의 수가 점점 늘어나자, 앤서니 보뎅이 자서전에서 애정 어린 눈으로 회상한 "괴팍하고 타락한 사람들"이라는 셰프의 이미지는 바뀌기 시작했다.

새로운 지위, 그러나 변하지 않은 젠더 문제

음식 전문 기자인 데이비드 캠프David Kamp에 따르면, 우리는 미국 요리에서 발생한 새로운 혁명의 한복판에 있다. "요리계의 엘리트(문화를 선도하는 셰프와 요리책 저자, 요리학교 교사, 식품 공급업자, 음식 전문 기자)들은 끝없는 가능성을 느끼며 선배들을 구속했던 오래된 제약과 편견에서 스스로를 해방시키고 있다. 이제는 소작농의 요리 전통에 오뜨 퀴진의 전통을 접목해도 되고, 고급문화에 평범한 음식을 접목해도 된다." 이런 전통과의 결별은 미국 셰프에게 훌륭한 요리의 의미를 재창조할 수 있는 기회를 제공하며 새로운 시각과 기술이 번창할 수 있게 한다. 펄먼은 『스마트 캐주얼: 미국 고메 레스토랑 스타일의 변화*Smart Casual: The Transformation of Gourmet Restaurant Style in America*』에서 지금 우리는 요리의 민주화를 목도하고 있다고 주장한다. 예를 들어, 펄먼은 «푸드앤와인»이 2010년 최고의 신인 셰프 중 한 명으로 로이 최Roy Choi를 선정했다는 사실에 주목한다. 푸드 트럭으로 명성을 얻은 로이 최는 맛과 창조성이 셰프의 능력을 평가하는 기준이 된 사례로 등장했다. 이처럼 민주화와 능력주의가 강조되면 젠더 통합이 일어나리라 기대할 수 있다. 하지만 혁명은 전문 요리에서의 성평등으로 이어지지 않았다. 최근 통계를 보면 헤드 셰프로 근무하는 여성의 수는 상대적으로 적다. 미국 노동통계국의 자료에 따르면, 2013년 여성 셰프 중 오직 20%만이 헤드 셰프로 일했다. 이 수치는 레스토랑을 홀로 또는 공동으로 운영하는 여성 셰프의 수를 감안하면 더욱 낮아진다. 수의학이나 회계, 약학처럼 전통적으로 남성이 장악하고 있었던 분야에서 나타난 여성의 약진을 고려하면 요리 분야에서는 그만큼 변화가 없었다고 말할 수 있다.

현 요리계의 지형을 살펴보면 더 많은 여성이 리더로 인정받지 못하는 상황은 매우 모순적이다. 지난 10년간 가장 인기가 많았던 요리 트렌드 일부는 여성의 요리와 밀접한 관련이 있다. 앞서 살펴본 것처럼 앨리스 워터스는 요리법과 요리 연출에서 지속 가능한 방식으로 생산된 지역 농산물 사용을 강조함으로써 캘리포니아 요리를 창조했다. 하지만 지역 농산물을 강조하는 요리 트렌드는 젊고 대담한 남성 셰프들이 고안한 것으로 여겨질 때가 많다. 동물의 모든 부분을 남김없이 사용하는 노즈투테일Nose-to-tail 요리는 많은 파인다이닝 레스토랑에서 인기를 얻고 있다. 동물의 내장과 척수, 더 나아가 피부 같은 재료는 주로 파인다이닝 레스토랑의 메뉴에 등장하며, 이런 요리 스타일은 "역겨운" 식재료 사용을 두려워하지 않는 남성 셰프의 마초적인 행위로 여겨진다. 하지만 이 조리법은 새로울 게 하나도 없다. 지난 수백 년 동안 가정에서 요리를 담당한 여성들은 음식의 양을 늘리기 위해 동물의 내장을 사용했다. 요리에 과학적으로 접근해 음식의 물리적·화학적 특징을 변형시키는 분자 요리에도 여성적인 면이 있다. 여성이 만든 음식은 너무 단순하다는 이유로 오랫동안 무시당했다. 하지만 고프닉은 "요리계에서의 모든 움직임은 더 큰 단순함을 향한 움직임이다"라고 말했으며, 분자 요리라는 요즘 트렌드 또한 식재료를 원자 단위로 쪼개 단순한 요리의 극치를 추구하는 요리법이다.

남성 셰프들과 푸드미디어는 새로운 요리 스타일과 여성성 사이의 관련성을 부정했다. 대신 이러한 형태의 요리법은 남성적인 특성을 강조하는 것으로 재구성되었다. 요리 잡지에 등장하는 남성 셰프들은 최고의 식재료를 찾으려고 밭에 쭈그려 앉거나 외국으로 여행을 떠난다. 노즈투테일 요리는 "극단적"이고 "역겨운" 것으로 표현되며, 미디어는 이 요리법을 사용하는 남성 셰프들이 피

칠갑을 한 채 커다란 칼을 휘두르며 동물을 도살하는 장면을 보도한다. 분자 요리는 "미친 과학자" 같은 남성 셰프들의 과학적인 요리법으로 그려진다. 이런 사례에서 남성 노동자들은 전문 지식과 전문 기술을 통해 다른 노동자와 자신이 다르다는 점을 강조함으로써 정통성을 재확인한다. 가정에서 요리하는 사람들은 다 자란 돼지를 도살할 공간이나 수비드sous vide 기계를 살 만한 돈이 없는 경우가 많다. 그러므로 남성 셰프들은 이런 메시지를 전한다. 이 요리는 전문가인 남성이 하는 것이므로 집에서는 시도하지 말 것.

하이먼은 최고의 자리에 올라 있는 여성 셰프의 수와 관련해 이 추세의 원인이 "미국 요리계의 젠더 양가성"에 있다고 보았다. 그리고 "만약 우리의 문화적 상상력 속에서 오직 몇 부리는 프랑스 남성과 어머니들만이 스토브 앞에서 의미 있는 노동을 할 수 있었다면, 요리를 새롭게 만드는 작업은 요리를 남자답게 만드는 작업이 되어야 했을 것이다. 이런 작업은 요리가 아메리칸 드림에 걸맞은 성공 가능한 직업적 경로로 변모하는 데 필수적이었다. 우리의 문화적 상상력 속에서 손으로 하는 진지한 작업은 가정집과, 여성성과, 아마추어의 솜씨와 반드시 분리되어야 했다"고 설명했다. 미국 요리가 프랑스 요리와 분리되어 스스로 자리를 잡아야 했던 것처럼, 미국의 남성 셰프들도 자신의 요리를 여성의 단순한 요리와는 뭔가 다른, 더 훌륭한 것으로 승격시켜야 했다. 시그네 루소Signe Rousseau는 푸드미디어 및 현대 유명 셰프의 부상에 대한 연구에서 셰프의 인지도를 높인 바로 그 요인(세계화의 가속, 계급과 직업의 전통적 경계에 대한 도전)이 동시에 불안(그렇다면 진짜 셰프는 누구인가?)과 셰프라는 타이틀을 놓고 벌이는 경쟁의 심화를 일으킨다고 지적한다. 초기 전문 셰프들만큼 뚜렷하게는 아니지만 아직도 남성 셰프들은 위태로운 남성성에 직면해 있다. 전문 셰프의 입지가 높아지고 음식에 관한 문화적 관심이 커지자 이 지위가 확산될 수도 있다는 두려움 또한 생겨났다. 이미 셰프들은 누가 진짜 셰프인지를 가르는 전문성의 경계를 끊임없이 대중에게 상기시킴으로써 미식의 장에 속한 레이철 레이Rachael Ray나 산드라 리Sandra Lee 처럼 전문 교육을 받지 않은 텔레비전 요리 프로그램 진행자들을 경계하고 있다. 요리 프로그램 진행자 대다수는 여성이므로 여성의 요리와 남성 셰프의 요리를 분리해야 할 필요성이 더욱 커지는 것이다.

셰프직에서 여성이 계속 남성에게 뒤처지고 있다는 사실은 여성의 요리학교 입학이나 요리 경연 대회 참가를 금지하는 식의 오래된 배제의 기술이 사라졌다 하더라도, 고용 및 승진에서의 차별과 성희롱 같은 미식의 장 내의 여러 요소가 여전히 여성의 참여를 막는 주요 장애물 역할을 하고 있다는 사실을 잘 보여준다. 그러나 한 가지 긍정적인 변화가 있다면 전문 요리 세계에서의 젠더 분리를 인식하고 의문을 제기하는 사람이 점점 더 많아지고 있다는 점이다. "전문 레스토랑 부엌에 있던 여성들은 다 어디로 갔는가?"라는 질문을 던지는 사람은 우리뿐만이 아니다. 수많은 요리 전문 블로그와 웹사이트뿐만 아니라 최근 «뉴욕타임스»와 «타임*Time*» 또한 이 문제를 다루었다. 여성 셰프들도 의문을 제기하며 여러 학회에 참여하거나 여성 셰프를 위한 협회를 조직하고 있으며, 미식의 장 내에서의 젠더 문제에 대중의 관심을 끌기 위해 푸드 페스티벌에서 플래시몹을 펼치기도 한다.

여성의 과소대표 문제는 셰프가 대중문화의 중심에 서면서 더욱 두드러지고 있다. 왜 더 많은 여성이 셰프가 되지 않느냐는 질문의 대답은 업무 조건(여성은 오랜 시간 일할 수 있을 만큼 강하지 않으며 그럴 의욕도 없다)에서부터 성차별에 이르기까지 다양하다. 여성 셰프들은 (종종 다른 여성 셰프에게서도) 더 열심히 일해야 하며 젠더 문제는 생각하지 말라는 조언을 듣는다. 열심히 일하는 것만이 주목과 보상을 받을 수 있는 유일한 방법이라는 것이다. 하지만 언제나 이런 조언이 가능한 것은 아니다. 셰프직의 역사와 업무 체제의 구조, 전문 레스토랑 부엌에서의 직장 문화 때문이다. 여성 셰프의 과소대표 문제에는 배제와 경멸의 역사적 패턴, 누가 훌륭한 셰프인지를 결정하는 영향력 있는 요리 전문 기자 및 평론가들의 방향성, 현재의 직장 문화, 특정 레스토랑 세계에서의 트렌드가 전부 뒤섞여 있다. 이런 조건들이 어떻게 함께 작동하는지를 파헤치는 것만이 미식의 장 내에서 여성이 차지하고 있는 위치를 더욱 잘 이해할 수 있는 방법이다.

푸드미디어와 엘리트 셰프

Taking the Heat:
Women Chefs and
Gender Inequality
in the Professional
Kitchen

2008년, 셰프 어맨다 코헨Amanda Cohen은 수년간 열심히 일한 끝에 뉴욕에 레스토랑 더트 캔디를 열었다. 머지않아 레스토랑은 성공 가도에 올랐고, 수많은 미디어가 취재를 하러 몰려들었다. 코헨은 요리 세계에서의 여성의 위치에 대한 질문을 받곤 하는데, «빌리지보이스닷컴*village voice*»과의 인터뷰에서 무언가가 여성 셰프들을 저지하고 있다고 말했다. 그리고 여성 셰프를 다루는 푸드미디어가 너무 적다는 사실을 지적하며, 특히 "가장 영향력 있는" 또는 "가장 권위 있는" 셰프 명단에서 여성을 찾아보기 힘들다고 이야기했다(코헨은 "게으른" 저널리즘에 원인이 있다고 보았다). 코헨에 따르면, 이런 배제는 셰프가 되고 싶어 하는 젊은 여성들에게 "만약 네가 여성이라면, 그리고 힘 있는 자리에 있는 여성 셰프를 찾아볼 수 없다면, 네가 그 자리에 오를 수 있을지 없을지 어떻게 알겠니?"라는 강력한 메시지를 전달한다.

코헨의 발언은 2013년 11월 18일자 «타임»에 대한 반응이었다. «타임»의 표지는 새하얀 조리복을 입고 카메라를 향해 미소 짓고 있는 3명의 남성 셰프—데이비드 창David Chang, 르네 레드제피 René Redzepi, 알렉스 아탈라Alex Atala—가 장식했다. 이들의 가슴께에 박혀 있는 헤드라인에는 이 3명의 남성을 "요리의 신"으로 선정했으며 독자들에게 "당신이 먹는 것에 영향력을 미치는 사람들을 만날" 수 있는 기회를 제공하겠다고 쓰여 있었다. 여성 패스트리 셰프 2명이 짧게 언급되긴 했지만, 이번 호에서 단 1명의 여성 셰프도 제대로 다루지 않았다는 데 상당한 관심이 쏠렸다. 결국 «타임»은 요리의 신은 상당히 많지만 요리의 여신은 어디에서도 찾을 수 없다는 생각을 더욱 강하게 만들었다.

‹이터닷컴›의 힐러리 딕슬러Hillary Dixler는 문제가 된 «타임»의 에디터였던 추아 요엔Chua-Eoan을 인터뷰했다. 인터뷰 내내 추아 요엔은 수많은 여성 셰프에게 찬사를 보냈으며 이들을 일부러 배제한 것이 아니라고 말했다. 딕슬러가 미식의 장에서 여성의 대표성을 형성하는 데 미디어가 맡은 역할이 무엇이냐고 묻자, 그는 셰프의 말을 보도하는 것이 미디어의 일이라고 생각한다고 대답했다. 그리고 여성 셰프가 인터뷰에서 고급 요리에서의 젠더 문제를 이야기한다면 «타임»은 그 이야기를 실을 것이라고도 말했다. 하지만 그는 «타임» 같은 잡지가 여성을 배제하는데 어떻게 여성 셰프가 젠더 문제를 이야기할 수 있는지에 대해서는 아무 말도 하지 않았다. 추아 요엔은 누구의 말에 귀 기울이고 누구에게 높은 지

위를 부여할 것인지를 결정할 수 있는 미디어의 권력은 인정하지 않은 채 «타임»에서 여성을 배제한 것을 여성의 탓으로 돌리는 것 같았다. 인터뷰 내내 그는 "이번 호의 내용과 표지는 영향력에 관한 겁니다. 오뜨 퀴진 세계에서의 사회적 역할과 성 역할에 관한 게 아니" 라며 단호한 태도를 보였다.

미식의 장에서 영향력이란 오뜨 퀴진의 사회적 역할 및 성역할과 분리할 수 없는 문제다. 남성의 요리와 여성의 요리 그리고 셰프직에 대한 기대와 가정은 매우 실질적인 결과를 낳는다. 중요한 것은 단순히 미디어에 얼마만큼 노출되느냐가 아니라 미디어가 남성 셰프와 여성 셰프를 어떻게 묘사하느냐다. 남성 셰프와 여성 셰프가 푸드미디어에서 재현되는 방식은 셰프들이 커리어를 쌓는데, 특히 그저 그런 셰프에서 더 나아가 훌륭한 셰프로 명성을 떨치는 데 중요한 역할을 한다.

지금부터 미디어의 주목과 찬사가 전문 셰프의 지위를 얻는 데 미치는 영향을 살펴볼 것이다. 음식 전문 기자와 요리 평론가들은 서로 다른 방식으로 훌륭한 셰프라는 타이틀을 부여한다. 이런 방식은 여성 셰프가 명망 있는 자리에 오를 수 있는 가능성에 영향을 미친다. 이처럼 다양한 문화적 구별 짓기는 남성의 요리와 여성의 요리에 대한 젠더화된 담론을 강화하기도 한다.

푸드미디어의 권력

부르디외가 말했듯이 하나의 장을 이해하려면 장의 생산자와 관객뿐만 아니라 장에 영향력을 행사하는 문화 선도자의 역할도 살펴보아야 한다. 역사적으로 요리 평론은 요리의 수준을 결정하고 셰프직에 경계를 긋는 데 중요한 역할을 했다. 초기의 요리 평론가는 모두 남성이었고, 이들은 전문가로서의 영향력과 지위를 이용해 레스토랑에서 일하는 남성의 전문적/이성적인 요리와 집에 있는 여성의 감정적/표현적인 요리를 구분했다.

오늘날 음식 전문 기자와 요리 평론가는 미식의 장에서 상당한 영향력을 행사한다. 이들은 자신의 승인을 통해 셰프에게 지위를 부여하며 셰프의 레스토랑과 커리어를 키우거나 박살내기도 한다. 음식 전문 기자와 요리 평론가가 어떤 레스토랑에 대한 글을 쓰면 유명인사들이 그 레스토랑을 찾아가고, 이렇게 생긴 인기는 낙수 효과를 일으켜 먼 지역에서도 찾아오게 할 뿐만 아니라 외국인 여행자들에게까지 퍼져 나간다. 식도락가나 다른 얼리어댑터들에게는 비판을 받을 수도 있겠지만 어쨌든 이렇게 인기가 많아지면 셰프 그리고/또는 레스토랑 오너는 상당한 성공을 거머쥔다.

평론가의 작업을 주제로 한 연구들은 이들이 특정 장 내에서 취향의 경계를 만들고 유지시키는 역할을 한다는 점을 강조한다. 문화 생산은 사회적 과정이므로 예술이라고 분류되는 대상은 그런 이름을 가져도 된다는 집단적 믿음이 있어야만 예술로 분류될 수 있다. 이런 믿음과 판단들은 문화적 상품의 가치를 나타내며 문화적 위계질서를 만들고 유지하는 데 일조한다. "배제의 계율"을 형성하기 위해 "가치와 취향의 위계질서를" 만들어냄으로써 평론가들은 정통성의 수립을 돕는다. 시그네 루소는 "세계는 전문가와 아마추어가 벌이는 경쟁으로 가득 차 있으므로 셰프들은 혁신가 또는 예술가가 됨으로써, 또는 그저 그런 레시피가 아니라 창작물을 생산함으로써 자신을 다른 사람들과 구별 짓는다"고 말한다. 하지만 셰프의 창작물에 정통성을 부여하는 것은 음식 전문 기자와 요리 평론가의 판단이다.

요리 평론가와 작가가 고의적으로 남성 셰프와 여성 셰프를 다르게 평가한다고 주장하는 것은 아니다. 평론가와 기자가 요리를 평가할 때 그 요리를 만든 셰프의 성별은 전혀 고려하지 않는다고 주장하는 사람이 많다. 하지만 셰프와 평론가는 모두 '아비투스habitus'의 영향을 받는다. 부르디외는 아비투스를 실천과 인식을 만드는 성향 체계라고 묘사한다. 아비투스는 일종의 베일 역할을 하며, 이 베일은 쓰고 있는 당사자에게는 보이지 않지만 그가 세계에서 활동하는 방식, 선호, 다른 사람들과의 상호작용에 영향을 미친다. 미식의 장에 있는 행위자들은 비슷한 아비투스를 갖도록 사회화된다. 이들은 어떤 요리가 오뜨 퀴진이라고 불릴 가치가 있는지, 훌륭한 셰프를 나타내는 표지가 무엇인지에 대해 같은 생각을 공유한다. 게이트키퍼로서 작가의 역할은 문화 예술가에게 정통성을 부여함으로써 특정 장이 계속 유효한 것으로 보일 수 있게끔 돕는 것이다. 이런 정통성은 원래 블루칼라였다가 이제는 화이트칼라이자 예술가로 묘사되고 있는 셰프뿐만 아니라 셰프의 작품을 평가할 수 있는 아비투스를 소유한 몇 안 되는 사람 중 하나로 여겨지는 평론가에게도 이익을 가져다준다.

평론가들의 평가 그리고 젠더화된 영향력

그것이 그림이든, 교향곡이든, 음식이든 문화적 대상에 대한 평론은 진공 속에서 발생하지 않는다. 누가 훌륭한 셰프이며 누가 훌륭한 셰프가 되어야 하는가에 대한 사회적 기대는 젠더와 인종, 문화, 그 밖의 다른 사회적 위치에 관한 사회적 믿음의 영향을 받을 수 있다. 평론가들과 기자들이 특정 셰프에게 정통성을 부여할 수 있는 것처럼, 특정 성공 모델에 부합하지 않는 셰프들의 노력은 정통성을 박탈당할 수 있다. 예를 들어, 엘리트 셰프 대다수는 프랑스 요리의 전통에서 교육받았으며 같은 레스토랑에서 훈련받고 일한 경험이 있다. 이런 특징은 이들이 가치 있는 인적·사회적·문화적 자본을 더 많이 가질 수 있도록 도와주며 음식 전문 기자와 요리 평론가는 이런 자본을 알아본다. 전문 셰프로 성공하려고 노력하는 여성들처럼 미식의 장에 새로 발을 디딘 사람들은 그저 다르다는 이유로 훌륭한 셰프라는 정의에 부합하는 데 어려움을 겪는다.

요리 평론가들은 셰프의 능력과 성과, 기술을 젠더화된 방식으로 평가하는 고용주 및 동료 셰프와 그리 다르지 않다. 여러 직업 현장에서 남성 노동자와 여성 노동자는 다르게 평가받는데, 동일한 수준의 인적 자본을 소유하고 있을 때도 마찬가지다. 사람들은 젠더 사회화를 거치며 남성과 여성은 다르고 남성적 특징이 여성적 특성보다 더 가치 있다는 믿음을 습득한다. 이렇게 젠더 고정관념이 제도화된 탓에 노동자의 능력을 평가하는 동료 및 관리자는 남성과 여성을 다르게 평가하게 된다. 젠더의 도식을 형성하는 메커니즘이라고 할 수 있는 이런 편견은 고의적일 수도 있고 그렇지 않을 수도 있다. 여성은 직장에서 성 평등을 지지할 가능성이 남성보다 많지만, 남성과 여성 둘 다 남성 노동자에게 호의적인 편견을 가질 수 있다.

평론가들의 평가나 논평에 남성의 요리를 여성의 요리보다 우월한 것으로 드러내려는 의도는 없다. 그러나 젠더와 리더십, 권력에 대한 문화적 도식은 성별에 따라 다른 평가를 낳을 수 있으며 이런 평가는 종종 남성에게 유리하게 작용한다. 음식에 대한 글은 겉으로 보이는 것만큼 공평하지 않을 수 있다. 글로 평가를 하는 사람들은 오랫동안 남성이 지배하고 있었던 미식의 장에 속해 있을 뿐만 아니라, 여성의 일을 평가 절하하는 사회에도 속해 있기 때문이다. 여성 셰프가 점점 더 미디어의 주목을 받고 있는 지금, 젠더(또는 젠더화된 행동)에 대한 기대는 여성의 요리/커리어가 훌륭함이라는 (남성)패러다임에 부합하지 않는다는 평가로 이어질 수 있다.

누가 훌륭한 셰프인가?: 셰프에 대한 평가와 묘사

2004년부터 2009년까지 «뉴욕타임스» «샌프란시스코 크로니클» «고메» «푸드앤와인»에 실린 레스토랑 리뷰와 셰프 프로필 2,206개를 분석했다. 셰프와 셰프의 레스토랑, 셰프의 전반적인 요리 스타일이 논의되는 방식을 검토했으며, 특히 훌륭한 셰프와 괜찮은 셰프를 구분하는 기준이 무엇인지, 또 셰프를 평가하고 묘사하는 방식에서 젠더 차이가 나타나는지 알아보는 것이 목적이었다. 우리가 정리한 표를 보면 남성 셰프가 등장한 기사가 확연하게 많은 것을 알 수 있다. 실제로 여성 셰프를 중점적으로 다룬 기사는 전체 기사의 10% 정도다. 남성 셰프와 여성 셰프를 함께 다룬 기사를 고려하더라도 여성은 전체 레스토랑 리뷰와 셰프 프로필의 약 22%에서만 언급된다. 남성 셰프와 여성 셰프가 함께 언급된 경우는 여러 명의 셰프와 레스토랑이 등장하는 '종합 요약' 기사거나, 헤드 셰프(주로 남성)와 패스트리 셰프(주로 여성)의 이름을 함께 언급한 레스토랑 리뷰 기사였다.

남성 셰프와 여성 셰프는 기사에서 매우 다른 방식으로 다루어지며, 이런 방식은 전문 요리에서 가정 대 고급 레스토랑이라는 구분을 강화한다. 남성 셰프는 부엌을 통제하고 혁신적인 요리를

기사가 실린 매체와 기사에 등장한 셰프의 성별(2004~2009)

	남성	여성	남성/여성	총 개수
뉴욕타임스	1,200	120	119	1,439
샌프란시스코 크로니클	346	86	20	452
고메	88	12	44	144
푸드앤와인	93	12	66	171
총 개수	1,727	230	249	2,206

내놓으며 자기만의 왕국을 구성하는 창조자로 묘사되지만, 여성 셰프는 전통적이거나 가정적인 요리를 재현하는 요리 생산자이자 남성의 지도 없이는 커리어를 쌓지 못하는 것으로 묘사되기 때문이다.

요리에 대한 미디어의 성향: 훌륭한 셰프 대 훌륭한 요리

레스토랑 리뷰와 남성 셰프의 프로필에 나타나는 일반적인 주제는 남성 셰프의 전문성 강조다. 남성 셰프는 전문 교육을 받았으며 기술적으로도 훌륭하고 리더로서의 자질도 뛰어나다. 남성 셰프들은 단순히 음식을 만드는 것이 아니라 자신의 재능을 이용해 특별한 식사 경험을 만들어내는데, 이를 위해서는 상당한 헌신과 통제력이 필요하다. 이 남성 엘리트 셰프들은 놀라울 정도로 높은 기준을 갖고 있으며 자신의 비전을 개발하고 실행하기 위해서라면 무엇이든 마다하지 않는다.

셰프가 받은 전문 교육 정보는 거의 빠지지 않고 언급된다. 많은 레스토랑 리뷰와 셰프 프로필에서 셰프가 명문 요리학교를 졸업했는지, 또는 유명한 레스토랑에서 일한 경력이 있는지를 이야기한다. 예를 들어, 스페인 출신의 유명 셰프 페란 아드리아Ferran Adrià는 분자 요리를 주요 패러다임으로 확립하는 데 일조한 레스토랑 엘 불리를 운영하고 있는데, 여러 기사가 아드리아 밑에서 훈련받은 남성 셰프들을 다루었다. 아드리아와 함께 일했다는 정보를 언급하는 것은 곧 요리계의 족보를 만드는 것이며, 아드리아 밑에서 훈련받은 사람은 분자 요리의 기술을 잘 알고 있을 것이라는 사실을 드러낸다. 이렇게 만들어진 족보는 매우 중요한 역할을 하는데, 셰프는 이 족보로 인적·사회적·문화적 자본을 부여받으며 직장을 옮길 때도 도움을 받을 수 있기 때문이다.

음식 전문 기자와 요리 평론가들은 셰프들이 받은 교육과 기술이 요리에 확연히 드러난다고 말한다. 셰프 데이비드 베이저건David Bazirgan은 오랜 훈련 과정을 거친 끝에 "능숙하고 섬세하게 요리의 질감을 통제할 수 있게 되었으며, 이런 점이 바로 다른 요리와의 차별점"이란 평가를 받았다(«샌프란시스코 크로니클», 2004년 8월 27일).

정식 프랑스 요리에 필요한 복잡한 훈련 과정을 끝마친 셰프에게는 가장 높은 지위가 보장된다. 셰프가 이 기술을 한번 연마하면 극도로 단순한 요리에서도 셰프의 높은 훈련 수준이 명백히 드러난다. «푸드앤와인»의 한 기사는 저스틴 퀙Justin Quek의 요리를 먹으면 그가 받은 "고전적인 프랑스식 훈련"을 알아차릴 수밖에 없다고 주장했다(2008년 1월). 또 다른 기사는 셰프이자 레스토랑 오너인 제프리 자카리안Geoffrey Zakarian의 레스토랑 두 곳을 다루며 기술의 중요성을 이야기한다.

> 제프리 자카리안의 레스토랑은 모두 최고의 경험을 제공하며, 정통 프랑스식 경향과 보기 드문 전문가의 요리 솜씨 덕분에 하나로 묶이기도 하고 구별되기도 한다. 자카리안과 그의 헤드 셰프 더그 살티스Doug Psaltis는 능력 있는 장인으로서 최고의 식재료를 이용해 최고의 결과를 내놓는다. 이들은 독창성이 아닌 요리 솜씨 자체로 당신을 놀라게 할 것이다.
>
> – ‹서로 다른 곳에서 나타나는 일관성›, «뉴욕타임스», 2006년 4월 5일

자카리안의 요리에 독창성이 부족하다는 평가는 다소 부정적이지만, 자카리안과 살티스 둘 다 기술적으로 뛰어나다는 사실은 전혀 의심받지 않는다. 또 다른 기사에서는 잘 훈련된 셰프의 요리에서 나오는 자신감을 강조하며 어떻게 이런 자신감이 보다 실험적인 요리로 이어지는지 이야기한다.

> 프랑스 요리에 기반을 둔 험Humm의 요리는 고전적인 멋을 지닌 과거의 향락과 새로운 세대의 혁신적인 대담함 사이에서 교량 역

할을 하며, 처음부터 사람들의 이목을 끌었다.

– ‹정상으로의 대담한 부상›, «뉴욕타임스», 2009년 8월 11일

허버트 켈러Hubert Keller는 대가다. 최고의 프랑스 셰프들과 함께 일했고 프랑스 요리의 기술을 철저하게 익혔다. 그는 루바브 소스와 옥수수, 트러플을 곁들인 넙치, 회향과 오렌지, 레드와인, 감초를 넣은 소스를 곁들인 새우처럼 여러 가지 맛의 조화를 실험하는 것을 두려워하지 않는다.

– ‹찬사받던 플뢰르 드 리스, 매력을 잃다›, «샌프란시스코 크로니클», 2007년 10월 16일

이런 평가는 전문 요리에서 가르치는 특별한 기술을 부각시킨다. 남성 셰프의 요리를 묘사할 때 사용하는 단어들은 이들이 요리사가 아니라 셰프라는 점을 강조한다. 남성 전문 셰프들은 집에서 요리하는 사람이나 기술이 부족한 전문 요리사는 할 수 없는 어떤 새로운 것을 요리에 불어넣는다. 관련 사례로 피터 할리카스Peter Halikas의 요리에 대한 기사를 들 수 있다. 할리카스는 와인과 레스토랑으로 유명한 캘리포니아의 나파 밸리Napa Valley에서 셰프로 일하고 있다.

가리비 모양의 동그란 두부 5개를 크리미한 매시포테이토로 감싸

> 고, 위에는 오랫동안 익혀 부드러워진 대파를 올렸다. 두부는 겉은 바삭하고 안은 녹아내릴 듯 부드러우며, 완고한 육식동물조차 채식을 결심하게 만들 수 있을 정도로 훌륭하다. 게다가 절묘한 대파 소스는 할리카스가 가장 기본적인 식재료로 수준 높은 요리를 할 수 있다는 사실을 다시 한 번 증명한다.
>
> – ‹도시 요리, 나파 밸리의 레스토랑과 라운지에서 시골 식사와 만나다›, «샌프란시스코 크로니클», 2006년 2월 26일

할리카스 정도의 실력을 갖춘 셰프들은 아주 기본적인 식재료로도 훌륭한 요리를 만들어낼 수 있으며, 이는 전문성을 나타내는 기준이기도 하다. 이들이 사용하는 기술과 훈련법은 셰프 개인의 요리뿐만 아니라 셰프 전체의 전문 요리를 한 단계 높은 수준으로 끌어올린다. 셰프가 받은 훈련을 파악하고 셰프의 요리에서 이 훈련의 중요성을 분간할 수 있는 능력은 요리 평론가가 내리는 평가에 타당성을 부여한다. 앞의 찬사를 카페 디비노를 다룬 기사와 비교해보자.

> 펜네 포르치니는 내가 먹은 것 중 최고였다. 버섯 조각들이 꾸밈없이 정직한 크림소스에 녹아들어 있었고, 화이트 와인과 허브로 맛이 한층 살아났다. 잘게 찢은 닭고기와 깍둑 썬 가지가 들어 있는 리가토니 알라 콘타디나는 그리 흥미롭지 않았다. 맛은 있었지

만 평범했고, 집에서도 쉽게 만들 수 있는 요리 같았다.

– ‹느긋한 카페 디비노에서는 음식이 제일 중요하다›, «샌프란시스코 크로니클», 2005년 4월 1일

또 다른 셰프도 이와 비슷한 혹평을 받았다. "마시 볼드리니Massi Boldrini의 음식은 전반적으로 투박하고 편안하며, 수준 높은 가정 요리 스타일이다. 하지만 그보다 나은 때는 별로 없다."(‹리바 쿠치나, 레스토랑 사업에 뛰어들다›, «샌프란시스코 크로니클», 2007년 7월 18일) 기사에 따르면, 이 요리들은 독창성이 없고 형태가 단순하기 때문에 실패작이 되었다. 특별한 지식이나 훈련 경험 없이 집에서도 충분히 따라할 수 있다는 사실은 요리에 무언가 부족하다는 꼬리표를 붙이기에 충분한 이유가 된다. 게리 앨런 파인Gary Alan Fine은 전문 레스토랑 부엌의 민족지학적 연구에서 셰프들이 자신의 전문성을 강조하려고 종종 특정 레토릭을 사용한다는 사실을 발견했다. 파인은 "셰프들이 직면한 문제는 수술을 하거나 소파의 천 갈이를 할 수 있는 사람은 소수인 반면 요리는 누구나 할 수 있다는 것"이라고 말했다. 즉, 셰프가 자신의 요리는 평범한 요리와 달리 특별하다는 것을 증명하지 못할 경우 그동안 갈고닦은 전문적인 노력을 인정받지 못할 수 있다는 것이다. 일상생활에서의 요리는 여성의 무보수 노동과 관련되기 때문에 기술적인 능력과 예술가적인 면모를 강조하는 것은 여성화의 위협에 대처하는

방법 중 하나가 된다. 음식 전문 기자와 요리 평론가는 셰프에게 정통성을 부여하고, 가정 요리와 고급 요리를 구분해 전문 요리를 "남성의 일"로 규정하는 과정에서 중요한 역할을 한다. "집에서도 쉽게 만들 수 있는 요리"라는 단순한 묘사에는 부연 설명조차 필요 없다. 그런 단순한 요리는 전문적인 수준에 미치지 못한다는 것을 독자들이 당연히 이해할 거라고 가정하는 것이다. 이런 부정적인 평가는 가정 요리를 열등한 것으로 규정함으로써 가정 대 오뜨 퀴진이라는 전문 요리의 이분법을 유지하는 데 일조한다.

진짜 훌륭한 셰프들은 놀라운 기술만 갖고 있지 않다. 엘리트 셰프들은 반드시 매우 창의적이어야 하며, 요리를 작곡한다거나 메뉴를 디자인한다거나 서비스를 지휘한다거나 하는 예술 관련 단어로 묘사될 때가 많다. 수많은 기사가 남성 셰프의 지적이고 창의적인 작업을 찬양한다. 시카고 L20 레스토랑의 셰프 로랑 그라스Laurent Gras가 만든 요리는 "미적인 아름다움을 충분히 표현해 레스토랑에서의 식사를 초월적인 것으로 격상시킨다"라는 평가를 받았다(‹파인다이닝은 죽었는가?›, «푸드앤와인», 2009년 4월). 다른 기자들도 훌륭한 셰프들이 만든 음식의 시각적 아름다움을 묘사했다.

> 훌륭한 셰프 폴 보퀴즈는 프랑스 요리를 무거운 소스와 지루한 기술에서 해방시켰고, 후안 마리는 수년간 이 누벨 퀴진의 선구

자들에게 영감을 받아 라 누에바 코치나 바스카, 즉 '새로운 바스크 요리'에서 비전을 찾았다. 그는 마떼리아 프리마스, 즉 가장 기본적인 재료와 비범할 정도로 독창적인 요리법을 접목시킴으로써 기존 바스크 요리를 해체해 재구성했다.

– ‹바스크 선구자들의 비밀›, «푸드앤와인», 2007년 8월

오른쪽에는 근대와 부드러운 옥수수죽, 레드와인 트러플 소스 위에 메추라기 가슴살이 올라가 있었다. 하나하나의 작품이 존재감을 뚜렷하게 드러냈고, 하나의 요리로 합쳐져 '어마어마한' 경험을 이끌어냈다. (…) 다섯 가지 메인 코스는 같은 형식으로 도미, 오리 가슴살, 돼지고기, 고베산産 소고기, 양을 이용했다. 모든 요리가 마치 메인 코스 같았다. 각각의 요리에 얼마나 많은 공을 들였을지 상상할 수조차 없다.

– ‹마이클 미나, 별 네 개를 모으다›, «샌프란시스코 크로니클», 2008년 3월 12일

위의 기사들은 요리를 혁신하는 이지적이고 창의적인 셰프의 중요성을 잘 보여준다. 각각의 요리는 단순히 접시 위에 놓여 있는 음식이 아니라 셰프의 능력과 비전 추구를 보여주는 증거다. 후안 마리Juan Mari는 전체 요리를 재창조한 공을 인정받았고, 마이클 미나Michael Mina의 요리는 단순한 음식에서 더 나아가 존재

감을 과시하는 작품이 되었다. 이와 비슷하게 대니얼 패터슨Danieal Patterson은 "학구적이고 지적인 태도로 식재료를 조합하는 능력 있는 셰프다. 요리의 맛은 대담하지만 세련되었고, 그만의 스타일을 잘 보여준다"(‹대니얼 패터슨의 레스토랑 코이에서는 맛이 복잡한 상호작용을 이룬다›, «샌프란시스코 크로니클», 2006년 7월 9일)는 평가를 받았다.

지적인 태도로 요리를 한다고 평가받는 남성 셰프는 패터슨만이 아니다. 다른 남성 셰프들도 "재미있는", "상상력이 풍부한", "매우 흥미로운", "위트 있는" 요리를 하는 것으로 묘사된다. 시카고 알리니아 레스토랑의 그랜트 애커츠Grant Achatz 같은 대가는 "도발적"이고 "기발"하며 매우 "혁신적"인 요리를 만든다. 성공적인 셰프에게 반드시 필요한 지적 작업을 강조하는 것은 셰프를 블루칼라 생산직이 아닌 창의적인 화이트칼라 전문직으로 승격시키며, 더 나아가 이들이 만든 요리를 집에서 만든 요리와 구분한다.

대중은 훌륭한 셰프들이 강한 리더이며 레스토랑의 모든 것을 낱낱이 알고 있을 거라고 기대한다. 셰프 그레이 쿤츠Gray Kunz의 새 레스토랑 오픈을 자세히 다룬 «뉴욕타임스»의 기사는 수많은 일을 동시에 처리하는 쿤츠의 능력에 감탄한다.

> 일류 셰프인 쿤츠는 레스토랑 오픈 전 준비 시간에도 이런저런 요구를 많이 했다. 쿤츠는 레스토랑에 제일 먼저 도착해 쉼 없이 부

억을 돌아다녔다. 철판 위에서 지글지글 익고 있는 양고기를 꼬치로 찔러보았고, 샬롯을 깔끔하게 썰라는 지시를 내렸으며, 또 다른 셰프가 소금에 절인 방어 위에 재스민 소스를 정확히 얼마만큼 끼얹는지 확인했고, 라즈베리 소스에 은수저를 담근 젊은 패스트리 셰프를 조용히 꾸짖고는 "부엌에서 절대 식탁용 식기를 사용하지 말 것"을 지시했다. 그리고 가장 늦게 레스토랑을 떠나며 쓰레기통을 잘 비웠는지 확인했다. 그는 오픈을 준비하는 동안 부엌을 흠 잡을 데 없이 완벽하게 관리했다.

– ‹그레이 쿤츠, 불구덩이에서 벗어나 프라이팬에 뛰어들다›, «뉴욕타임스», 2004년 9월 1일

셰프 대니얼 불뤼Daniel Boulud는 미식의 장에서 매우 좋은 평가를 받는 레스토랑을 여러 개 운영하고 있다. «뉴욕타임스»는 그를 극도로 꼼꼼한 사람으로 묘사했다.

대니얼 불뤼는 작은 것 하나도 제자리에 있지 않으면 참지 못한다. 자신의 성을 딴 어퍼이스트사이드의 레스토랑에서 저녁 영업을 준비하는 동안 냄비들이 달그락거리고 있을 때도, 그는 하던 일을 멈추고 스푼을 반짝반짝하게 닦으라고 말한다. 또한 브레이징한 엔다이브와 시어링한 소고기를 섞는 가장 좋은 방법만큼이나 단 한 번도 제때 피지 않은 식당의 백합에 마음을 쓴다.

– ‹직원의 말에 따르면, 탑 셰프의 부엌은 뜨거워도 너무 뜨겁다›, «뉴욕 타임스», 2007년 1월 17일

사소한 것까지 볼 수 있는 눈은 남성 셰프들이 자신의 요리에 담아내는 개인적인 "비전"과 "뚜렷한 스타일"의 핵심 요소다. 훌륭한 셰프들은 비전을 갖고 있으며 재정적인 위험과 손님의 불편을 감수하고서라도 이 비전을 끝까지 실현하려고 한다. 또한 남성 셰프들은 손님의 식사를 처음부터 끝까지 관리 감독함으로써 찬사를 받는다. 이런 장악력은 셰프에게 요리의 내용과 질을 완전히 통제할 수 있는 권리를 부여하고 자신의 작품에 대한 헌신과 비전의 순수성을 드러내는 사인으로 여겨진다. 레스토랑 오디세이의 셰프 루디 미할Rudy Mihal에 대한 기사에서 이런 점이 잘 드러난다.

> 미할은 애피타이저 4개, 피자 2개, 메인 코스 4개로 이루어진 프랑스와 이탈리아풍의 메뉴를 원맨쇼를 펼치며 만들어낸다. 디저트는 미할의 기분에 따라 날마다 달라진다. 3개에 7달러, 5개에 11달러, 7개에 15달러로 언제나 주문할 수 있는 모둠 치즈밖에 없는 날도 있다. 그런가 하면 너무나도 잘 부푼 직사각형 패스트리에 사과를 섬세하게 잘라 넣은 애플 갈레뜨가 있는 날도 있었다. 사과는 아삭함을 잃지 않았고, 애플 갈레트는 구름 같은 샹티 크림 위에 올려졌다. (…) 오디세이는 작지만 미할이 원하는 요

리를 만들어 비전을 실현하기에는 충분히 넓다. 미할은 훌륭한 셰프다. 그래서 미할의 레스토랑에 오고 싶어 하는 손님들이 교외에도 많다. (…) 미할의 레스토랑은 평범한 곳에 자리했으며, 문에 작은 간판 하나가 달려 있을 뿐이다. 주차장부터가 상류층의 레스토랑이라기보다는 교외의 스포츠 바 같이 생겼다. (…) 분명 미할은 번쩍이는 장식보다 내실을 더 중요하게 여긴다. 그는 매우 개인적인 공간을 창조했다. 나처럼 레스토랑은 스토브 앞에 서 있는 사람의 성격과 꿈을 반영해야 한다고 믿는 사람이라면 누구나 이 공간을 마음에 들어 할 것이다.

– ‹오디세이의 평범한 공간에 담겨 있는 음식을 향한 야심›, «샌프란시스코 크로니클», 2008년 1월 6일

미할은 실패한 셰프로 묘사될 수도 있었다. 그의 레스토랑은 작고 겸손하다. 미할은 대부분 혼자 일하는데, 엘리트 셰프라면 절대로 하지 않는 일이다. 하지만 미할의 방식은 비전의 순수함, 타인의 칭찬보다는 전문가의 자유를 선택한 결과로 묘사된다. 이는 아마 셰프의 지위 변화와 어느 정도 관련이 있을 것이다. 유명인사가 된 셰프들이 점점 늘어나자 다른 길을 걷는 셰프들이 생겼다. 다른 예술가들을 위해 요리를 하는 예술가가 되려고 일부러 명성이라는 함정을 피하는 것이다.

다른 셰프들도 새로운 길을 선택했다는 이유로 박수갈채를

받는다. 셰프 안셀모 벨로Anselmo Bello와 마이클 후인Michael Huynh은 타협 없는 메뉴 선택으로 찬사를 받았다. 벨로는 메뉴에 프렌치프라이 넣는 걸 거부했고(‹부엌에서 멕시코와 프랑스의 관계가 좋아지다›, «뉴욕타임스», 2004년 5월 19일), 후인은 사람들이 미국화된 아시안 요리에서 기대하는 지나치게 달거나 심하게 매운 요리로 손님들을 "어르고 달래지" 않는다(‹익숙한 공식, 한입 먹기 전까지›, «뉴욕타임스», 2007년 1월 3일).

분자 요리에 한 획을 그은 두 셰프, 그랜트 애커츠와 헤스턴 블루먼솔Heston Blumenthal의 인터뷰는 독자에게 이들의 요리책이 절대 전통적인 가정 요리사를 대상으로 하지 않는다고 말한다(‹고메 Q+A: 그랜트 애커츠와 헤스턴 블루먼솔›, «고메», 2008년 3월 24일). 실제로 블루먼솔은 집에서 자신의 요리를 따라 하려는 독자들을 위해 "양보한 것이 아무것도 없"으며 레스토랑에서 사용하는 레시피를 그대로 실었다고 말했다. 기사는 이런 태도를 엘리트주의나 사업상 잘못된 결정(책의 대상 독자가 줄어들기 때문에)이 아닌 요리의 질에 대한 헌신이자 자신의 비전을 위해 무엇과도 타협하지 않는 태도의 증거로 표현한다.

타협하지 않는 자세는 때때로 비난을 받기도 한다. 하지만 다음 기사에서 샘 메이슨Sam Mason은 새 레스토랑 홍보 자료에 나타난 태도는 비난받을지언정 요리는 비난받지 않았다.

샘 메이슨의 말과 사색에 잠긴 것처럼 보이는 사진이 있고, 그 밑에는 어마어마하게 많은 사인과 함께 테일러 레스토랑의 아방가르드한 요리 중 하나가 만들어지는 과정을 차례대로 묘사한 스케치가 있다. 여기에는 이렇게 쓰여 있다. "나는 사람들이 음식을 생각하는 방식에 변화를 줄 수 없다는 걸 안다. 하지만 그렇다고 그 사람들이 음식에 대한 나의 생각을 변하게 만들게 놔두지는 않을 것이다." 바로 그거다. 미스터 메이슨의 개인적인 비전이 당신의 즐거움을 이긴다. 그의 확신은 당신의 반응보다 중요하다. 내 생각에, 이건 예술적인 완전무결함의 정의 그 자체다. 하지만 그렇다고 그 레스토랑이 꼭 훌륭한 것은 아니다.

– ‹일하는 예술가-자신 있으면 맛봐라›, «뉴욕타임스», 2007년 11월 21일

식사 경험의 모든 측면을 통제하고 완벽함을 추구하는 남성 셰프들의 강박은 셰프는 전문가라는 생각을 강화하는 데 일조한다. 남성 셰프들이 받은 훈련과 이들의 창의성 및 열정을 언급함으로써 셰프가 손님보다 아는 게 많고 이들의 전문적인 의견이 매우 중요함을 넌지시 암시한다. 심지어 기자는 메이슨의 레스토랑에 대한 조롱 섞인 기사에서도 메이슨의 요리가 그의 과한 홍보에 걸맞다면 별 문제 없다는 식으로 말한다. 무엇보다도 남성 셰프는 존경과 찬사를 받을 만한 지식을 갖춘 전문가로 비친다.

반면 여성 셰프의 요리를 다룬 기사는 만들어지는 대상, 즉 음식에 초점을 맞춘다. 매력적인 요리를 만들어내는 과정이나 기술적인 면에는 거의 관심을 보이지 않는다. 자신만의 비전을 요리에 담아낸다는 식으로 묘사되는 일도 거의 없다. 여성 셰프의 동기는 더 단순해서 만족스러운 맛의 요리를 만들어내는 게 전부다. 이와 비슷하게 여성 셰프에게 주어지는 찬사는 요리를 만드는 사람의 특성(즉, 특정 메뉴를 구상할 때 필요한 창조성이나 기술)까지 도달하지 못하고 오직 요리 그 자체(기자의 눈앞에 놓여 있는 요리)에만 한정된다. 기자들이 여성 셰프의 요리를 묘사할 때 사용하는 형용사는 주로 "품격 있는", "꼼꼼한", "단순한", "깔끔한"으로 요리의 생산적 측면에 초점을 맞춘다. 이 단어들은 메뉴를 만들어낼 때 필요한 지적 작업이 아닌 완성된 생산물과 요리의 물리적 특징을 나타낸다. 또한 여성 셰프의 요리는 남성 셰프의 요리에 비해 먹을 때 느껴지는 신체 감각이 더욱 강조된다. 여성 셰프가 만든 요리의 맛을 묘사할 때는 "가벼운", "부드러운", "씹는 맛이 있는" 같은 단어가 사용된다. 기사에 등장하는 여성 셰프 대다수가 패스트리 셰프이며, 디저트를 평가할 때는 대개 창조성보다는 맛에 대한 형용사를 사용하기 때문일 수도 있다. 어쨌거나 여성 셰프의 요리 묘사는 전반적으로 요리를 만들 때 필요한 기술보다는 손님이 식사를 할 때 느끼는 감각이 강조된다. 이런 기사에서 초점은 요리를 만드는 사람에서 요리를 먹는 사람으로 옮겨간다.

이 밖에 여성 셰프의 요리를 묘사할 때 쓰이는 단어는 이들이 만든 요리의 전문성과 관련이 있다. 바버라 린치Barbara Lynch가 운영하는 레스토랑 스포르텔로의 파스타는 여러 기사에서 "전문적으로 만들어졌다"고 묘사되었고(‹첫 맛: 스포르텔로›, «고메», 2009년 1월 26일), 셰프 바네사 당Vanessa Dang(그리고 그녀의 크루들)이 만든 요리도 "전문적으로 조리되었다"는 평가를 받았다(‹바네사의 레스토랑에서 여러 요리들이 섞이다›, «샌프란시스코 크로니클», 2006년 11월 15일).

여러 여성 셰프가 요리를 노련하게 한다는 이유로 칭찬을 받는다. 셰프 패트리샤 윈디시Patiricia Windisch의 레스토랑 오픈에 대한 기사에서 기자는 독자에게 이렇게 말한다. "패트리샤 윈디시는 경험이 많고 높이 평가받는 프로다"(‹티뷰론에 있는 쓰리 디그리 레스토랑, 잠재력은 풍부하지만 목표에는 미치지 못하다›, «샌프란시스코 크로니클», 2006년 10월 8일). 다음 레스토랑 기사에서 또 다른 사례를 발견할 수 있다.

> 셰프들은 "그 지역의 요리"나 "편안한 음식" 같은 말을 하는 걸 좋아하지만, 이들이 내놓은 요리는 친근하기보다는 화려할 때가 많다. 포트워스에 있는 레스토랑 엘러비 파인 푸드의 셰프이자 공동 오너인 몰리 맥쿡Molly McCook은 화려한 요리와 친근한 요리 사이에 다리를 놓았다. 1920년대의 주유소를 아름답게 개조한 밝고 따뜻한 방에서 시리브포트의 식재료들은 전문가의 손길이 닿은

남부의 전통 요리로 재탄생한다. 예를 들어, 너무 부드러워서 입에서 녹아버리는 돼지 정강이 고기는 선데이 로스트만큼 친숙하지만 맷돌에 간 머스터드와 이스트 텍사스식 조니 페어 시럽 글레이즈로 한 단계 높은 품격을 자랑한다.

– ‹레스토랑 나우: 엘러비 파인 푸드›, «고메», 2009년 10월 2일

맥쿡이 "전문가의 손길"로 재탄생시킨 "전통 요리"로 극찬받긴 했지만, 왜 이런 기사들은 여성의 요리가 갖고 있는 전문성을 재확인하려고 하는 걸까? 남성의 경우 역사적으로 계속 셰프직을 장악해왔기 때문에 자연스럽게 레스토랑 부엌의 전문가로 여겨진다. 반면 역사적으로 평가 절하되다가 최근 셰프직에 진입하기 시작한 여성의 경우 자신이 전문가라는 타이틀을 얻을 만하다는 사실을 증명해야 한다. 여성은 고급 요리보다는 가정 요리와 강한 연관성이 있기 때문에 음식 전문 기자와 요리 평론가들은 여성 셰프가 갖고 있는 기술과 이들이 미식의 장에서 한자리를 차지하고 있다는 사실을 독자들에게 애써 상기시켜야만 하는 것이다.

여성 셰프의 능력의 한계와 관련된 차이가 또 하나 있다. 남성 셰프의 지식이나 전문기술은 요리 전체나 요리 스타일까지 확장되는 반면 여성 요리의 영역은 그보다 한정적이다. 스페인 발렌시아의 조리 신scene에 대한 «푸드앤와인»의 기사를 보면 스페인 대부분에서는 "여전히 요리가 마초적인 행위"로 남아 있지만, 남부 발렌

시아의 한 지역에는 "쌀의 디바"라고 불리는 능력 있는 여성 셰프들이 많다고 한다. 남성 셰프는 "바스크 요리의 대가"라고 불리는 반면 능력 있는 여성 셰프들은 오직 한 가지 음식에만 뛰어난 것으로 평가 절하되는 것이다. 뉴욕에 있는 레스토랑 구스토의 셰프 조디 윌리엄스Jody Wiliams에 대한 기사에서도 관련 사례를 찾아볼 수 있다.

> [조디 윌리엄스가 만든] 스피에디니 알라 로마나는 모차렐라와 톡 쏘는 안초비로 채운 고급 치즈 구이를 달걀 물에 담갔다가 튀긴 것이다. 이 요리가 좋았던 이유는 윌리엄스의 튀김 실력이 훌륭했기 때문이다. 윌리엄스는 특히 기름을 충분히 넣고 안티초크 튀기는 것을 잘한다. 안티초크 튀김은 작고 부드러우며 바삭해서 이파리까지 다 먹어버리게 된다.
>
> – ‹다음엔 어디로 갈까: 뉴욕›, «푸드앤와인», 2006년 3월

윌리엄스는 성공적으로 레스토랑을 운영하고 수없이 많은 단골손님이 있지만(유명한 음식 전문 기자 미미 셰러턴Mimi Sheraton도 이 식당의 단골이다), 셰프로서의 능력은 튀김을 잘 튀긴다는 단 하나의 기술 위주로 묘사되었다.

미디어에서 여성 셰프는 부엌을 지휘하는 리더로 그려지지 않는다. 앞서 언급한 기사에서도 작가는 바네사 당, "그리고 그녀

의 크루들"에게 찬사를 던졌고, 셰프 설레스트 프라이스보티니Celeste Price-Bottini의 프로필에서는 "나는 프라이스보티니가 맡은 책임을 보고 깜짝 놀랐다. 27살인 그녀는 수십 명의 직원을 감독한다"(‹요리사의 밤 외출: 설레스트 프라이스보티니›, «샌프란시스코 크로니클», 2004년 10월 10일)라고 썼다. 여성 리더 묘사에는 남성 셰프처럼 직원 모두를 지휘하는 존재가 잘 등장하지 않는다. 또한 여성 셰프는 식사 경험 전체를 통제하는 것보다 손님을 즐겁게 하는 것을 더 중시하는 존재로 묘사된다. "영양가 있는" 같은 표현은 어머니처럼 고객을 보살피려는 성향을 암시한다. 예를 들어, 미셸 번스타인Michelle Bernstein은 마이애미의 손님들에게 "고향에서와 같은 환대"를 제공했다는 이유로 호평받았다(‹마이애미의 가장 핫한 라틴 파티›, «푸드앤와인», 2006년 6월). 또 다른 기사는 케이코 타카하시Keiko Takahashi의 레스토랑 엘 파세오에서 일하는 웨이터와의 대화를 담고 있다.

> "죄송합니다." 그가 나에게 살며시 말했다. "저희 셰프가 오늘 손님이 주문하신 농어의 상태가 좋지 않다고 합니다. 농어를 붉은 도미로 바꿔도 괜찮을까요?"
>
> – ‹엘 파세오, 탁월한 요리로 손님을 보살피다›, «샌프란시스코 크로니클», 2007년 5월 23일

같은 상황에 놓인 남성 셰프라면 농어의 상태가 자신의 기준에 미치지 못하기 때문에 처음부터 농어 요리를 하지 않으려 했을 것이다. 하지만 타카하시는 농어를 붉은 도미로 바꾸는 것이 고객의 기분을 상하게 하는 건 아닌지를 먼저 확인하려 했다. 남성 셰프와는 달리 여성 셰프는 자신의 비전이나 자아보다 고객이 식사하는 것을 더욱 중요하게 여긴다. 이런 성향은 신디 폴신Cindy Pawlcyn의 레스토랑 고 피시처럼 부정적인 반응을 부르기도 한다.

> 이 레스토랑에는 '손님이 원하는 대로' 생선을 요리해준다는 메뉴가 있다. 이 메뉴를 선택하면 손님이 여러 가지 생선과 조리법, 소스를 고를 수 있다. (…) 나도 고객의 요구를 충족시켜주는 레스토랑을 좋아하긴 하지만, 손님이 원하는 대로 생선을 요리해주는 것은 셰프로서의 책임을 손님에게 떠넘긴 것이 아닌가 하는 생각이 든다. (…) 정말 '내가 원하는 것'은 메뉴를 간소화해 메뉴를 전부 파악할 수 있게 해주는 것이었다. '셰프가 원하는 대로' 요리를 만들어주었다면 나는 그 요리를 기쁘게 '내가 원하는 요리'로 받아들일 수 있었을 것이다.
>
> – ‹바다에는 고기가 많다. 그리고 그중 대부분은 고 피시로 간다›, «샌프란시스코 크로니클», 2007년 3월 25일

손님을 기쁘게 해주려던 폴신의 노력은 결국 레스토랑에 대

한 심각한 비판으로 이어졌다. 셰프직이 가진 군사적 배경은 셰프를 부엌의 '최고 권위자'로 상정하기 때문에 고객에게 너무 많은 권력을 이양하는 것은 곧 셰프의 능력이 부족하다는 것을 의미한다. 이 기사는 고객을 안내하고 이끄는 것이 셰프의 일이라고 말한다. 반면 집에서 요리를 하는 사람은 주로 타인을 기쁘게 하고 타인에게 영양을 공급하려는 욕구와 욕망에서 동기를 얻는다. 폴신은 고객을 최우선에 둠으로써 자신의 레스토랑에 대한 개인적 비전과 타협했다. 그리고 이런 사실은 폴신이 훌륭한 셰프가 아님을 입증한다.

전통에 대한 미디어의 성향: 규칙 파괴자 대 규칙 순응자

무엇이 셰프를 훌륭하게 만드는지를 들여다보는 기사에서 흔히 반복되는 내용은 남성 셰프가 요리를 혁신하기 위해 규칙을 깨는 인습 타파주의자라는 것이다. 능력 있는 남성 셰프는 결국 자신의 요리에 변화를 줄 뿐만 아니라 뒤따르는 수많은 셰프에게도 영향을 미친다. 이런 남성 셰프의 삶은 거의 신화적인 형태로 묘사된다. 기사는 모두 비슷한 패턴을 보인다. 존경받는 남성 셰프를 소개하고, 그들이 만든 요리에 갈채를 보내고, 과거로 거슬러 올라가 어머니나 할머니, 또는 초기에 만났던 전문가 멘토와 연결시킨다. 기사에서 다루는 셰프가 정말 훌륭한 셰프라면 여기서 더 나아가 전통에서 벗어나기 시작한 터닝 포인트를 언급한다. 그리고 이런 행보는 그럭저럭 괜찮은 셰프에서 훌륭한 셰프가 되기 위해 반드시 필요한 요소로 여겨진다. 셰프 그랜트 애커츠의 프로필을 살펴보자.

> 시카고 알리니아의 셰프 그랜트 애커츠는 32살로, 초실험적인 요리 스타일로 미국 요리의 선봉에 섰으며 2002년 «푸드앤와인»이 뽑은 최고의 신인 셰프다. 그는 작년에 문을 연 레스토랑 알리니아에서 정교하고 기이한 요리를 만든다. 예를 들어, 초현대적인 헤어룸 토마토 샐러드는 풍선처럼 부풀어 오른 모차렐라 치즈 안에서 달콤한 토마토 거품이 터진다. 그러니 이처럼 획기적이고 위험부담이 있는 요리를 하는 셰프가 일요일 오후에 미트로프를 만들었을 때 얼마나 놀라웠겠는가. (…) 애커츠는 8살 때부터 부모님의 식당에서 설거지를 시작했다(싱크대에 손이 닿지 않아 우유박스 위에 올라서야 했다고 한다). 그리고 빠른 속도로 일을 배워 처음에는 아침, 그 다음에는 점심, 그리고 결국 저녁 메뉴를 준비하는 라인 쿡이 되었다. 애커츠의 아버지는 애커츠가 12살이 되었을 때 특별한 능력이 있다는 사실을 발견했다고 한다. "애커츠는 내가 고용한 그 어떤 라인 쿡보다 일을 더 잘했어요. 빨랐고, 허둥지둥한 적이 한 번도 없었죠. 부엌은 어수선하기 때문에 무슨 일이든 벌어질 수 있어요. 애커츠의 강점은 무엇이든 빠른 속도로 한다는 거예요. ‹아이언 셰프Iron Chef›에 나오는 사람들처럼

요." (…) 애커츠의 아이디어에는 어머니가 집에서 만들어주시던 요리에서 나온 것들도 있다. 애커츠는 어머니의 기막힌 파이에서 바삭한 표면을 만드는 기술을 따왔다. 먼저 밀가루와 소금, 쇼트닝, 물로 도우를 만들어 차가운 손으로 빠르게 치댄다. 그리고 신선한 배와 버터를 섞은 것으로 채운 후 표면에 우유를 넣은 글레이즈를 바르면 된다. 최근 애커츠는 어머니의 비프 칠리(어릴 때 사촌들과 모였던 할로윈 파티에서 항상 인기 만점이었다)가 너무 먹고 싶어서 이 요리를 재창조하지 않을 수 없었다. 물론 조금 바꿔서. 애커츠는 이렇게 말한다. "우리 어머니는 피망을 껍질째 넣어서 칠리를 만드셨어요. 제가 절대 쓰지 않는 방법이죠. 하지만 그렇게 만들어서 먹고 나니 '아, 이 맛이었어' 하는 느낌이 들더라고요. 어렸을 때 먹었던 맛을 떠올리는 건 기분 좋은 일이죠. 제 가 만든 버전의 칠리 레시피는 치포슬 칠리와 신선한 허브를 사용해요. 향을 더욱 진하게 내려고요. 토마토, 비프와 잘 어울리는 것 같아요. 하지만 재료를 오랫동안 졸이는 엄마의 기본적인 요리법이 맛을 내는 데 필수적이에요." (…) "어렸을 때 3,500명이 사는 마을에서 일을 하면서 미트로프는 절대 프룬 케첩과 함께 먹으면 안 된다고 생각하는 사람들을 많이 봤어요. 아마도 그런 경험 덕분에 제가 더 창의적이고 정서적인 요리 스타일을 갖게 된 것 같아요. 어렸을 때 저는 항상 이렇게 생각했어요. '이렇게 해보면 어떨까? 저렇게 해볼 수 있을까?'" 애커츠가 웃음을 터뜨렸다. "그리고 지금, 그렇게 할 수 있게 되었죠."

– ‹반항적인 셰프가 만든 편안한 음식›, «푸드앤와인», 2006년 12월

스페인의 셰프 니콜라스 히메네스Nicolás Jiminez를 다룬 기사 또한 어머니가 그에게 미친 영향력을 이야기한다.

레스토랑 투발의 33살 셰프 니콜라스 히메네스는 산세바스티안에 있는 미슐랭 3스타 레스토랑 아르작에서 일했다. 하지만 그에게 가장 큰 영향을 미친 사람은 넘치는 에너지로 식당을 운영하고 있는 어머니 앳센이다. "스페인 손님들은 아방가르드한 요리에 싫증을 내고 있어요." 앳센이 장난스럽게 윙크를 하며 말했다. 자신과 히메네스가 아방가르드한 기술을 무시하고 전통 음식을 재탄생시키는 데 열중하는 이유를 설명하려는 듯이 말이다. (…) 히메네스는 투발에서 '메네스트라 데 베르두라스'라는 이름의 전통 채소 스튜(보통 비극적일 정도로 과하게 익힌다)를 아티초크, 그린빈, 시금치로 만든 영롱한 초록색의 정물화로 탈바꿈시킨다. 각각의 채소는 정확히 필요한 만큼만 데친 후 즉시 올리브오일과 염장햄으로 만든 소스를 뿌려 마무리한다.

– ‹채소: 스페인의 가장 창의적인 셰프가 현재 몰두하는 것›, «푸드앤와인», 2008년 5월

애커츠와 히메네스는 둘 다 어머니의 영향을 받았다는 사실을 인정하고 여전히 요리에 어머니의 레시피와 기술을 사용한다. 그러나 기사는 남성 셰프가 가진 잠재력을 끝까지 끌어내기 위해서는 반드시 전통에서 벗어나야 한다는 것을 강하게 암시한다. 부모님이 운영하는 식당에 찾아온 모험심 없는 입맛의 손님들에게 갑갑함을 느끼던 애커츠는 이제 자신이 원하는 요리를 자유롭게 만들어낼 수 있다. 애커츠는 절대 피망을 껍질째 쓰지 않는 자신의 전문적인 요리와 어머니의 레시피 사이에 차이가 있다고 말한다. 히메네스는 전문 교육을 통해 집에서 요리하는 사람들이 "보통 비극적일 정도로 과하게 익"히는 전통 요리를 재창조할 수 있었다. 이런 표현들은 어머니의 요리가 셰프인 아들의 손에서 더 높은 지위로 승격했다는 의미를 전달한다.

수많은 남성 셰프의 프로필이 비슷한 이야기를 담고 있다. 어렸을 때 먹었던 음식에 대한 기억은 영감의 원천이자 출발점 역할을 하지만, 남성 셰프들은 이 특별할 것 없는 시작을 대가가 되어 초월하는 것으로 묘사된다. 젠더와 요리를 역사적으로 연구한 비키 스윈뱅크Vicki Swinbank는 이런 경향이 흔하게 나타난다는 사실을 발견했다. 여성의 요리는 기본적인 것이자 자식을 먹여 살리려는 본능의 표현으로 여겨진다. 반면 남성의 요리는 기술적이며 이성적인 문화의 한 형태로 묘사된다. 남성 셰프들은 어머니와 할머니가 만든 요리에서 영감을 얻었다고 말한다. 하지만 그 요리는 남성 셰프가 보다 세련된 요리로 재창조하지 않으면 안 된다. 집에서 만든 요리(특히 어머니의 요리와 관련된 것)가 가치를 얻으려면 훈련된 남성 셰프의 미각이라는 중재자를 거쳐야 한다.

어머니의 요리에 대한 반역이 더 당당하게 표명될 때도 있다. 뉴욕의 슈퍼스타 셰프 마커스 새뮤얼슨Marcus Samuelsson의 프로필에는 그가 아프리카인 새엄마의 레시피를 참조하긴 하지만 결국 "전통에는 전혀 아랑곳하지 않는다"고 쓰여 있다(‹고메 Q&A: 마커스 새뮤얼슨›, «고메», 2008년 2월 8일).

또 다른 셰프들은 자신이 훈련받은 전통적인 요리 스타일에 도전함으로써 반역자가 된다. 분자 요리처럼 과학적인 요리를 추구하는 최근의 움직임이 그 사례 중 하나다. 스페인 레스토랑 엘 불리에서의 요리로 세계 최고의 셰프가 된 페란 아드리아의 프로필은 그가 전통에서 얼마나 멀어졌는지를 이야기한다.

> 한 가지 중요한 것은, 그가 창의적인 세계에서 전통은 파괴되어야 한다는 점을 잘 알고 있다는 것이다. 그는 자신이 그저 "오래된 콘셉트로 새로운 것을 만드는" 것뿐이라고 말한다. 이렇게 그는 치킨 커리를 콘셉트로 잡고 이전에 시도하지 않았던 것을 만들기로 결심함으로써 지금은 유명세를 얻은 소스가 고체, 치킨이 액체인 요리를 만들어냈다.
>
> – ‹아드리아는 쉬고 있을 때에도 집착을 멈추지 않는다›, «뉴욕타임스»,

2006년 9월 13일

뉴욕에서 분자 요리를 하는 셰프 와일리 두프레스네Wylie Dufresne의 일화를 다룬 기사에서도 그가 전통적인 요리 스타일을 자유자재로 변형한다고 말한다.

> 질의응답 시간에 두프레스네에게 왜 푸아그라 테린으로 그렇게 야단법석을 떠느냐고 질문한 사람이 있었다. 두프레스네는 푸아그라 테린을 반나절 차갑게 두었다가 다시 액체로 녹이기 때문이다. 두프레스네가 대답했다. "우리는 정직한 프랑스 요리를 만들려고 노력합니다." 그리고 잠시 멈추었다가 덧붙였다. "그다음 거기에 뭔가 미친 짓을 해보려고 하죠."
>
> – ‹푸드 2.0: 셰프는 화학자다›, «뉴욕타임스», 2007년 11월 6일

셰프들이 전통적인 요리 스타일에 도전할 때, 독창적이면서도 훌륭한 요리를 만든다고 평가받는 셰프들은 극찬을 받는다. 이런 찬사는 일종의 눈덩이 효과를 낳는데, 이들이 만든 혁신이 영향력 있는 음식 전문 기자와 요리 평론가들에게 받아들여지면 그 셰프는 혁신가나 선구자, 심지어는 천재라고 묘사되며 상을 받고 언론의 큰 관심을 받게 된다. 이런 명성을 얻은 후에는 미식의 장 내에서 더 높은 위치로 이동할 수 있고, 이들이 하는 일 대부분은 요

리의 새로운 기준이 되어 다른 셰프들이 모방한다.

훌륭한 셰프라는 이름은 자기 충족적인 예언과도 같다. 한번 훌륭한 셰프가 되면 그 어떤 결정이나 변화도 전부 미디어의 주목을 받는다. 음식 전문 기자들은 이런 행동을 셰프로서의 훌륭함을 보여주는 증거로 여기기 때문이다. 이는 식재료를 강조하는 요리로 회귀하는 전 세계적 추세에서도 매우 분명하게 드러난다. 단순한 전통 요리로 되돌아간 남성 셰프들은 이전까지 시도하지 않은 위험을 감수하는 사람으로 여겨지며, 동시에 이들이 만든 요리는 여전히 남성성이 강조된다. 셰프 빅토르 아르긴소니스Victor Arguinzoniz에 대한 기사를 살펴보자.

> [아르긴소니스의 레스토랑] 엑세바리는 새로운 시대정신을 가진 스페인의 레스토랑이다. 이 레스토랑은 최근 사이파이 요리에서 코치나 데 프로독토, 즉 식재료 중심 요리로의 패러다임 변화를 반영하고 있다. (…) [카탈로니아의 신문 기사를 인용] "상상해보라, 그가 고기와 불을 들고 다시 동굴로 돌아갔다!" (…) 아르긴소니스의 부엌에는 온도계조차 없지만, 그는 아마 지구에서 가장 기술에 집착하는 셰프일 것이다.
>
> –〈빅토르 아르긴소니스: 스페인의 그릴 천재〉, «푸드앤와인», 2008년 6월

아르긴소니스는 지역에서 난 식재료로 요리하는 것을 중시하는 것으로 유명하다. 그러나 기사는 그가 재료를 구울 때 사용하는 남성적인 요리 스타일을 더 강조한다. 재료를 굽는 요리법에는 가정 요리 및 단순성이라는 의미가 내포되어 있지만, 이 기사는 아르긴소니스가 자신의 요리와 가정 요리를 구분하기 위해 고안한 특수 장비를 언급해 그의 저항적 지위를 증명한다. 이처럼 과학적인 장비와 기술에 초점을 맞춤으로써 아르긴소니스는 여성화의 위협에 희생되지 않고도 단순한 요리 스타일을 추구할 수 있다.

일단 훌륭한 셰프라는 타이틀을 얻은 남성 셰프의 선택은 요리 이데올로기에 대한 헌신의 증거로 묘사되어 칭찬받아 마땅한 것이 된다. 새로운 유형의 요리를 시도하면서 너무 멀리 나갔을 때조차 이들의 실패는 긍정적으로 다루어진다. 레스토랑 엘 불리에서 페란 아드리아의 견습생으로 있었던 루이스 아두리스Luis Aduriz의 기사를 보자(‹산세바스티안에서의 36시간›, «뉴욕타임스», 2007년 11월 18일). 기자는 11개의 요리로 구성된 아두리스의 테이스팅 메뉴를 맛본 후 "엄밀한 정확도로 맛을 분석했다"며 칭찬했지만, 잠시 후 "설명보다 맛이 별로인 요리도 있었다"는 사실을 인정했다. 그러나 마지막에 "미식이 곧 모험이라면, [아두리스의 레스토랑] 무가리츠는 두 눈이 번쩍 뜨일 정도로 황홀한 경험을 선사한다"라고 썼다. 이는 때때로 남성 셰프가 맛있는 요리를 만들지 못하더라도 관습 밖에서 요리하려고 노력한다는 사실 자체가 이들의 훌륭함을 재확인시켜준다는 것을 의미한다.

반면 여성 셰프들은 전통 요리의 규칙에서 벗어난다는 식으로 묘사되는 일이 거의 없다. 예를 들어, 여성 셰프가 특이한 식재료로 요리를 할 경우 주요 요리 패러다임에 대한 도전이 아니라 "독특"하거나 "기발"한 것으로 묘사된다. 또한 여성 셰프는 주로 요리의 맛과 연출이 정직하고 규율에 들어맞을 때 찬사를 얻는다.

> 패스트리 셰프 로렌 미터러Lauren Mitterer는 노스캐롤라이나 더럼에 있는 매그놀리아 그릴의 디저트 전문가이자 선구자인 카렌 바커Karen Brker의 전통을 그대로 따르고 있다. 미터러는 정확한 맛을 낼 줄 알며 복잡한 연출을 하지 않는다. 디저트를 화려하게 포장해 눈속임하려 하지도 않는다.
>
> – ‹찰스턴에서 강낭콩과 버터밀크를 먹다›, «고메», 2007년 10월 17일

만소Manso는 디저트에 관해서라면 매우 엄격하다. 내가 먹은 세 가지 디저트 중 만소가 가족의 레시피를 사용해서 만든 쿠바 플랑이 최고였다. 기쁘게도 다른 플랑보다 맛이 훨씬 진했고, 캐러멜 소스도 맛있었다. 밀가루를 사용하지 않은 초콜릿 케이크는 초콜릿이 그리 많이 들어 있는 것 같지 않았고 먹고 나니 트러플 초콜릿이 먹고 싶어졌다. 하지만 집에서 만든 코코넛 소르베는 코코넛 맛이 진하게 났고 이보다 더 나을 수 없을 정도로 훌륭했다.

만소는 다양한 맛을 낼 수 있지만 손재주를 이용해 정교한 조합을 만들어낸다. 또한 자신이 사용하는 재료와 그 재료들이 어떻게 어울릴지를 잘 알고 있기 때문에 항상 좋은 결과를 내며, 당황하는 법이 없다. 디저트의 맛은 절대 공격적이지 않다. 층층이 쌓인 맛은 과하지 않으면서도 매우 흥미롭고 행복을 느끼게 해준다.

– ‹셰프이자 레스토랑 경영자, 산라파엘에 열대의 맛을 불어넣다›, «샌프란시스코 크로니클», 2005년 1월 7일

이 기사들은 여성 셰프의 경우 요리 스타일에 변화를 주려고 할 때보다 기존의 틀 안에서 안전하게 요리할 때 더욱 긍정적인 반응을 얻는다는 사실을 보여준다. 셰프 어맨다 프라이탁Amanda Freitag이 레스토랑 해리슨에서 일하던 시절의 미디어보도를 살펴보자.

하지만 이 레스토랑은 신중하고 정직한 모습을 간직하고 있다. 메뉴에서 먹고 싶은 요리를 어렵지 않게 찾을 수 있고, 레스토랑에 도착했을 때 당황스러워하지 않아도 되는 현대 미국식 비스트로다. (…) 레드캣 레스토랑(해리슨 레스토랑보다 먼저 생겼지만 더 나중에 생긴 것만 같은 느낌이 드는 곳이다)처럼 해리슨 레스토랑은 짜릿한 맛을 선보이지도 않고, 그렇게 하겠다고 약속하지도 않는다. 그 대신 맨해튼의 다른 레스토랑들과 마찬가지로 실망감을 안기지도 않는다. 칭찬이 아닌 것 같다고? 정확한 칭찬이다. 진심

이다.

– ‹그리 구식이 아닌, 어느 때나 가도 좋은 레스토랑›, «뉴욕타임스», 2008년 5월 28일

이 기사는 대체로 긍정적이지만 프라이탁의 요리는 평범하며 언제든 먹을 수 있다는 사실을 암시한다. 그리고 레스토랑의 장점으로 요리가 그리 새롭거나 창의적이지는 않지만 손님을 실망시키지 않는다는 점을 꼽으며 훌륭한 셰프를 나타내는 사인 중 하나라고 말한다. 기자는 이 평가가 거짓 칭찬이 아니라고 주장하지만, 그렇다고 미식의 장에서 셰프의 커리어에 날개를 달아줄 극찬이나 추천도 아니다.

프라이탁이 받은 찬사가 뜨뜻미지근하지만, 실제로 평범한 요리가 가져다주는 장점이 있다. 레스토랑 산업은 경쟁이 심한 것으로 악명 높아서 몇 년 이상 버티는 레스토랑의 수가 매우 적으며, 투자자를 찾기 힘든 여성 셰프에게는 더욱더 힘들 수 있다. 하지만 레스토랑이 성공을 거두었을 때조차 여성의 요리는 남성의 요리에 비해 고루하고 덜 흥미롭다는 평가를 받는 경향이 있다. ‹30년 이상 살아남은 대표 레스토랑들›이라는 기사(«샌프란시스코 크로니클», 2009년 3월 5일)에서 다룬 레스토랑 세 곳은 모두 여성 셰프가 운영하고 있다. 기사에 따르면, 이 레스토랑들이 성공한 이유는 "수십 년 동안 절대 핫하거나 트렌디해지려고 하지 않고 중심

을 유지"했으며 "절대 '쓸데없는 창조성'이라는 함정에 빠지지 않았"기 때문이었다. 기사는 그중 한 군데에서 식사를 한 또 다른 셰프의 말을 인용한다. "당신도 행복한 기분으로 레스토랑을 나오게 될 겁니다." 기사는 여성 셰프들이 모두 "유행이 되기 전부터 그 지역에서 난 신선한 제철 식재료를 사용했다"는 점은 인정하지만, 이 여성 셰프들이 새로운 유행을 선도했다고 말하지는 않는다. 또한 음식이 편안하고 만족스러운 대신 새롭거나 활기차지도 않은, 그리 획기적이지 않은 레스토랑이라는 메시지를 전한다. 전반적으로 이 레스토랑의 요리는 남성 셰프의 요리처럼 특별하지 않다는 의미가 깔려 있는 것이다. 손님이 행복한 기분으로 레스토랑을 나서는 데에는 분명 아무런 문제가 없다. 하지만 이런 장점만으로는 미식의 장에서 훌륭한 셰프라는 이름을 얻을 수 없으며, 그에 따른 찬사와 보상도 기대할 수 없다.

여성 셰프는 이미 널리 받아들여진 전통에 따라 요리할 때 더 큰 찬사를 받는다. 셰프 조디 윌리엄스는 "클래식하고, 클래식하며, 클래식한 이탈리아 요리"를 한다는 이유로 존경받으며(‹다음엔 어디로 갈까: 뉴욕›, «푸드앤와인», 2006년 3월), 얼리샤 몬탈보Alicia Montalvo는 "대중적인 이탈리아 요리에서 영감을 받아" 과자를 만드는 패스트리 셰프로 묘사된다(‹린컨 힐의 친절한 가게›, «샌프란시스코 크로니클», 2008년 3월 30일). 아멜리아 라미레즈Amelia Rairez의 엘살바도르 요리에 대한 «샌프란시스코 크로니클»의 기사를 보자.

> 라미레즈의 소파 데 레스, 즉 소고기 수프는 엘살바도르의 요리를 아주 만족스럽게 표현했다. 이 진한 맛의 소박한 요리는 레몬과 고수만으로 맛을 낸 육수에 소고기 사태, 양배추, 당근, 주키니, 셀러리, 토마토가 풍부하게 들어 있다.
>
> – ‹맛있게 촌스러운 아멜리아의 라틴의 맛›, «샌프란시스코 크로니클», 2005년 9월 16일

여성 셰프가 전통 요리의 패러다임에 도전하거나 요리를 변형했다는 이유로 찬사를 받은 기사는 하나도 없다. 여성 셰프는 전통을 재정의해서가 아니라 고수했기 때문에 칭찬받는다. 라미레즈는 손님들이 생각하는 엘살바도르 요리에 도전하지 않았고 평범한 엘살바도르 요리를 잘 표현했다. 여성 셰프는 기껏해야 평범한 요리를 살짝 수정해 미묘한 차이를 만들어냈다는 평가를 받는다. 셰프 어맨다 프라이타과 제이미 로렌Jamie Lauren의 사례를 들여다보자.

> 이 셰프[제이미 로렌]는 셀러리 뿌리를 넣은 전통 크림 스프에 비트 퓨레와 머스타드 오일을 십자가 모양으로 올려 보기 좋게 꾸몄고, 고전적인 프랑스식 프리제 샐러드에는 훈제 향이 매우 강하게 나는 벤턴 사의 베이컨과 연필 크기로 데친 어린 리크, 캐비어를 올린 반숙 오리알을 넣었다.

– ‹신인 셰프가 레스토랑 압생트의 격을 한 단계 높이다›, «샌프란시스코 크로니클», 2007년 8월 8일

계란 노른자를 터뜨리면 채소에 흘러내려 풍부한 맛과 질감을 만들어낸다. 그녀[셰프 어맨다 프라이탁]는 능력 있는 요리사이며, 내가 레스토랑 세떼에서 먹은 요리는 아주 훌륭했다. 친숙한 요리를 미묘하게 변형시켜 약간의 발명(약간의 수정이라는 표현이 가장 적절할 듯 싶다)을 하는 그녀의 요리법 덕분이다.

– ‹좋은 의도라는 길에 작은 걸음을 내딛다›, «뉴욕타임스», 2005년 10월 5일

이미 잘 알려진 요리를 "보기 좋게 꾸몄다"는 여성적 동사에 주목하자. 프라이탁은 능력 있는 셰프가 아니라 "능력 있는 요리사"이며 요리에 오직 "약간의 수정"만 가한다고 묘사되었다. 이와 비슷하게 레스토랑 지탄의 셰프 리사 에이허러바이드Lisa Eyherabide는 바스띨라라는 모로코 전통 패스트리의 맛을 바꾸었기 때문이 아니라, 턴오버 파이처럼 모든 면을 봉합해 "훨씬 먹기 쉬운" 형태로 약간 수정했기 때문에 혁신적이라는 평가를 받았다(‹지탄, 감각을 위한 축제›, «샌프란시스코 크로니클», 2009년 1월 18일).

여성 셰프와 이들의 요리에 대한 묘사는 여러 의문을 불러일으킨다. 여성 셰프가 독창적이지도 않고 위험을 감수하지도 않는

다고 묘사되는 이유가 실제로 이들이 위험을 꺼리고 안전한 경계 내에 머무는 것을 선호하기 때문일까? 그러나 다시 한 번 남성/전문가와 여성/아마추어 사이에 존재하는 가정 대 고급 레스토랑이라는 이분법의 힘을 상기해보자. 여성 셰프의 요리는 정말 도전적이지 않은 것일까? 아니면 단지 남성의 요리는 전문적·독창적이며 여성의 요리는 아마추어적·가정적이라고 받아들이도록 사회화된 음식 전문 기자와 요리 평론가(그리고 이 사회의 모든 사람)가 그런 식으로 바라보는 것일까? 여성 셰프에 대한 이런 인식과 해석이 여성 셰프와 이들의 요리에 영향을 미쳤을 가능성 또한 무시할 수 없다. 문화 생산자가 놓여 있는 배경은 문화 생산자에 대한 사람들의 기대를 만들어내며 이러한 기대에 부합하지 않는 사람은 성공하기 어렵다. 만약 여성 셰프들이 특정 요리 스타일을 구사했을 때 스승과 상사, 미디어로부터 긍정적인 평가를 얻는 경험을 했다면 젠더의 경계는 더욱 강화된다. 셰프들은 종종 손님이 원하는 것에 맞춰 자신의 미적 취향을 바꾼다. 여성 셰프 스스로 고객과 음식 전문 기자, 요리 평론가가 가정적이고 영양이 풍부한 요리를 원한다고 믿는다면, 이런 믿음은 아마 여성 셰프의 요리에도 영향을 미칠 것이다. 심지어 이런 기대는 제도화될 수도 있다. 선구적인 요리를 한다고 여겨지는 셰프는 선구적인 요리를 하는 전문 레스토랑에서 일하게 될 확률이 더 높아지기 때문이다.

여성 셰프의 요리와 가정에서의 요리를 비교한 기사도 여럿 있었다. 터키 이스탄불에 있는 레스토랑 두칸의 셰프이자 공동 오너인 데프네 코리유렉Defne Koryurek은 "레스토랑의 메뉴를 어렸을 때 먹었던 기본적인 가정 요리와 최대한 비슷하게 유지"하는 셰프로 묘사된다. «푸드앤와인»에 실린 프로필은 그녀가 아마도 "세계에서 가정 매력적인 정육점 주인"일 거라고 하면서 진짜 터키 요리를 파인다이닝 레스토랑에 들여놓는 데 성공했다고 말한다(‹이스탄불의 가장 새로운 유행 선도자›, «푸드앤와인», 2008년 5월). 또 "데프네의 요리는 섬세하고 세련되지만 근본적으로는 좋은 터키식 가정 요리"라고 칭찬했다. 다른 여성 셰프들도 어머니 스타일의 요리를 하거나 어린 시절을 떠올리게 하는 요리를 했을 때 칭찬을 받는다. 셰프 돈 브루크너Dawn Bruckner는 기술이 더 정교한 남자 동료들보다 "더 가정적이고 정직한" 요리를 한다는 찬사를 받는다(‹친근한 포장지에 담겨 있는 팜 투 테이블 요리›, «뉴욕타임스», 2009년 12월 4일). 레스토랑 카브의 셰프 패멀라 부슈Pamela Busch가 만든 소고기 와인찜은 "가족이 운영하던 캔자스의 밀 농장에서 추수를 끝내고 먹었던 요리를 떠올리게 했"다는 이유로 좋은 평가를 받았다(‹카브의 절묘한 와인 리스트와 어울리는 훌륭한 요리›, «샌프란시스코 크로니클», 2007년 5월 20일). «푸드앤와인»은 패스트리 셰프 낸시 올슨Nancy Olson을 소개하면서 노스다코타에서 보냈던 그녀의 어린 시절과 그녀가 다니던 교회가 디저트 요리책을 출간했던 일화를 다루었다(‹심장부에서 베이킹을 하다›, «푸드앤와인», 2007년 11월). 올슨은 뉴욕에 있는 레스토랑 그래머시 태번에서의 요리로 매우 좋은 평가를 받고 있지만, 가정 요리와의 연관성은 그대로 남아 여전히 "어렸을 때 제일 좋아했던 소박한 요리를 수정해 완벽을 이끌어낸다"고 묘사된다. 또한 기사는 올슨이 만든 쿠헨이 "[요리]책 속에 들어 있는 수많은 쿠헨을 손쉽게 따라 잡는다"고 말한다. 남성 셰프와 달리 올슨의 요리는 어렸을 때 집에서 먹었던 디저트와 같은 수준으로 묘사되며, 현재 올슨이 만든 요리가 가정 요리의 수준을 넘어서야 한다는 논의도 찾아볼 수 없다.

여성의 전문 요리를 가정 요리와 비교하는 데에는 여성이 전문 요리를 하기 위해 받은 훈련과 그렇게 얻은 기술을 미묘하게 깎아내린다는 문제가 있다. 가정에서 여성의 요리가 당연하게 여겨지는 것처럼, 전문 요리를 가정 요리와 비교하는 것은 여성 셰프가 만든 요리를 주목받을 가치가 없는 것으로 만들어버린다. 여성 셰프는 전통을 고수함으로써 손님이 기분 좋게 레스토랑을 나설 수 있도록, 또 잠재적 고객을 잃지 않도록 하고 싶을 수 있으나, 커리어에 날개를 달아주는 외부의 인정이나 엘리트 셰프에게 주어지는 새로운 기회를 얻지 못할 수도 있다.

앨리스 워터스는 선구자로 묘사되는 유일한 여성 셰프다. 1970년대 초, 캘리포니아 버클리에 레스토랑 셰 파니스를 연 워터스는 캘리포니아 요리를 발전시킴으로써 미국 요리를 탈바꿈시켰다. 워터스의 요리법 콘셉트는 조리 과정을 최소한으로 하고, 반드시 가장 신선하고 질 좋은 지역 식재료를 사용해 그 식재료의 특성을 강조하는 것이다. 캘리포니아 요리 스타일에서 가장 중요한 것은 식재료이며 이 식재료를 가장 돋보이게 하는 것이 셰프의 일이다. 워터스는 혁신적인 셰프로 묘사되지만, 워터스의 유산에 잽을 날리는 사람들도 있다. 셰 파니스의 요리를 만드는 데 누가 가장 큰 역할을 했는가, 앨리스 워터스냐 제레미아 타워Jeremiah Tower냐, 아니면 그 밖의 다른 셰프들이냐에 대해 오랫동안 논란이 있었다. 워터스는 셰프가 아니라 "레스토랑을 이끈 인물"로 묘사되기도 한다. 셰 파니스에서 일한 셰프들이 언급될 때에도 워터스와의 작업에 대한 이야기는 거의 등장하지 않으며 이 셰프들이 레스토랑 설립자가 아닌 레스토랑 자체의 가르침을 얼마나 잘 습득했는지에 더 큰 관심이 쏠린다.

커리어에 대한 미디어의 성향: 왕국 건설자 대 주목 피하기

남성 셰프를 다룬 기사에는 남성 셰프가 일 중독자라거나 요리에 강박적으로 집착해 커리어를 쌓고, 찬사 속에 자신만의 왕국을 건설했다는 성공 스토리가 자주 등장한다. 스타 셰프 파비오 트라보치Fabio Trabocchi는 "능력이 대단할 뿐만 아니라 열심히 일했기 때문에 셰프로서 성공할 수 있었다"고 소개됐다(‹스타 셰프의 이탈리아식 크리스마스›, «푸드앤와인», 2008년 12월). 몇몇 남성 셰프는 하루에 10시간 요리한다는 이유로 박수갈채를 받으며, 특히 시간이 많이 필요한 요리를 함으로써 주목받는 셰프도 있다. 셰프 롭 에반스Rob Evans에 대한 기사를 보자.

> 매번 하고 싶은 것을 마음껏 하는 사람은 버릇이 나빠지듯이, 식당을 찾는 손님들도 그렇다. 손님들은 요리 하나를 만드는 데 들어가는 고된 노동과 시간을 당연하게 여긴다. 우리는 포틀랜드 메인주에 있는 레스토랑 휴고스의 부엌에 스톱워치를 들고 들어갔다. 이 부엌에서는 요리 하나(트라이프 라비올리와 봄 파스닙, 누에콩을 곁들인 토끼 요리)를 만드는 데 7일이 걸린다(직접 손을 사용하는 시간만도 6시간 이상이다). 분명한 건, 전문 레스토랑의 부엌에서는 속도가 생명이라는 것이다. 휴고스의 셰프 롭 에반스는 엄청난 자신감과 정확도로 토끼 3마리를 해체해 작디작은 갈비를 발라내고, 옆구리 살을 얇게 뜨고, 뒷다리를 소금에 절이는 일을 한 시간 안에 해낸다. 하지만 에반스가 만드는 요리는 엄청나게 시간이 많이 걸린다. 뉴잉글랜드로 돌아오기 전에 나파 밸리의 프렌치 런드리와 버지니아주의 인 앳 리틀 워싱턴에서 일했던 에반스는 요리 과정을 절대 생략하지 않는다. 오히려 굳이 안 넣어도 되는 절차를 개발해서 넣는 편이다. 그는 트라이프 라비올리의 속을 작은 공이나 반구 모양으로 만드는데, "보기에 좋잖아요"라고 기쁜 듯이 그 이유를 설명한다. 잠두는 데치기 전에 속껍질까지 벗겨내는데, 이렇게 해야 더욱 신선하고 선명해 보이기 때문

이다. 심지어 접시 위에 한 숟가락 두르는 소스조차도 스토브 위에서 이틀 반 동안 졸여서 만든다. 아마 식사에 이렇게 시간을 많이 들이는 사람을 찾으려면 수렵 채집 사회로 돌아가야 할 것이다. 손님들도 천천히 시간을 들여 이 요리를 맛보면 좋겠다. 이렇게 만든 요리를 먹는 데 걸리는 시간은? 11분 28초다.

– ‹식사하기까지 걸리는 173시간 24분 6초›, «뉴욕타임스», 2005년 5월 1일

이 기사는 에반스가 고집스럽게 오랜 시간을 들여 꼼꼼하게 요리하는 것이 그가 자신의 작업에 그만큼 헌신하며 요리의 수준이 매우 높다는 증거라고 본다. 또한 손님들이 전문 요리를 만드는 데 필요한 고된 노동과 능력에 좀 더 관심을 가지기를 바란다.

이런 식으로 남성 셰프의 고된 노동과 집착을 묘사하는 일은 흔하다. «고메»의 기자는 셰프 스콧 타이서Scott Tycer를 "자칭 통제광"으로 표현했고(‹첫 맛: 레스토랑 텍스타일›, 2008년 12월 5일), «푸드앤와인»은 북유럽 요리를 널리 알리려는 셰프 클라우스 메이어Claus Meyer의 노력을 "인생의 사명"이라고 묘사했다(‹새로운 북유럽 요리를 위한 선언›, 2007년 5월). 또한 «푸드앤와인»은 셰프 에릭 리퍼트Eric Ripert가 "생선에 완전히 사로잡혀" 있다고 말하며, 동료들과 "24시간 내내 생선에 대해 생각하고, 생선을 요리하고, 생선을 먹고, 새로운 생선 요리를 만들어낸다"는 리퍼트의 말을 인용했다

(‹가야 할 곳 목록: 뉴욕 시›, 2009년 5월). 잘 알려진 셰프 찰리 트로터Charlie Trotter도 이와 비슷하게 그려진다.

> 1800년대부터 도시를 장악했던 스테이크하우스와 프랑스 레스토랑을 박살낸 주인공이 찰리 트로터라는 점에는 아마 대부분이 동의할 것이다. 시카고에서 자신의 이름을 내걸고 만든 레스토랑 찰리 트로터스는 다른 레스토랑의 비교 대상이 되고 있다. 강박적인 완벽주의자라는 그의 명성은 왜 그의 요리가 그렇게 훌륭한지, 왜 트로터 밑에서 수 셰프를 하지 않고서는 시카고의 파인다이닝 레스토랑 부엌에서 랍스터를 휘두를 수 없는지 설명해준다.
>
> – ‹개스트로허브›, «뉴욕타임스», 2005년 9월 25일

이 기사는 트로터의 "강박적인 완벽주의" 덕분에 그가 성공할 수 있었고, 트로터 밑에서 일한 수많은 셰프가 탄탄한 커리어를 쌓을 수 있었다고 말한다. 모두 자신의 일에 완전히 헌신한 자에게 주어지는 보상이다. 또 다른 보상은 미디어의 주목이다. 미디어의 주목을 받는 것은 레스토랑에 투자자와 손님을 끌어들일 수 있는 매우 강력한 방법 중 하나다. 한번 미디어의 주목을 받은 남성 셰프는 음식 전문 기자들의 숭배를 받게 되며, 기사는 그들을 "요리계의 신"으로 추어올린다. 미셸 브래스Michel Bras는 "신"이자 "이론의 여지없이 프랑스에서 가장 존경 받는 셰프"로 묘사되며

기사 곳곳에 "전설적인", "수도자 같은", "환상적인", "순수함" 같은 단어가 포진한다. 또한 브래스와 여러 셰프는 일에 모든 것을 바친 사람으로 묘사된다(«신과의 만찬: 마스터 셰프 미셸 브래스», «푸드앤와인», 2009년 2월). 이상적인 노동자에 대한 애커의 연구 내용처럼, 셰프에 대한 묘사에서도 자신의 시간과 관심을 강박적으로 커리어에 바치는 남성이 등장한다. 남성 셰프들은 이렇게 자신의 일과 커리어에 오롯이 헌신함으로써 찬사를 받으며, 헌신에 대한 보상으로 "세상에서 가장 훌륭한 셰프" 또는 "우상"이라는 이름을 얻게 된다.

미디어의 주목을 받은 남성 셰프는 요리책 출판과 텔레비전 출연, 광고, 컨설팅 사업 등으로 손쉽게 연소득을 두세 배 늘릴 수 있을 뿐만 아니라 레스토랑의 수도 늘릴 수 있다. 레스토랑 왕국을 건설하는 것은 강박적인 남성 셰프의 당연한 행보처럼 묘사된다. 셰프 짐 보새코스Jim Botsacos는 그리스 요리 전문 레스토랑 몰리보스로 미디어의 찬사를 받았고, 최근에는 아보카토라는 이탈리아 레스토랑을 오픈했다. 보새코스는 시간을 쪼개 두 레스토랑을 오가고 있으며, 왜 새로운 도전을 하게 되었냐는 질문에 이렇게 대답했다.

> 보새코스는 레스토랑 두 개를 운영하는 현 상황에 대해 이렇게 대답했다. "소득이 늘어날 가능성이 있으니까요. 그리고 창조성이

더 커질 가능성도 있고요." 보새코스는 가정을 꾸리고 있고 어퍼 웨스트사이드에 있는 아파트에 융자도 있다. 그는 아보카토의 사업 파트너로서 수익의 일부를 챙길 수 있게 된다.

– ‹흰 모자가 두 개인 셰프›, «뉴욕타임스», 2005년 5월 1일

셰프 마크 베트리Marc Vetri에 대한 기사도 다수의 레스토랑을 운영해야 한다는 압박감을 이야기한다.

레스토랑 오스테리아와 레스토랑 베트리는 비슷한 점이 거의 없다. 하지만 아주 운 좋게도 공통점이 하나 있다. 바로 두 곳 다 대단한 능력으로 열렬한 찬사를 얻은 마크 베트리가 운영하고 있다는 점이다. 베트리는 2월에 오스테리아를 오픈하면서 매우 중요한 발걸음을 내디뎠다. 강박적이고 모든 것을 통제하고자 하는 본인의 성격을 이겨내고 칭송받는 셰프로서의 운명을 받아들인 것이다. 즉, 베트리는 여러 무대에서 동시에 다양한 작업을 하게 되었다. (…) 베트리는 저녁의 반은 베트리에서, 반은 오스테리아에서 보낸다. 그 어느 곳도 그냥 내버려둘 수 없기 때문이다. 레스토랑을 그냥 놔두는 건 위험한 일이다. 베트리는 그럴 사람이 아니다.

– ‹소수를 위한 셰프, 다수의 요구에 귀를 기울이다›, «뉴욕타임스», 2007년 5월 23일

두 기사 모두 셰프가 두 군데의 레스토랑에서 요리하는 것을 긍정적으로 바라보고 있다. 하지만 자신의 왕국을 다른 대륙으로 확장하고, 텔레비전에 출연하며, 여러 사업 때문에 부엌에 있을 수 없는 상황의 셰프가 언제나 긍정적인 평가를 받는 건 아니다. 미국에서 6개의 레스토랑을 운영하면서도 서비스의 질을 그대로 유지하고 있는 대니얼 불뤼 급의 슈퍼스타 셰프들은 왕국 건설의 시발점이 되었던 레스토랑을 방치해야 할 정도로 여기저기 불려 다니는 경우가 많다. 이런 상황은 왕국을 세운 남성 셰프들이 겪는 어려움을 잘 보여준다. 바로 명성을 얻도록 도와주었던 손님, 음식 전문 기자, 요리 평론가 들이 외부사업을 하느라 요리의 질이 떨어진 셰프에게 극도로 비판적인 태도를 보일 수 있다는 점이다. 셰프가 요리의 질을 유지하지 않으면 새로 오픈한 레스토랑과 다른 프로젝트는 빠른 속도로 악화될 수 있으며, 가혹한 비판과 상당한 양의 사회적 자본을 잃는 결과를 낳을 수 있다. 텔레비전 요리 경쟁 프로그램 ‹톱셰프Top Chef›의 심사위원으로 유명한 셰프 톰 콜리키오Tom Colicchio는 새로 오픈한 레스토랑 중 하나가 뜨뜻미지근한 평가를 받은 사건을 기억한다(‹셰프 3명 중 2명, 바쁜 스케줄로 떠나다›, «뉴욕타임스», 2006년 8월 23일). 콜리키오는 레스토랑의 질을 유지하기 위해 "레스토랑 일에 좀 더 집중해야 한다"는 사실을 인정했다. 비록 기자는 콜리키오가 여덟 번째 레스토랑 오픈을 준비하고 있다는 점을 지적했지만 말이다.

남성 셰프의 왕국 건설을 가장 강력하게 비판한 논평은 2006년 «뉴욕타임스»에서 나왔다. «뉴욕타임스»의 칼럼니스트 프랭크 브루니Frank Bruni는 일류 레스토랑 브랜드가 부상하면서 뉴욕의 레스토랑계가 독특함을 잃었다고 비난했다.

> 이건 정말이다. [알란] 야오와 [고든] 램지는 브랜드다. 나파 밸리에 있는 프렌치 런드리의 셰프 토머스 켈러Thomas Keller도 마찬가지다. 켈러가 2004년 맨해튼에 오픈한 레스토랑 퍼세는 프렌치 런드리와 이름만 다를 뿐 프렌치 런드리의 도시 버전이라고 할 수 있다. 켈러가 나파 밸리 밖으로 사업을 확장할 때 가장 먼저 레스토랑을 오픈한 곳은 베가스로, 그는 이곳에 부숑이라는 이름의 레스토랑을 열었다. (…) 이들의 레스토랑 또한 브랜드다. 불경한 이야기를 해도 된다면, 이 레스토랑들은 어디에나 있는 올리브가든이나 아웃백스테이크하우스보다 약간 더 희소할 뿐이다. 그리고 이것이 바로 엘리트 레스토랑 브랜드가 뉴욕 시장을 파고들어 장악할 수 있는 이유다. 이제 뉴욕 시장은 새 레스토랑을 오픈하는 비용이 눈에 띄게 증가해 작고 아직 검증되지 않은 레스토랑은 자리를 잡기가 어렵다.
>
> – ‹다른 사람이 여기에 만들기 전에 저기에 만들어라›, «뉴욕타임스», 2006년 9월 6일

브루니도 켈러의 레스토랑을 올리브가든에 비교하는 게 논란의 여지가 있을 수 있다는 점을 인식하고 있다. 그의 주장의 핵심은 두 레스토랑이 매우 다르지만 뚜렷한 브랜드라는 공통점 또한 갖고 있다는 것이다. 사람들이 미국 어디에나 있는 올리브가든에 갈 때 어떤 종류의 음식을 먹고 어떤 경험을 하게 될지 잘 알고 있는 것처럼, 켈러의 레스토랑에 방문하는 사람 또한 요리에 켈러의 비전과 방향성이 담겨 있으리라는 사실을 잘 알고 있다. 브루니는 더 나아가 수많은 고급 레스토랑들이 어떻게 "요리 복제"를 하는지 상세히 설명한다. 새로 생긴 레스토랑은 기존 레스토랑과 똑같은 요리를 똑같이 장식해 제공하는 것이다. 이런 "요리 복제"는 뉴욕 요리계의 창조성을 앗아갈 뿐만 아니라 덜 알려진 셰프가 경쟁에서 살아남는 것을 더욱 어렵게 만든다. 왕국을 세운 셰프들은 유명세 덕분에 투자자를 모으거나 크고 호화로운 레스토랑을 여는 게 쉽다. 그리고 그럴수록 장래가 유망한 신인 셰프는 레스토랑을 여는 게 더욱 어려워진다.

엘리트 셰프들은 곡예를 해야 한다. 최고의 셰프로 인정받으려면 다수의 레스토랑을 열어야 하고 텔레비전 프로그램이나 식료품 생산, 광고 같은 다른 분야에도 뛰어들어야 한다. 하지만 왕국의 어느 한 부분에 문제가 생기면 훌륭한 셰프라는 타이틀을 빼앗길 수도 있다. 알랭 뒤카세Alain Ducasse는 이런 딜레마에 직면한 엘리트 셰프 중 한 명으로, 레스토랑이 4스타에서 3스타로 떨어지자 헤드 셰프 중 한 명을 해고했다. 이런 분열을 다룬 «뉴욕타임스»의 기사는 뒤카세가 뉴욕에 있는 자신의 레스토랑에서 더 많은 시간을 보내기로 약속했다는 말로 끝을 맺는다(‹레스토랑이 3스타로 떨어지자 뒤카세가 셰프를 해고하다›, 2010년 7월 7일).

전 세계에 왕국을 건설하고 요리의 대가라는 지위에 올라 박수갈채를 받는 남성 셰프는 평범한 사람처럼 행동한다는 이유로도 찬사를 받는다. 셰프 로랑 브래스Laurent Bras는 프로필에서 숫기가 없는데도 유머감각을 잃지 않는다며 칭찬을 받는다. 셰프 조엘 로부숑Joël Robuchon을 다룬 기사는 그가 명망 높은 요리대회에서 우승했음을 보여주는 특별한 재킷을 입을 수 있는데도 다른 조수와 마찬가지로 검은색 조리복을 입는다는 사실을 언급한다(‹로부숑, 라스베이거스에서 주연을 맡다›, «푸드앤와인», 2006년 2월). 다음 두 기사는 견실한 셰프를 특히 더 야단스럽게 칭찬한다.

> 셰프 폴 카한Paul Kahan은 보통 작고한 시인이나 남부의 풋볼 코치에게나 주어지는 과찬을 받았다. 시카고 블랙버드 레스토랑에서의 요리로 «푸드앤와인»이 뽑은 1999년 최고의 신인 셰프에 이름을 올렸고, 아직 살아 있는 사람치고는 천재라는 소리를 너무 많이 들었다. 실제로 지금 이 시점에서 사람들은 아마 카한이 버터 토스트 만드는 걸 보려고 예약까지 할 것이다. 그러니 우리는 카한과의 첫 번째 미팅에서 그가 거만하거나, 적어도 가식적일 거라

고 생각했다. 하지만 헝클어진 머리를 하고 중서부 특유의 친근함을 보여주었다. 카한은 전혀 잘난 체하지 않았다. 그는 정기적으로 얼음낚시를 하러 가는 평범한 남성이었고, 자신과 자신의 파트너를 "얼간이"라고 칭했다. 이건 마치 회사 소프트볼 팀에서 가장 쿨한 남자가 동시에 뉴욕 메트로폴리탄 오페라 하우스의 스타 테너인 것과 마찬가지다.

– ‹훌륭한 세계 맥주, 딱 맞는 요리를 만나다›, «푸드앤와인», 2006년 6월

[레스토랑 미아 도나에서의 요리는] 허영보다는 현실감각이 있는 떠오르는 젊은 셰프의 모습을 보여준다. 지난 몇 년 동안 그에게 주어진 찬사를 고려하면 충분히 멋을 더 부릴 수 있는데도 말이다. 주어진 길을 거부한 현실주의자, 마이클 프실라키스Michael Psilakis를 만나보자. 제임스 비어드 상 후보에 올랐을 뿐만 아니라 «에스콰이어*Esquire*»가 뽑은 올해의 셰프에 선정된 직후라, 아마 사람들은 프실라키스가 왕관에 광을 내듯 지나치게 기교를 부릴 거라고 생각할 수 있다. 어쩌면 새 레스토랑을 열어 왕위에 오르고 싶어 할 거라고 생각할 수도 있겠다.

– ‹안락함 그리고 피처에 담긴 맥주›, «뉴욕타임스», 2008년 4월 2일

수많은 셰프가 이렇다 할 인정을 받지 못한 채 수 년을 일하는데, 전 세계적인 매체에서 상을 받는다는 것은 매우 짜릿한 사

건이다. 미디어의 주목을 받으면 손님이 늘어 수익이 늘어날 뿐만 아니라 믿을 수 없을 정도로 경쟁이 심한 요리 산업에서 날개를 단 듯 높은 지위에 오를 수 있다. 카한과 프실라키스는 여러 상을 받았고, 기사는 이런 영예가 셰프의 능력과 창조성, 고된 노동의 증거이며 "거만"하거나 "멋을 부릴" 만한 충분한 이유가 된다고 말한다. 또한 카한과 프실라키스가 자신이 받은 상과 찬사에 절제된 태도를 보이는 것은 이들이 "쿨"하다는 증거라고 말한다.

셰프들이 새로 오픈하는 레스토랑으로 좀 더 캐주얼한 레스토랑을 선택한다는 사실 또한 셰프를 평범한 사람으로 묘사하는 데 이용된다. 엘리트 셰프가 고급 레스토랑이 아닌 비스트로 같은 작은 레스토랑을 여는 것이 요즘 트렌드다. 이런 변화에는 여러 가지 이유가 있다. 매우 좋은 평가를 받는 뉴욕의 셰프 데이비드 창처럼 젊은 셰프들은 자신의 레스토랑에 더 큰 통제권을 갖기 위해, 또 파인다이닝 콘셉트에 맞는 요리 스타일만 구사하는 게 싫기 때문에 이런 길을 선택한다.

어떤 기자들은 나이 든 셰프들이 체력 소비를 줄이기 위해, 또 커리어를 마무리하는 단계에서 속도를 늦추기 위해 캐주얼한 레스토랑으로 노선을 변경한다고 주장한다. 하지만 남성 셰프들이 캐주얼한 레스토랑을 오픈하는 가장 큰 이유는 새로이 도전하고 자신이 재미를 느낄 수 있는 방식으로 요리하고 싶기 때문이다. 앞서 언급한 카한 역시 캐주얼한 레스토랑 오픈을 준비하고 있다. 기자는 카한의 이런 결정이 돈을 벌고자 하는 욕망이 아니라 "자신이 원하는 것을 할 수 있는" 가능성에서 나온 것이며, "카한이 원하는 것은 자신이 휴일 저녁 식사를 하고 싶을 만한 공간을 만드는 것"이라고 강조한다.

"평범한 사람"이 되려고 노력한 다소 극단적인 사례도 있다. 이들은 커리어를 쌓아온 요리를 그만두었으며 수많은 상도 거부한다. 셰프 랜스 페건Lance Fegen은 대담하게도 «푸드앤와인»의 기자에게 "더 이상 상을 받고 싶지 않다"고 선언했다(‹다음엔 어디로 갈까: 텍사스›, «푸드앤와인», 2006년 11월). 좀 더 도전적인 요리를 하고 싶다는 것이다. 또 다른 사례는 셰프 알랭 상드랑Alain Sendrens에 대한 기사에서 찾아볼 수 있다.

> "이제는 더 이상 경쟁하고 싶지 않습니다." 지난 봄 상드랑은 이렇게 말했다. "제 나이가 예순다섯입니다. 이제는 나도 재미를 좀 느끼고 싶어요." 그래서 그는 루카 카르통의 문을 닫고 28년 동안 유지한 미슐랭 3스타를 포기했으며, 새 레스토랑을 열어 "수준은 3스타지만 가격은 3스타가 아닌 요리"를 하고 싶다고 말했다. 미슐랭 스타는 받지 않을 거라고도 했다. 올해 초 알랭 상드랑은 존경 받는 3스타 레스토랑인 루카 카르통의 문을 닫고 비스트로를 오픈하겠다고 선언했다. 그는 이렇게 말했다. "미슐랭 스타가 뭘 의미하는지 생각해봤어요. 그랬더니 미슐랭 스타는 그저 내 자아

를 떠받치고 있을 뿐이라는 걸 깨달았죠. 그건 멍청한 짓이에요."

- ‹냉철한 3스타 파리지앵, 다시 태어나다›, «뉴욕타임스», 2006년 3월 1일

기쁜 마음으로 미슐랭 스타를 받을 수많은 셰프와 상드랑에게는 안타까운 일이지만, 미슐랭 가이드는 상드랑의 새 비스트로에 2스타를 수여했다. 페건과 상드랑은 부르디외가 말한 "다른 예술가를 위해 창조하는 예술가"의 완벽한 사례다. 이들은 찬사를 바라지 않으며 미식의 장의 규칙을 따르려고 하지도 않는다. 그 대신 장에서 빠져나와 압박에서 벗어나고자 한다. "순수한" 예술가는 평론가나 명예를 부여하는 다른 조직에게 찬사를 받아도 안 되고 받으려고 노력해서도 안 되는 것처럼, 셰프도 돈을 많이 벌려고 해서는 안 된다. 캐주얼한 레스토랑을 열기로 결정한 남성 셰프를 다룬 기사 대부분에서 기자들은 이런 결정이 돈 때문이 아니라 더 큰 통제권을 갖기 위해, 커리어를 마무리하며 가게 규모를 줄이기 위해, 개인적인 보람을 얻기 위해, 더 다양한 손님에게 요리를 대접하기 위해서임을 알리려고 온힘을 다해 애를 쓴다. 하지만 이 이야기에는 미묘한 모순이 있다. 왕국을 건설한 남성 셰프는 성공한 사업가로 묘사되지만 결정을 내릴 때 사업상의 이유를 전면에 내세울 수는 없다. 예술적인 표현이 아니라 돈을 위해 요리를 만들 경우 개인의 동기와 전문 요리에의 헌신이 비판받을 수 있는 위

험에 직면하기 때문이다. 예술가로서의 셰프는 돈에 따라 움직이면 안 된다. 부르디외의 말을 오늘날의 셰프에게 적용하면 "셰프는 나이가 들 수는 있지만 살이 쪄서는 안 된다." 여기서 살이 찐다는 것은 기술을 연마하고 재창조하기보다 돈 벌기에 더욱 집중한다는 뜻이다. 앞서 살펴본 기사들은 셰프에게 명성을 이용해 돈을 벌라는 유혹에 무릎 꿇지 말 것을 경고하고 있다.

레스토랑 리뷰나 셰프 프로필이 존경받는 남성 셰프도 그저 평범한 남성일 뿐이라는 생각을 강화하는 또 다른 방법은 셰프의 가족을 묘사하는 것이다. «샌프란시스코 크로니클»의 한 기자는 십여 년 전 셰프 켄 프랭크Ken Frank를 만났을 때는 까칠하고 자기중심적이라는 느낌을 받았지만 프랭크가 삶에서 몇 가지 변화를 겪고 나서, 즉 나파 밸리로 이사하고 결혼을 하고 자신의 레스토랑에서 아들과 함께 일하게 되면서 "날카로운 성격이 부드러워졌다"고 말한다(«셰프의 밤 외출: 켄 프랭크», 2005년 3월 27일). 다른 남성 셰프들도 일단 아버지가 되면 변화를 겪는 것으로 묘사된다. 갑자기 참을성이 많아지고 강박적인 성격이 완화된다. 하지만 기술이나 일에 대한 헌신은 줄어들지 않는다. 또한 여러 기사에서 남성 셰프가 가족과 함께 많은 시간을 보낸다는 사실을 언급하는데, 이는 곧 남성 셰프들이 본인의 성격과 능력 덕에 가정생활과 커리어 사이에서 균형을 잘 잡는다는 증거다. 남성 셰프의 프로필에는 어린 자녀가 레스토랑에 찾아온다는 귀여운 사례가 실려 있거나, 휴일에 가족을 위해 요리한다는 내용이 들어 있다. 이런 기사는 남성 셰프가 자신의 레스토랑에서는 신적인 존재이지만 집에서는 그저 평범한 아빠라는 사실을 강조한다.

반면 여성 셰프는 일에 대한 강박이나 왕국 건설이라는 측면에서 논의되는 경우가 거의 없다. 우연히 이 직업에 종사하게 된 것처럼 묘사되거나 주목받지 않으려고 상당히 열심히 노력하는 모습이 강조된다. 의지가 넘치고 커리어 중심적인 남성 셰프와는 매우 다른 모습이다. 여성 셰프는 다수의 레스토랑을 운영하고 미식의 장 내의 다른 분야에까지 활동 영역을 확장했을 때조차 왕국 건설자로 묘사되지 않는다. 여성 셰프는 사람들을 즐겁게 만들고 가족들과 시간을 보내는 데서 더 의욕을 얻는다. 여성 셰프가 한 단계 높은 커리어로 올라섰다는 묘사에는 영향력 있는 남성의 지도를 받았기 때문이라는 설명이 붙는다.

어릴 때부터 커리어에 집착한 것으로 묘사되는 남성 셰프의 프로필과는 달리, 여성 셰프의 프로필은 우연히 이 직업에 발을 들여놓았다고 묘사된 사례가 많다. 패스트리 셰프 멀리사 초우Melissa Chou의 프로필을 살펴보자.

> (…) 초우는 남자친구와 함께 다시 샌프란시스코로 돌아오기로 결정했을 때, 탕트 마리 요리학교에 있는 6개월짜리 패스트리 프로그램에 등록하면 괜찮을 것 같다고 생각했다. 우선 미술 분야

> 에서 학위를 따야 한다는 것을 알고 있었지만 이를 미루고 싶었기 때문이다. (…) 어느 순간 그녀는 레스토랑 아지자의 패스트리 셰프가 되어 있었다.
>
> – ‹떠오르는 스타 셰프 2009: 멀리사 초우›, «샌프란시스코 크로니클», 2009년 3월 15일

셰프 폴라 프레이저Paula Frazier에 대한 기사에서는 그녀가 현재 운영하고 있는 레스토랑을 전 주인에게서 사들였을 때 만난 "행복한 우연"을 이야기한다(‹남부의 솜씨로 이탈리아식 만찬을 만들다›, «뉴욕타임스», 2007년 8월 12일). 이 레스토랑은 원래 이탈리아 요리를 팔고 있었고, 이탈리아 요리는 프레이저의 전문 분야이기도 했다. 그래서 그녀는 레스토랑의 메뉴를 "거의 그대로" 두기로 결정했다.

남성 셰프의 프로필은 주당 근무시간이나 대가가 되기 위해 요리에 쏟아부은 기간에 주목한다. 남성 셰프는 특정 요리 스타일 하나하나를 빠짐없이 이해하기 위해 헌신하며 파악이 끝난 후에는 자기만의 스타일로 발전시킨다. 하지만 초우나 프레이저 같은 여성 셰프는 쏟아부은 노력은 축소되고 성취는 고된 노력이 아닌 행운의 결과처럼 묘사된다. 이는 여성 셰프가 자신만의 비전을 추구하기보다는 타인을 돕고자 하는 욕구에서 동기를 얻는다는 내러티브에 잘 들어맞는다.

요리 산업 내의 여성 셰프 프로필에는 이들이 타인을 즐겁게

하고 손님에게 집중하려 한다는 이야기가 계속 반복된다. 여성 셰프는 자신의 요리를 통해 전문 요리를 재창조한 셰프로 지목되지 않는다(요리의 재창조는 왕국 건설에 필요한 첫 번째 단계다). 그 대신 더 많은 사람에게 요리를 제공하는 사절단이 되거나 다른 사람에게 멘토 역할을 해줄 때 찬사를 받는다. 관련 사례는 셰프 에르망세 까로Hermance Carro에 대한 기사에서 찾아볼 수 있다.

> 작년, 요리 훈련을 받지 않은 20대 10여 명이 레스토랑을 오픈하는 다큐멘터리를 만드는 프랑스의 텔레비전 피디가 에르망세 까로를 찾아왔다. 제이미 올리버Jamie Oliver의 프로젝트 ‹피프틴Fifteen›을 본뜬 이 다큐멘터리는 곧 오픈 예정인 까로의 레스토랑 르 를레 돌레아를 시험대로 이용할 수 있었을까? 까로는 그래도 좋다고 말했다. "하지만 프로그램에 모습을 비추고 싶지는 않아요. 전 그냥 젊은 사람들이 자신이 원하는 일을 찾을 수 있도록 돕고 싶을 뿐이에요." 텔레비전 프로그램 ‹마담 르 셰프Madame le Chef›와 젊은이들이 만든 레스토랑은 4월에 공개된다. 그리고 유명인사 까로는 텔레비전 프로그램에 등장할 견습생들의 도움을 받아 오늘도 사랑스러운 비스트로를 운영하고 있다.
>
> – ‹다음엔 어디로 갈까: 프로방스›, «푸드앤와인», 2006년 7월

자신의 요리로 텔레비전 왕국을 건설한 제이미 올리버와 달

리 까로는 야망이 없다. 까로는 젊은이들이 자신만의 열정을 찾을 수 있도록 돕고 싶다는 욕망에 따라 움직인다. 그리고 이 기사가 쓰인 시점에서는 텔레비전 왕국을 건설하기 위해 시동을 거는 대신 그저 사랑스러운 비스트로를 운영하고 있다.

다른 여성 셰프의 프로필에서는 이들이 미디어의 주목을 얼마나 불편하게 여기는지를 구체적으로 언급한다. 클리블랜드의 셰프 캐런 스몰Karen Small은 "레이더 밖에 머물러 있는 것이 행복하다"고 주장한다(‹미국의 음식: 오하이오 클리블랜드›, «푸드앤와인», 2007년 11월). 또 다른 여성 셰프는 신문 기자에게 레스토랑의 이름을 싣지 말아달라고 부탁했다. 작은 레스토랑에 손님들이 몰려오면 감당할 수 없을 거라는 두려움 때문이다. 이 여성 셰프들은 미디어에 소개되는 것을 기회가 아닌 위협으로 바라본다.

기사처럼 모든 남성 셰프가 왕국 건설을 욕망하고 모든 여성 셰프가 그저 요리로 사람들을 기쁘게 해주고 싶어 하는 건 아니다. 기자와 요리 평론가들은 여러 복잡한 감정을 독자가 이해할 수 있는 방식으로 전달하려고 노력한다. 하지만 여성 셰프는 남성 셰프와 다른 지점에서 직업적 성공의 동력을 얻는다는 주장은 오랫동안 부엌에서 여성의 힘을 부정했다. 자신이 마음을 쓰고 있다는 사실을 보여주기 위해, 또는 다른 사람을 행복하게 만들기 위해 요리를 하는 여성 셰프의 능력은 낮은 평가를 받을 수 있다. 집에서 어머니들이 하는 요리가 "일"이 아니라 "돌보는 행위"로 간주되어

무시되듯이, 여성 셰프의 전문 요리 또한 남성 셰프의 요리와 동등하게 대접받기는커녕 하찮은 것으로 여겨질 수 있는 것이다.

우리는 여러 개의 레스토랑을 소유하고 있는 여성 셰프조차 남성 셰프처럼 왕국 건설자로 묘사되는 일이 거의 없다는 사실에 크게 놀랐다. 여성 레스토랑 오너를 다룬 기사들은 이들이 미식의 장 내에서 성공했다는 사실만 가볍게 언급했다. 예를 들어, 로스앤젤레스의 수잰 고인Suzanne Goin은 다수의 레스토랑을 운영하고 호평 받는 요리책을 출간했기 때문이 아니라 손님을 따뜻하게 맞아주는 공간을 만들어냈다는 이유로 극찬을 받았다. «푸드앤와인»이 선정하는 최고의 신인 셰프에 뽑힌 트레이시 데 자르뎅Traci Des Jardin의 커리어를 설명한 기사에서는 자르뎅이 레스토랑 3개를 소유하고 있다는 사실보다는 그녀가 식량의 지속 가능성을 개선하기 위해 노력하고 있다는 점에 더 주목했다.

어떤 기사들은 여성이 다수의 레스토랑을 오픈하겠다고 결정할 때 반드시 신중해야 한다는 의미를 전달한다. 30년 이상 굳건히 자리를 지키고 있는 레스토랑의 여성 셰프들을 다룬 «샌프란시스코 크로니클»의 기사(‹30년 이상 살아남은 대표 레스토랑들›, 2009년 3월 5일)에서는 그 지역의 케이터러caterer가 등장해 그녀들이 성공한 이유를 이렇게 설명한다. “레스토랑을 이끌고 있는 뛰어난 여성 셰프 3명은 왕국을 건설하거나 유명인사가 되는 데 관심이 없습니다. 이들은 정확히 자신이 원하는 곳에 머물고 있어요. 레스토랑 부엌의 스토브 앞이요." 그리고 이 3명의 여성 셰프 중 한 명은 이렇게 말한다. "우리의 목표는 변함없어요. 바로 사람들을 행복하게 만드는 거죠."

이 세 여성 셰프들은 현재 성공적으로 사업을 꾸리고 있는 것으로 묘사된다. 레스토랑을 잘 운영하고 있으며 자신의 요리로 사람들을 행복하게 해주고 있기 때문이다. 1년 이내에 레스토랑 네 곳 중 하나가 문을 닫거나 오너를 교체하고, 기간을 3년 이내로 늘릴 경우 그 수치가 60%까지 증가하는 상황에서 이는 분명 대단한 업적이라고 할 수 있다. 기사는 이 여성들이 "정확히 자신이 원하는 곳에 머물고 있다"라고 강조한다. 하지만 이런 발언은 커리어가 지속될 수 있는지 의문을 불러일으킨다. 요리는 육체적으로 매우 힘든 작업이며 레스토랑 왕국을 건설하면 셰프는 생산을 하는 역할에서 관리직으로 이동할 수 있다. 또한 앞서의 발언은 여성 셰프들이 다른 영역으로 사업을 확장하는 것을 억제할 수 있다. 셰프 멕 그레이스Meg Grace에 대한 «뉴욕타임스»의 기사는 그레이스가 파트너와 함께 트렌디한 이스트빌리지에 바를 오픈한 과정을 소개했다. 이들의 목표는 바에서 제공하는 요리의 가짓수를 점차 늘려서 결국 레스토랑으로 변신하는 것이다.

> 6개월이 넘는 기간 동안 그레이스는 레스토랑 부엌의 유일한 직원이나 다름없었다. 일주일에 한 번 프리 픽스prix-fixe 메뉴(그녀가

뉴올리언스에서 보낸 시간이 묻어나는, 계절에 맞는 편안한 요리로 구성되어 있다)를 준비하는 것도 그녀고, 주문을 받고 요리를 준비하는 것도 모두 그녀가 하기 때문이다. 매주 목요일마다 고용인이 와서 음식을 담고 청소하는 것을 도와주긴 하지만 설거지는 거의 그레이스 혼자서 한다. (…) 이제 36살이 된 그레이스는 바로 이곳에서 커리어의 다음 단계로 도약하고 있으며, 우리는 그녀를 주목해야 한다. 그레이스는 자아를 절제하며 익숙하고 심지어 저속하기까지 한 요리에 까다로운 기준을 적용한다. 그리고 고심 끝에 요리에 묻어나온 우아함은 전혀 익숙하지 않은 광채를 발휘한다.

– ‹바에 들어간 셰프›, «뉴욕타임스», 2009년 8월 19일

하지만 기자는 그레이스의 요리를 칭찬한 뒤 그레이스(그리고 독자들)에게 다음과 같이 질문하며 위험을 경고한다. "손님으로 꽉 찬(그리고 매우 들떠 있는) 레스토랑에서 그레이스 혼자 전체 메뉴를 준비한다면 아무래도 실수가 생기지는 않을까?" 계속해서 왕국을 확장하고 새로운 도전을 하는 남성 셰프에게는 거의 하지 않는 질문이다. 남성 셰프 또한 일을 지나치게 많이 한다는 비판을 받을 때가 있지만 보통 새로운 사업에 뛰어든 직후이며, 이때도 그들은 절대 실수하지 않는다.

이런 기사들은 여성 셰프의 커리어가 가진 전문성을 축소한

다. 여성 셰프가 잠재력을 충분히 발휘하기 위해서는 남성의 지도가 필요하다는 식의 기사들은 특히 더하다. «푸드앤와인»의 기사에서 여성의 요리는 지도의 대상이 된다. 스타 셰프 마리오 바탈리Mario Batali와 피자 전문 레스토랑을 연 낸시 실버턴Nancy Silverton의 사례를 보자.

> 나는 레스토랑 피제리아 모짜에서 가장 중독성이 큰 피자인 비앙카 피자를 특히 좋아한다. 비앙카 피자에는 부드러운 모차렐라와(실버턴은 LA의 모차렐라 여왕이다) 톡 쏘는 맛의 폰티나 치즈, 트러플을 넣은 소젖을 오랜 시간 숙성시켜 만든 소토세네르 치즈, 바삭하게 튀겨진 세이지가 올라가 있다. 이 요리는 실버턴의 아이디어지만("전 하얀색 피자가 좋아요") 피자의 재료는 바탈리와 상의해 결정했다.
>
> – ‹2007년 최고의 레스토랑 요리›, «푸드앤와인», 2007년 12월

바탈리는 셰프 리디아 바스티아니치Lidia Bastianich의 커리어에 대한 기사에서도 모습을 드러낸다. 바스티아니치는 뉴욕의 셰프로 본인의 레스토랑 펠리디아로 널리 이름을 알렸으며, PBS 방송국에서 16년 이상 여러 요리 프로그램을 진행했다. 당시 바스티아니치는 바탈리와 자신의 아들 조 바스티아니치Joe Bastianich와 함께 또 다른 레스토랑을 오픈했다. «뉴욕타임스»의 기사는 그녀의 요리가

"장엄함과 투박함 사이"에 놓여 있다고 평가하며 바탈리와의 파트너십이 얼마나 많은 주목을 받았는지 설명한다. 그리고 "요즘 바스티아니치는 요리 대부분을 오랫동안 함께 일한 헤드 셰프 포르투나토 니코트라Fortunato Nicotra에게 맡긴다"라고 말한다(‹장엄함과 투박함 사이의 편안함›, «뉴욕타임스», 2006년 8월 20일).

여성 셰프는 남성의 지도를 필요로 한다는 메시지가 가장 잘 드러난 사례는 «푸드앤와인»에 실린 마이애미의 셰프 미셸 번스타인Michelle Bernstein의 프로필에서 찾아볼 수 있다(‹마이애미에서 가장 핫한 라틴 파티›, 2006년 6월). 여기서 번스타인은 "슈퍼스타가 되는 과정"에 있다고 묘사된다. 하지만 그녀의 레스토랑 미키에 대해 "특별한 콘셉트가 있는 건 아니에요. (…) 그냥 레스토랑이죠"라고 답한 것이 번스타인이 자신의 능력을 충분히 발휘하려면 남성 레스토랑 경영자의 지도를 받아야 한다는 증거로 제시된다. 제프리 초도로우Jeffrey Chodorwo는 자신이 운영하는 레스토랑 체인의 콘셉트 셰프로 번스타인을 선택했다. 그리고 번스타인에게서 "마케팅하기에 완벽한 속성을 갖춘 능력 있는 셰프"의 모습을 발견했다고 말한다. 마케팅하기에 완벽한 속성이란 전前 발레리나이자 매력적인 여성이라는 번스타인의 지위를 의미할 것이다. 번스타인과의 협업에 대해 초도로우는 이렇게 말한다. "우리는 번스타인을 미디어에 어마어마하게 노출시킬 겁니다." 반면 초도로우와 토드 잉글리시Todd English의 협업은 동업자로서 함께 일하는 측면이 부각되어,

초도로우가 번스타인에게 피그말리온 식의 변화가 필요하다고 본 것에 비해 훨씬 대등한 관계임이 드러난다.

여성 셰프는 그리 대단한 포부가 없고 가족과의 시간을 더욱 중시하는 것으로 묘사된다. 심지어 남편과 함께 일함으로써 가족과 레스토랑을 통합시키기도 한다. «고메»에 실린 패스트리 셰프 메건 가렐츠Megan Garrelts의 프로필에는 그녀가 "태어난 지 2주밖에 안 된 딸을 한쪽 팔로 안은 채" 요리를 한다는 내용이 실려 있다(‹오만한 반응›, 2007년 6월 17일).

일과 엄마라는 역할을 모두 잘 해내기 위해 야심을 버리고 커리어를 변경한 여성 셰프의 사례는 상당히 많다. 이 사례에 등장한 여성 셰프들은 레스토랑 부엌에서 벗어나 케이터링을 시작하거나 요리책의 저자가 된다. 메리 엘런 디아지Mary Ellen Diaz는 시카고의 무료급식소에서 일하기 위해 레스토랑의 세계를 떠났다.

> 레스토랑에서 훌륭한 커리어를 쌓았지만 레스토랑에 남을지 말지를 결정할 때가 온 것 같았어요. 밤에 레스토랑 부엌에서 죽도록 일하는 대신 집에서 딸아이에게 책을 읽어주고 싶었죠. 가족과 시간을 보내고 싶다고 생각하게 되면서 그럼 무엇을 할 수 있을지 알아보기 시작했어요.
>
> – ‹영혼을 다독이는 수프›, «푸드앤와인», 2006년 11월

셰프 앨리슨 바인스러싱Allison Vines-Rushing과 셰프 M. J. 애덤스M. J. Adams 또한 가족의 필요에 따라 커리어를 결정했다(‹떠오르는 스타 한 쌍, 맨해튼을 떠나다›, «뉴욕타임스», 2005년 5월 11일; ‹고기 원칙›, «고메», 2008년 7월). 두 여성 셰프는 가족과 가까이 살기 위해 대도시를 떠났다(바인스러싱은 루이지애나로, 애덤스는 사우스다코타로). 바인스러싱은 아이와 함께 지내면서 가족 근처에 살고 싶은 마음이 생겼다고 말한다. 그리고 남부 요리를 전문으로 하는 레스토랑이 뉴욕에서 얼마나 오래 살아남을 수 있을지 의심스러웠기 때문에 루이지애나로 이사하는 것이 사업상으로도 옳은 결정이었다고 했다.

일과 가족에 대한 묘사는 남성 셰프와 여성 셰프 사이에서 상당히 다른 양상을 띤다. 남성 셰프의 경우 가정생활과 일 사이에서 균형을 잘 잡는 모습을 통해 인간적인 면모를 드러내지만, 여성 셰프는 가족을 위해 자신의 커리어를 변경한다. 늘 과로를 하고 야심 넘치는 남성 셰프에게는 가족이 균형 감각을 제공해주는 반면, 여성 셰프는 가족의 요구를 더 잘 충족시키기 위해 커리어 변경을 선택하는 것이다.

"훌륭한" 여성 셰프는 없다?

지금까지 푸드미디어를 살펴보면서 남성 셰프와 여성 셰프가 여러 중심축에 따라 다르게 평가되고 있다는 사실을 알아보았다.

훌륭한 셰프는 주로 다수의 레스토랑을 운영하고 있는 남성 셰프이며, 실제로 그 레스토랑에서 요리를 하는지 하지 않는지는 중요하지 않다. 이들은 아방가르드한 인습 타파주의자로 분자 요리 같은 새로운 트렌드를 만들어낸다. 미디어의 스포트라이트 바깥에 있는 여성 셰프는 괜찮지만 훌륭하지는 않으며, 유명인사가 되려는 마음이 없고, 타인을 돕거나 가르치고 싶어 한다. 전반적으로 여성 셰프는 남성 셰프에 비해 미디어의 주목을 훨씬 덜 받는다.

기자 샬럿 드러크먼Charlotte Druckman이 «고메»와 «푸드앤와인»의 여성 편집장을 만나 남성 셰프와 여성 셰프를 다룰 때 나타나는 미디어의 태도 차이에 대해 질문했다. 그들은 여성 셰프를 남성 셰프와 동등하게 다루기 위한 시스템을 따로 만드는 것은 여성이 평등한 경쟁의 장에서 남성과 전문적으로 경쟁할 수 없다는 뜻으로 해석될 수 있기 때문에 성차별로 여겨질 수도 있다는 우려를 표했다. 이런 반응은 "요리의 신"을 선정한 «타임»의 에디터가 보인 반응과 유사하다. «타임»의 에디터 또한 여성 셰프가 미디어에 나타나지 않는 이상 미디어가 억지로 여성 셰프를 끌어낼 수는 없다는 순환 논증식 발언을 했다. 이런 반응은 예술가를 평가하는 방식을 형성하고 강화할 수 있는 평론가와 기자의 제도적 권력을 인정하지 않는다. 경쟁의 장은 이미 여성 셰프에게 불리하게 작용한다. 산업 규범이 전형적으로 남성적인 행동(예를 들어, 권위에 도전하고 오로지 자신의 커리어에만 헌신하는 것)에 치우쳐 있으며, 어떤 요리 유형이 가치 있는지에 대한 문화적 판단 역시 남성에게 유리하게 정해져 있기 때문이다.

우리가 분석한 셰프 프로필과 레스토랑 리뷰는 가정/고급 레스토랑, 여성/남성이라는 전문 요리의 전통적인 이분법을 강화하고 있었다. 남성 셰프의 노력은 개인의 능력과 비전을 획기적으로 표현한 것으로 묘사되며, 이는 남성 셰프가 "훌륭한 셰프"라는 단어에 적합하다는 증거로 제시된다. 반면 여성 셰프의 창의적·기술적·사업적 감각은 의문시된다. 여성 셰프의 요리는 평가 절하된 가정 요리와 동일선상에 놓이며, 여성 셰프의 커리어는 요리 산업 내의 권력 있는 남성에게 인정받아야 발전 가능하다고 여겨지기 때문이다.

물론 남성 셰프와 여성 셰프가 실제로 다르기 때문에 미디어에서 다르게 묘사되는 것일 수 있다. 남성 셰프와 여성 셰프는 서로 다른 젠더 사회화를 겪으며 또 서로 다른 욕망에 따라 서로 다른 선택을 내리기 때문에 요리 스타일과 직업적 포부가 크게 달라진 것이라고 주장할 수도 있다. 하지만 여러 기자들이 셰프의 성별을 추측하는 블라인드 테스트를 한 결과, 요리를 한 셰프의 성별을 추측하기가 어려웠으며, 남성의 요리와 여성의 요리를 둘러싼 고정관념이 무엇인지 잘 알았던 셰프들이 일부러 젠더 규범에 어긋나는 요리를 만들어 추측을 어렵게 만들었다. 또한 수많은 연구에서 사람들이 남성 셰프와 여성 셰프를 다르게 평가한다는 확실한 증거를 내놓았으며, 이는 남녀 셰프가 가진 기술 수준이 동등할 때도 마찬가지였다. 평론가들은 이 문제에 대해 자신은 남녀 셰프의 장점을 공평하고 평등하게 평가한다고 대답할지 모른다. 우리는 요리 평론가들은 인터뷰하지 않았는데, 본인이 젠더 편견을 갖고 셰프를 평가한다는 사실을 인지하지 못하기 때문이다. 오직 남성만이 훌륭한 셰프로 추어올려지는 상황은 남성 셰프와 여성 셰프가 자신을 표현하는 방법이 본질적으로 다르기 때문이 아니다. 어떤 종류의 요리가 가치 있는지, 또 남성과 여성이 어떤 요리를 해야 하는지가 문화적으로 정해져 있기 때문이다. 여성 셰프에게 있어 훌륭함이라는 주관적인 산업 기준은 남성 셰프에게 유리한 쪽으로 왜곡되어 있으며, 이런 기준은 미식의 장뿐만 아니라 다른 창조적인 산업에서도 젠더 분리와 차별을 영속시키는 메커니즘으로 작동한다.

'침입자'에서
'형제'가
될 때까지

Taking the Heat:
Women Chefs and
Gender Inequality
in the Professional
Kitchen

핫 사이드에서 수 셰프로 일한 경험이 있는 태비사(34세)는 파인다이닝 레스토랑에서 패스트리 셰프로 일하고 있었다. 친절하게도 태비사가 근무 시작 전에 자신이 일하는 레스토랑에서 만나자고 제안해주었기 때문에 인터뷰는 크고 격식을 갖춘 레스토랑에서 진행되었다. 키가 크고 어깨가 넓으며, 여러 혈통이 섞인 태비사는 일하다 얻은 손과 팔의 화상 흉터를 자랑스레 보여주었다. 태비사는 매우 재미있는 사람이었고 대답 사이사이에 깔깔거리며 웃음을 터뜨렸다. 그건 여성이자 아프리카계 미국인으로서 부엌에서 일하는 것이 어떠한가(그녀는 이 정체성을 "이중 소수자double minority"라고 표현했다)처럼 심각한 주제에 대해 이야기하고 있을 때도 마찬가지였다.

태비사는 셰프로 일한 지난날을 떠올리면서 자신의 성별과 인종 때문에 차별 대우를 받았다고 느낀 적이 많다고 했다. 그녀의 이야기는 영업 준비 시간에 태비사를 위한답시고 랩 음악을 틀었던 동료 이야기처럼 사소한 것도 있었지만, 커리어에 직접적인 영향을 미칠 수 있는 심각한 문제도 있었다. 태비사가 솔직하게 꺼낸 이야기에 따르면, 그녀가 만든 디저트를 맛있게 먹은 손님이 패스트리 셰프를 만나고 싶다고 하자 헤드 셰프를 겸하는 레스토랑 오너는 태비사가 나가지 못하게 막았다. 태비사는 자신이 "조리복을 입은 거대한 백인 남성"의 모습을 한 전형적인 셰프가 아니기 때문이었을 거라고 생각했다. 이런 문제들이 그녀를 괴롭혔을 것이 분명했지만, 태비사의 태도에서 그녀가 개인적이거나 직업적인 모욕에 지지 않으려고 최선을 다하는 사람이라는 것을 알 수 있었다. 이런 태비사가 긍정적인 태도를 잃은 순간이 딱 한 번 있었는데, 인터뷰를 4분의 3 정도 진행했을 때였다. 태비사와 한창 이야기를 나누고 있는데 레스토랑 문이 열리더니 오너가 들어왔다. 그는 왜 낯선 사람이 테이블 위에 녹음기를 두고 자기 식당에 앉아 있는지 궁금해 하는 것 같았다. 그때 태비사가 오너에게 인사를 건네고 여성 셰프로 살아가는 것에 대해 인터뷰를 하고 있다고 설명했다. "아하." 오너는 웃음을 터뜨리면서 이렇게 말했다. "무슨 수를 써서라도 피해야지. 이런 말도 있잖아. 영계치고는 나쁘지 않다[웃음]!" 태비사는 오너에게 똑같이 웃어주면서 그가 만든 요리에 대해 직원들이 "늙은이치고는 나쁘지 않네"라고 말한다고 응수했다. 오너가 부엌에 들어갈 때까지 웃음과 농담이 끊이지 않았지만 부엌문이 닫히자마자 태비사의 표정은 굳어졌다. 태비사는 이를 악물고 말했다. "내가 여태까지 말한 엿 같다는 게 바로 저런 거예요."

태비사가 헤드 셰프를 겸한 오너의 말 한마디 때문에 쾌활하고 자기 삶에 만족하는 노동자에서 절망하고 혹사당하는 고용인으로 변한 이 상황은 여성 셰프가 일터에서 자주 젠더 고정관념에 부딪친다는 사실을 보여주는 훌륭한 사례다. 태비사는 분노하면서도 상사의 말을 농담으로 받아쳤는데, 여기서 여성 셰프들이 부엌에서 여러 모습을 연기해야 한다는 것을 잘 알고 있다는 사실이 드러난다.

여성 셰프는 일터에서 차별과 부당 대우, 괴롭힘, 성희롱을 겪는다. 이런 대우는 한 레스토랑, 더 나아가 미식의 장 전체에서 여성이 아웃사이더이자 토큰(token, 차별의 혐의에서 벗어나기 위해 사회적 약자 집단에서 한 사람을 뽑아 구색을 맞추는 것을 토크니즘tokenism이라고 하며, 이때 뽑힌 한 사람을 토큰이라고 한다 — 옮긴이)이라는 사실을 끊임없이 상기시킨다. 또한 남성과 여성은 다르다는 인식을 더욱 강화할 뿐만 아니라 일터에서 이미 지배적 가치가 된 남성성을 뒷받침하기도 한다. 남성 중심적인 직종에 종사하는 여성들은 일하기 위해 강해져야 하고 (한 인터뷰이의 표현을 빌리면) 남자들과 "어울릴" 수 있다는 사실을 증명해야 한다고 말한다. 또한 소방, 건설, 탄광에 종사하는 여성과 마찬가지로 여성 셰프 역시 부엌에서 자리 잡고, 존중받고, 일터에서 더 높은 계층으로 올라서기 위해서는 자신의 힘과 패기를 시험하는 여러 테스트를 견뎌내야 한다고 말한다. 이런 부차적인 요구사항들은 여성 셰프가 감당해야 하는 육체적·정신적·감정적 노동의 양을 늘리며 셰프로 성공하고자 하는 여성에게 또 하나의 장애물로 작용할 수 있다.

남성이 여성을 차별하고, 시험하고, 성희롱하는 것은 여성을 내쫓아 여성화의 위협으로부터 자신의 직업을 보호하기 위한 것일 수 있다. 사실 남성들이 여성화를 염려하는 데에는 근거가 있다. 어떤 직업에서 여성이 차지하는 비율이 높을수록 임금은 낮아진다. 실제로 한때 남성 비율이 높았으나 시간이 지나면서 여성 비율이 높아진 직업에서 임금이 줄어든 사례가 여럿 있다. 예를 들어, 초등학교 교사는 1900년대 초까지만 해도 남성이 많았으나 20세기 들어 남성이 생산직에 몰리면서 여성 비율이 높아졌다. 가르치는 일은 여성성과 관련지어졌고 여성의 "천직"으로 여겨지게 되었다. 그러자 초등학교 교사가 받는 임금이 줄어들기 시작했다.

잉글랜드는 남녀 간 임금 차이가 나타나는 주요 원인으로 여성성의 평가 절하를 꼽았다. "여성의 일"이자 중요하지 않은 일로 여겨지기 때문에 그토록 적은 보상을 받는다는 것이다. 이런 현상은 너무나 뿌리 깊게 자리 잡았다. 잉글랜드는 이렇게 말한다. "전통적으로 여성적이라고 여겨지는 활동이나 일이 평가 절하되는 현상과 관련해 문화적 또는 제도적 변화는 거의 없었다. 그 결과 여성은 남성에 비해 전통적으로 성별이 구분되어 있지 않은 활동이나 직업에 뛰어드는 것이 더 유리하게 되었다." 그중에서도 돌봄 노동은 특히 평가 절하된다. 그러므로 남성 셰프들은 남성적인 일과 여성적인 일 사이의 경계선을 긋기 위해 전문 요리와 가정 요리를 구분해야만 한다. 그동안 전문 레스토랑 대부분을 진두지휘한 것은 남성이므로 전문 레스토랑 부엌에서는 남성성이 과잉된 문화가 발달했다. 셰프로 일하고자 하는 여성이 이런 업무 환경에 적응하는 건 매우 어려울 수 있다.

여성 셰프는 일터에서의 젠더 고정관념 및 부당 대우 문제에 어떻게 대처할 수 있을까? 여성 셰프는 수가 매우 적기 때문에 보통 남성 동료들에게 둘러싸여 있다. 우리는 여성 셰프들이 일이 주는 스트레스를 육체적·감정적으로 감당할 수 있다는 사실을 증명해야 할 뿐만 아니라 배타적이고 남성성이 과잉된 업무 환경을 바꾸지 않겠다는 것을 남성 동료들에게 확인시켜줘야 한다는 사실을 발견했다. 여성이 남성 중심적인 공간에서 일하기 시작함으로써 전문 레스토랑 부엌이 여성화의 위협에 직면했을 때, 여성 셰프는 여성화의 위협을 무효화하고 남성 셰프의 위태로운 남성성을 지탱할 것을 요구받는다.

뜨겁고, 붐비고, 더러운

그렇다면 전문 레스토랑의 부엌은 어떤 곳일까? 우선, 여성 셰프들이 지적한 대로 전문 레스토랑의 부엌은 푸드네트워크 같은 방송에서 보여주는 화려하고 느긋한 공간과는 거리가 멀다. 우리와 인터뷰를 나눈 여성 셰프들은 셰프는 절대 화려한 직업이 아니라고 재차 말했다. 셰프들이 일하는 레스토랑은 주로 종업원들이 일하는 '프론트 오브 더 하우스'와 셰프, 요리사, 접시닦이가 일하는 '백 오브 더 하우스'로 나뉘어 있다. 부엌은 뜨겁고, 시끄럽고, 지저분하고, 붐비고, 심지어 일하기 매우 위험한 공간이다. 부엌은 '핫 사이드'와 '쿨 사이드'로 나뉜다. 핫 사이드는 가스불이나 오븐에서 앙트레를 요리하는 공간이고, 쿨 사이드는 베이커리나 디저트를 만드는 공간이다.

요리 강사인 로즈(43세)는 "부엌은 이상한 사람들이 섞여 있는 곳이에요. 우리는 평범한 사람이 아니에요. 상당히 예술적이죠. 우리는 자기만의 리듬을 따라요. 이상한 시간대에 일을 하고, 이상한 날 쉬죠"라고 말한다. 로즈의 말대로 이런 요소들이 전부 합쳐져 화이트칼라 전문직과는 매우 다른 업무 환경이 만들어진다. 그리고 이런 차이 때문에 독특한 사람들이 몰려든다. 화이트칼라 일자리는 대부분 기업의 입김을 받아 일터에서 개인이 자유롭게 의사 표현을 하지 못하게 만든 다음 점심시간에서 전문적인 복장에 이르기까지 모든 것에 엄격하고 관료주의적인 규칙을 정해놓는다. 그 결과 레스토랑 부엌은 "천한" 특성 덕분에 사회 부적응자들이 활개를 칠 수 있는 유예 장소의 역할을 하게 되었다.

이 사회 부적응자들은 믿을 수 없을 만큼 오랜 시간 함께 일한다. 인터뷰이들은 대개 하루에 10~14시간, 일주일에 6일 동안 일했고, 일하는 내내 거의 서 있었다. 파인다이닝 레스토랑은 밤에만 문을 여는 경우가 많으므로 핫 사이드에서 일하는 셰프는 보통 정오 무렵에 출근해서 새벽 2시에 퇴근한다. 패스트리 셰프는 근무시간이 조금 달라서 아침 일찍 출근해(새벽 5시에서 6시) 저녁 손님에게 대접할 빵을 굽고 디저트를 만든다. 우리가 인터뷰한 패스트리 셰프 중에는 오후 3시나 4시쯤 퇴근하는 사람도 있었지만, 저녁 영업시간에 다시 돌아와 디저트 플레이팅과 서빙을 도울 때도 있다고 했다.

물리적인 환경 역시 녹록치 않다. 핫 사이드의 온도는 쉽게 100도까지 올라간다. 셰프들은 육수용 뼈 수백 파운드가 들어 있는 업소용 대형 냄비를 들어 날라야 하고, 불꽃 근처에서 날카로운 칼을 들고 일한다. 뿐만 아니라 매우 재빠르게 움직여야 하는데, 많은 셰프가 동시에 움직이기 때문에 비좁고 붐빈다. 밀려드는 주문에 셰프들이 "얻어맞는" 지경인 저녁 피크 시간대에는 특히 심해진다. 셰프들은 재빠르면서도 정확하게 요리해야 한다. 미끄러지고 넘어지는 일이 다반사이며, 우리가 인터뷰한 여성 셰프 대다수의 손과 팔에는 일하다 생긴 화상 자국과 찰과상이 남아 있었다. 셰프가 고소득 직종이 아니라는 사실 또한 짚고 넘어가야 한다. 텔레비전에 나오는 억만장자 셰프와 달리 현실 속 셰프들은 돈을 그리 많이 벌지 못한다. 미국 노동통계국의 2012년 자료에 따르면, 셰프 또는 헤드 쿡의 연소득은 4만 2,480달러 정도다.

전문 레스토랑 부엌에서의 일은 모순으로 가득 차 있다. 훌륭한 서비스를 제공하려면 직원들(셰프뿐만 아니라 프론트 오브 더 하우스에서 일하는 종업원까지)이 유기적으로 일해야 한다. 이때 협력이 매우 중요하며, 한 명만 일을 쉬어도 그날 저녁 서비스를 망칠 수 있다. 그래서 매일 밤 직원들은 쉽게 흥분하고 쉽게 아드레날린에 휩싸인다. 요리 강사인 첼시(34세)는 이런 압박에 대해 이렇게 이야기한다.

> 요리를 최대한 완벽하고 빠르게 만들어내야 해요. (…) 끊임없이 시간과 싸우면서 주변을 정리하죠, 정신을 차려보면 일은 시작됐어요. 힘들어요. 웨이터들이 들어와서 요리를 내놓으라고 해요. 편한 사람은 아무도 없어요. 제대로 되는 일도 하나도 없죠. 불도 있고 칼도 있어요. 모두 엄청 빠르게 돌아다녀요. 머릿속에선 1분에 100만 마일을 가요. 그러니 누군가가 일을 그르치면 그 사람한테 화를 내게 되죠(웃음). 무슨 말인지 알겠어요? 직원들의 합이 중요해요. 합이 잘 맞지 않으면 모든 게 삐거덕거리거든요. 한 사람 때문에 그날 밤의 노력이 전부 허사가 될 수도 있죠. (…) 이건 팀워크의 문제예요.

셰프들은 협력하는 방법뿐만 아니라 빨리 일하는 법도 익혀야 한다. 요리 강사인 샤론(47세)은 신입 셰프를 힘든 상황에 몰아넣고 훈련시키는 일이 흔하다고 설명한다. 그녀는 웃으면서 이렇게 말했다.

> 훈련한다는 건 '와서 봐봐. 우린 이런 식으로 일해'라고 알려주는 게 아니에요. 그보다는 '오늘밤 너를 바로 실무에 투입해버릴 거야'에 가깝죠. 실무를 하게 돼서 기쁠 수도 있어요. 하지만 그러다 깨닫게 되죠. '젠장, 오늘 금요일 밤이잖아.' 두 손 두 발로 기면서 일을 해내야 하는 거예요.

매일 밤 저녁 영업을 완수하려면 팀워크가 매우 중요하지만, 레스토랑의 부엌은 극도로 경쟁이 심한 장소이기도 하다. 셰프들은 더 중요한 역할을 맡으려고, 또는 수 셰프가 되려고 경쟁하기 때문이다. 그래서 셰프들 사이에는 제대로 만들어지지 않은 요리나 성공하지 못한 아이디어를 놓고 동료를 비난하고 깎아내리는 일이 흔하다. 때로는 이런 갈등이 몸싸움으로 이어지기도 한다. 인터뷰이 중 세 사람은 바쁠 때 스토브 앞을 차지하려고 몸싸움을 하는 과정에서 여성 셰프가 얼마나 쉽게 "떠밀리는지" 이야기해주었다. 여성 셰프가 자신의 공간을 주장하지 못하면 업무를 완수하지 못할 수 있으며, 이는 여성 셰프에게 나쁜 영향을 미칠 수 있다.

우리가 인터뷰한 여성 셰프들은 직원에게 소리를 지르고 발작하듯 화를 내던 (그리고 가끔 음식을 던지기도 하던) "구식" 셰프의 시대가 끝나고 있다는 데 동의했지만, 대다수가 구식 셰프의 밑에서 일하거나 훈련받은 경험이 있었다. 심지어 몇몇은 구식 셰프의 이런 행동이 직원들의 정신건강에 도움이 된다고 말하기도 했다. 이들은 혹독한 대우를 받았던 경험 덕분에 일에서 오는 스트레스를 더 잘 다스릴 수 있게 되었고 더 강해졌기 때문에 궁극적으로는 좋은 경험이었다고 주장했다. 호텔의 수석 패스트리 셰프인 캐런(32세)도 마찬가지였다. 다른 인터뷰이와 마찬가지로 캐런도 유럽 셰프들이 젊은 셰프를 가르치고 지도하는 방식이나 엄격한 규율 면에서 더 구식이라고 말했다. 또한 유럽 셰프들은 여성 셰프를 못마땅하게 보는 경향이 더 강하다고 했다. 독일에서 패스트리 셰프로 일했던 캐런은 자신을 감독하던 셰프가 고함을 지르고 "둔하다", "멍청하다"라는 말로 모욕했던 기억을 떠올렸다. 캐런은 자신이 남자였다면 다른 대우를 받았을 거라고 생각하지 않았다. 하지만 인기가 없거나 예민한 여성은 셰프로서 성공하지 못할 거라고 생각했다. 캐런은 모욕을 받은 당시에는 마음이 아팠지만 덕분에 비판에 동요하지 않게 되었다고 했다. 그리고 덜 예민해진 덕분에 성공할 수 있었다고 믿었다. 그녀는 이렇게 설명했다.

> 여기까지 오기 위해서 정말 열심히 일했어요. 그런 관행이 옳다고 생각하지는 않지만……. 가학적으로 들릴 수도 있겠지만 저는

그런 관행이 저를 더 나은 셰프로 만들어주었다고 생각해요. 힘들게 노력하면 무엇이 좋은 것인지 알게 되니까요……. 일을 하다 보면 정말 여러 상황에 부딪치게 돼요. 궁지에 몰리기도 하고 엄청난 무게에 짓눌리기도 해요. 그럴 땐 자신이 어떤 사람인지 알아야 해요. 나빴던 경험들은, 저를 혹독하게 대했던 셰프들은 엄청난 스트레스를 줬어요. 그러고는 어떻게 나오는지 보고 싶어 했죠. 스트레스를 이겨내고 하려던 일을 해내는지 아니면 무너지는지를 보는 거예요. 만약 스트레스에 무너진다면 그곳을 떠나야 해요. 그건 일종의 학습 도구예요. 거칠지만 그것도 사랑이죠.

캐런의 이야기에서 캐런이 자신이 받은 훈련 방법에 약간의 양가감정을 느낀다는 사실을 알 수 있다. 처음에 캐런은 그런 종류의 관행(소리 지르기, 모욕하기)이 옳다고 생각하지는 않는다고 말했지만, 그런 셰프 밑에서 일했던 덕분에 얻은 것도 있다는 사실을 인정했다. 그리고 이 말이 "가학적으로 들릴 수" 있다는 것도 알고 있었다. 막 일을 시작했을 때 겪었던 경험에 복잡한 감정을 갖고 있던 여성 셰프는 캐런 외에도 많았다. 요리 강사인 제인(35세)은 까다로운 셰프 밑에서 높은 기준을 갖고 일하는 것이 본인뿐만 아니라 업종 전체를 위해서도 좋다고 믿었다. 제인은 전형적인 남성 셰프, 즉 난폭한 남성 셰프가 전보다 줄어들었다면서 사실 그리 좋지 않은 일이라고 말했다. 제인은 높은 기준을 갖는 것이야말로 전문 요리를 가치 있게 만들어준다고 생각했다. 그리고 이렇게 말했다. "아무리 힘든 일이라도 해낼 수 있으려면 엄격한 규율을 따라야 해요."

불평등한 출발선

셰프는 오랜 기간 교육받고 힘들게 일해야 다음 단계로 나아갈 수 있는 고된 직업이다. 성과를 극대화하고 싶은 셰프는 미식의 장에 있는 여러 레스토랑을 옮겨 다니면서 인적·사회적·문화적 자본을 가능한 한 많이 축적해야 한다. 레스토랑은 저마다 다른 지위를 갖고 있으며 제공하는 자본의 종류와 양도 다르다. 따라서 자본을 축적하고 셰프로 성공하기 위해서는 어떤 교육을 받고 어디서 처음 일을 시작하느냐가 상당히 중요하다. 셰프들은 요리학교나 실무 교육을 통해서 가능한 한 최고의 교육을 받은 다음 이 경험을 지렛대 삼아 더 좋은 일자리로 이동하는 것이 좋다. 만약 여성 셰프들이 교육을 받을 때나 막 일을 시작했을 때 차별을 받는 것이 사실이라면 이는 여성 셰프들의 경력 전체에 지속적으로 영향을 미칠 수 있다.

여러 여성 셰프들이 요리학교에서, 또 취업할 때 성차별이 있었다고 말했다. 헤드 셰프인 애나(40세)는 18살 때 여러 직업을 살펴보다 프랑스 요리 아카데미에 방문했는데, 사무실 직원은 오직 남학생만 받는다고 말하면서 퇴짜를 놓았다고 한다. 여자라는 이유로 수업을 듣지 못한 애나처럼 극단적인 사례도 있었지만, 요리학교에서 미묘하게 차별받았다고 느낀 여성도 있었다.

레스토랑에서 수석 패스트리 셰프로 일하는 카미유(32세)는 요리학교에서의 경험이나 신입 셰프였을 때의 경험에 대해 주로 좋은 이야기를 하는 편이었다. 그러나 요리학교의 강사가 여학생보다 남학생을 더 진지한 태도로 대한다고 느꼈다. 카미유는 강사의 태도 차이가 그리 "노골적"이지는 않았다고 했지만, 이어서 여학생들은 "즉시 자신이 남학생만큼 관심 받지 못하리라는 것을 알았"으며 학교 측에 "남학생은 훌륭한 [이때 카미유는 낮고 극적인 목소리로 말했다] 셰프가 될 거고 여학생들은 [결혼할 때까지] 그저 시간을 때울 것"이라는 태도가 있었다고 말했다.

레스토랑의 오너이자 셰프인 캐시(60세) 역시 교육을 받을 때 남학생과 여학생이 다른 대우를 받았다고 느꼈다. 캐시는 수년간 관광산업에 종사하다가 셰프가 되려고 요리학교에 입학했는데, 자신의 성별과 나이 때문에 불이익을 받았다고 생각했다. 요리학교는 전문 요리에 필요한 기술을 직접 해보면서 배워야 한다는 점을 강조한다. 캐시는 완벽할 정도로 맑은 콩소메 만들기 같이 매우 중요한 실습은 대부분 남학생에게 돌아갔다고 했다. 캐시는 기술 시연을 도와달라고 부탁받은 적이 단 한 번도 없었으며, 남학생만큼 훌륭한 커리어를 쌓을 수 있다고 여겨지지 않았기 때문에 "내가 나서서 시간을 낭비해서는 안 된다"는 느낌을 받았다고 했다. 결국 캐시는 이런 차별에 대해 학교 총장에게 항의했다. 하지만 캐시는 아이러니하게도 셰프이자 레스토랑 오너로서 여성 셰프를 고용하는 게 꺼려질 때가 있다고 고백했다. 여성 셰프들이 요리학교에서 자신과 비슷한 경험을 했을 수 있고, 그 결과 필요한 기술을 제대로 갖추지 못하고 있을까 봐 걱정돼서라고 했다.

카미유와 캐시가 요리학교에 다닌 것은 10년도 더 전에 있었던 일이며, 인터뷰를 했을 당시에는 셰프로서 자리를 잘 잡고 일하고 있었다. 더 젊은 인터뷰이들의 말에 따르면 예전보다는 성차별이 줄어든 것으로 보이지만, 그렇다고 성별에 따른 차별이 아예 사라진 것은 아니다. 24살인 다나는 헤드 셰프로, 인터뷰 당시 아직 요리학교에 다니고 있었다. 다나는 학교에서 팀을 이뤄 일할 때 강사 한 명이 여학생의 요리에 남학생의 요리보다 낮은 점수를 매기며, 학생들이 같은 결과물을 내놓을 때도 마찬가지라고 말했다. 다나는 그 강사의 태도가 공정하지 못하다고 생각했지만 성적보다는 실무 경험이 더 중요하다고 생각했기 때문에 크게 신경 쓰지 않았다.

만약 셰프에게 가장 중요한 것이 실무 경험이라면, 여성 셰프가 취업 전선에서 어려움을 겪을 경우 무슨 일이 벌어질까? 바니나 레시자이너Vanina Leschziner에 따르면, 셰프의 이력은 매우 중요하다. 유명 셰프 밑에서 일했다는 사실은 곧 그가 인적·사회적·문화적 자본을 축적했다는 것을 의미하며 요리 기술을 판단하는 것보다 이력을 훑어보는 것이 더 쉽기 때문이다. 미슐랭 3스타를 받은 프랑스 셰프에 대한 카타리나 발라즈Katharina Balazs의 연구에서는 이력보다는 태도나 성격이 더 중요하다는 결과가 나타났지만, 이 경우에도 여성 셰프는 불이익을 받을 수 있다. 여성 셰프는 마초 남성이 가득한 부엌에 잘 적응하지 못할 수 있으며 이로 인해 미식의 장을 헤쳐 나가기 위해 필요한 자본에서 배제될 수 있기 때문이다.

도나 보빗제하Donna Bobbitt-Zeher는 오하이오에서의 성차별 사례에 대한 연구에서 몇몇 남성 관리자들이 여성은 일터에 적응할 수 없을 거라는 생각 때문에 여성을 고용하지 않는다는 사실을 발견했다. 마찬가지로 여성 셰프를 조사한 연구 결과, 여성은 단지 여성이라는 이유로 남성만으로 이루어진 조직에서 일할 수 없으리라고 여겨지곤 했다. 멜리사(36세)와 린제이(26세)는 전문 레스토랑의 부엌을 떠나 다른 일에 종사하고 있는데, 셰프들이 "여성과 일하는 것을 싫어"하기 때문이라고 했다. 몇몇 인터뷰이는 여성 셰프를 고용하지 않는 남성 셰프들을 알고 있다고 말했다. 멜리사는 처음에는 자신을 고용하지 않으려 했던 셰프 밑에서 일할 수 있었는데, 패스트리 셰프 3명이 일을 그만두었고 그 레스토랑에서 일하는 남성 셰프 한 명이 그녀를 보증해주었기 때문이었다. 멜리사에게 왜 그 셰프가 당신을 고용하지 않으려 했던 것 같냐고 묻자, 멜리사는 그가 인종적·민족적으로 남자다움을 과시하는 문화에 속해 있었기 때문인 것 같다고 대답했다.

인터뷰이 중 4명은 여성 셰프들이 겪는 또 다른 문제로 임금에서 나타나는 젠더 불평등을 꼽았다. 이들에 따르면, 남성 셰프는 여성 셰프에 비해 더 많이 받고 인상 폭도 더 높았다. 승진 관련 문제도 있는데, 여성 셰프는 더 높은 직급으로 올라가지 못할 때가 있었다. 일례로, 질(36세)은 상사가 운영하는 다른 레스토랑의 남성 셰프에게 밀려 승진하지 못했다. 원래 맡고 있던 일을 감안하면 질과 질의 또 다른 남성 동료가 빈자리를 채우는 것이 타당했다. 상사가 다른 레스토랑에서 일하던 남성 셰프를 승진시킨 것은 그에게 가족이 있으며 가족을 책임지려면 더 높은 연봉이 필요하다는 이유에서였다. 질은 이 상황에 매우 "격분"했으며, 또 다른 인터뷰이 두 명의 사례를 볼 때 매우 모순적인 상황이었다. 두 여성 셰프는 가족이 있기 때문에 커리어에 전념하지 못할 것이라고 간주되어 승진에서 밀려났기 때문이다.

절대로 부엌에서 울지 말 것

여성 셰프의 취업을 막는 더 큰 장애물이 있다. 여성은 육체적·감정적으로 약하다는 고정관념인데, 여성 셰프의 고용이나 승진을 거부하는 구실로 이용된다. 로자베스 모스 칸터Rosabeth Moss Kanter의 일터에서의 여성 토크니즘tokenism 연구에 따르면, 일터에서 여성의 비율이 낮을 경우 여성은 더욱더 면밀한 검토의 대상이 된다. 인터뷰이들의 말에 따르면, 여성 셰프에 대한 흔한 불평 중 하나가 바로 여성은 전문 셰프로 일하기에는 체력이 약하다는 것이다. 셰프가 된다는 것은 곧 무거운 물건들을 들어 올리고 날라야 한다는 것을 뜻한다. 앞서 나왔던 패스트리 셰프 태비사는 최근 레스토랑에서 특별 주문한 200파운드(약 90킬로그램)짜리 돼지고기를 날라야 했다.

신시아 푹스 엡스타인Cynthia Fuchs Epstein은 남성이 일터에서 젠더의 경계를 만들어내는 방법을 살펴본 보고서에서 남성이 업무의 신체적 특성을 강조함으로써 여성의 진입을 막는다고 지적했다. 몸을 써야 하는 일이 생기면 남성들은 언제나 옆에서 여성이 이 일을 어떻게 처리하는지 지켜본다. 수석 패스트리 셰프인 카미유는 다음과 같이 말한다.

> 부엌 밖에 있는 사람들은 잘 모를 수도 있지만, 저 또한 부엌에서 몸을 써야 하는 일이 상당히 많다고 생각해요. 밀가루 포대 하나에 50파운드(약 23킬로그램)거든요. 그걸 한 곳에서 다른 곳으로 옮겨야 하죠(웃음). 남자한테 옮겨달라고 부탁하는 건 안 좋은 생각이에요. 그러면 분명 연약하기 때문에 "일을 제대로 해낼 수 없는 사람"(웃음)이 되어버리고 말 테니까요.

인터뷰에서는 임신 중에 일어나는 일 하나하나가 여성 셰프가 남성 셰프보다 신체 능력이 부족한 이유로 언급되었다. 하지만 여러 인터뷰이가 여성이 들기 힘들 정도로 무거운 것은 체구가 작은 남성도 들기 힘들어 한다는 사실을 지적했다. 심지어 헤드 셰프이자 레스토랑의 오너인 엘리사(46세)는 여성 셰프를 건설업에 종사하는 여성에 비유하면서 건설업이나 셰프직처럼 몸을 쓰는 일은 남성이 더 잘할 수도 있겠지만 그것이 곧 여성이 그 일을 해내지 못한다는 뜻은 아니라고 주장했다.

마리셀(45세)은 셰프이자 레스토랑의 오너로, 그녀가 운영하는 레스토랑의 프랑스인 수 셰프는 여성과 함께 일하는 것을 싫어한다. 하지만 마리셀은 여성의 체력을 걱정하는 건 쓸데없는 일이라고 본다. 그녀는 힘 센 사람보다 똑똑한 사람과 일하는 게 훨씬 낫다고 말하면서 이렇게 하면 여성도 몸 쓰는 일을 해낼 수 있다고 설명했다.

> 부엌에 무거운 것들이 있는 건 사실이에요. 하지만 그건 모두에게 무거운 거지, 내가 여자여서 무거운 게 아니에요. 어떤 남자들은 멍청해서 자신이 힘이 세다는 걸 보여주려다 다치기도 해요. 하지만 저는 무거운 냄비를 들어 올려야 할 때 머리를 쓰죠. 냄비에 물을 채운 다음 스토브에 올리는 대신 빈 냄비를 먼저 스토브에 올린 다음 물을 채우면 되거든요.

여성은 체력이 달리기 때문에 부엌에서 요구되는 일을 제대로 해낼 수 없다는 의심보다 더 흔한 우려가 있다. 바로 여성은 셰프가 되기에는 너무 감정적이라는 것이다. 셰프는 압박을 많이 받는 매우 치열한 직업이며, 여성 셰프는 일에서 오는 감정적 스트레스를 감당하지 못할 거라고 의심하는 사람들이 상당히 많다. 인터뷰이들 역시 이런 사실을 인식하고 있었으며 그런 우려가 사실이 아니라는 것을 증명하기 위해 무척 애를 썼다. 그들이 말한 제1철칙은 일하는 도중에 절대 울면 안 된다는 것이었다. 스트레스가 매우 심한 상황이 생길 수도 있고, 음식이 잘못 만들어지거나 조리 시간이 너무 길 때 셰프들은 고함을 지르고 욕설을 퍼붓기도 한다. 이럴 때 감정적으로 무너지지 않고 계속 요리를 하는 것이 가장 중요하다. 인터뷰이들은 요리 강사로서 여학생에게, 또는 자기 밑에서 일하는 여성에게 이 철칙을 가르쳤다. 요리 강사인 제인은 여학생들에게 이렇게 조언한다.

> 부엌에서 울지 마세요. 우는 건 괜찮아요. 저도 자주 울어요. 하지만 화장실에 가서 우세요. 다른 사람에게 우는 걸 보여주지 마세요. 다른 데서 운 다음에 부엌으로 돌아오세요.

로즈는 함께 일하는 여성 셰프들에게 대형 냉장실에 들어가서 울고, 감정을 식히고, 필요하면 벽을 치라고 조언한다. 심지어 멜리사는 요리를 멈추지만 않는다면 가끔은 울어도 괜찮다는 농담을 했다.

여성 셰프들이 눈물 흘리는 것을 얼마나 심각하게 생각하는지는 알렉산드라(36세)와의 인터뷰에서 잘 드러난다. 이벤트 플래너인 알렉산드라는 여성으로서 최고급 호텔에서 일하는 어려움에 대해 이렇게 말했다.

> 거기서 수 셰프로 있을 때 여직원 한 명이 일하다 울기 시작했어요. 저는 그 직원을 데려다놓고 혼을 냈죠. "네가 일하다가 울었기 때문에 내가 쌓아온 5년이 허사가 됐어. 그 많은 남자들이 나를 울리려고 노력했어도 나는 일하다가 운 적이 단 한 번도 없어. 손을 베었을 때도 안 울었어. 영업이 끝나고 나서야 상처를 치료했다고. 화상을 입었을 때도 안 울었어. 영업을 마친 후에만 자리를 떠나 치료를 받으러 갔어. 그러니까 누가 드레싱 좀 잘못 만들었다고 해서 네가 일하다 운 건 내가 쌓아온 5년을 허사로 만든 거야."

인터뷰이들은 부엌에서 우는 것을 끔찍한 일로 묘사했다. 성별화된 형태의 나약함을 보여주기 때문이다. 감정적이라는 말로 여성을 묘사하는 것은 곧 여성이 잘 울고 비판을 받아들이지 못하며 바쁜 저녁 영업에서 발생하는 심리적 압박을 감당하지 못한다는 것을 뜻한다. 여성 셰프들에게 우는 것은 곧 완전히 "무너지는 것"이고, 그렇게 되면 부엌에서 자신이 맡은 일을 끝마치지 못하게 된다. 우는 것은 영업을 방해하고 부엌 전체를 혼란에 빠뜨린다. 여성 셰프가 부엌에서 일하다가 우는 것은 곧 (눈물이라는 죄를 범한 그 여성만이 아니라) 모든 여성이 셰프로 일하기엔 너무 감정적이라는 증거가 된다. 칸터의 토크니즘 틀에 따르면, 소수자는 행동거지를 특히 조심해야 한다. 다수의 사람들(남성 셰프)이 한 명의 잘못이나 실수를 모든 토큰(여성 셰프)의 실수로 과잉 일반화하기 때문이다. 레스토랑의 부엌을 민족지학적으로 접근한 개리 앨런 파인의 연구에서도 같은 패턴이 등장한다. 이 연구에서도 여성 셰프들은 미식의 장에 있는 모든 여성을 대표하는 것으로 여겨졌다. 토큰으로서 여성 셰프의 업무와 행동거지는 특히 두드러졌다.

인터뷰이들은 이 메시지를 너무나도 깊이 내면화해서 울거나 "여자처럼" 감정을 드러내는 것을 커다란 실패로 생각했다. 헤드 셰프인 나타샤(31세)는 그동안 레스토랑 오너들과 관계가 좋지 않아 일하다가 운 적이 여러 번 있었다고 고백했다. 나타샤는 이렇게 말했다. "분명 그 사람들이 저를 여자처럼 행동하게 만들었어요. 엄청 감정적으로 만들었죠. 제가 가진 가장 최악의 모습을 끌어냈다고요."

나타샤 같은 여성 셰프에게 감정적이고 히스테리가 심한 여자라는 고정관념에 부합하는 행동은 자신의 "가장 최악의 모습"이다. 여성 셰프들은 이런 고정관념의 증거가 될지도 모른다는 염려 때문에 일터에서 자신의 감정을 숨겨야 한다는 압박을 느꼈다. 요리 강사인 첼시는 이를 "여성스러움을 감추는 방법을 배우는 과정"이라고 묘사하며 웃었는데, 딱 한 번 일하다가 울었던 때를 기억해냈다.

> 저는 진짜 좌절했을 때 아니면 잘 안 울어요. 그건 감정적인 거라기보다는 좌절에 더 가까워요. "이렇게 할 수도 없고 저렇게 할 수도 없어. 아무것도 할 수가 없어. 사방에 막혀 있어. 더 이상 참을 수가 없어." 이런 거죠. 그랬던 걸[일하다 울었던 것] 평생 잊지 못할 거예요(웃음). 저는 작은 방에 들어가서 주저앉았어요. "맙소사, 울 것 같아. 아무도 내가 우는 걸 보면 안 돼"라고 생각했어요. 그래서 숨었죠. 그런데 그때 구매를 담당하던 남자가 문을 열고 저를 봤어요. 저보다 그 남자가 더 놀랐어요. 꼭 "맙소사!! 저 여자한테도 감정이 있어!" 하는 것 같았다니까요(웃음).

첼시의 이야기는 약하고 감정적인 여성 셰프라는 고정관념이 얼마나 강력한지를 잘 보여준다. 심지어 몇 년이 지나 다른 직업을 갖고 있었던 인터뷰 당시에도 첼시는 "감정적"이어서가 아니라 좌절했기 때문에 울었다는 점을 강조했다(좌절 또한 감정의 일종인데도 말이다). 울기 전까지 첼시는 일터에서 언제나 강하고 전문적이었다. 첼시가 감정적인 상태에 놓여 있는 것을 목격한 구매 담당자는 너무 큰 충격을 받은 나머지 그대로 문을 닫고 돌아가버렸다고 한다.

이 이야기들 속에서 여성 셰프는 항상 자신의 감정을 관리해야만 한다는 것을 알 수 있다. 좌절과 분노, 실망의 표현은 (특히 눈물이라는 성별화된 행동으로 표현되었을 경우) 여성 셰프가 전문가 정신이 부족하며 셰프로서 받는 압박감을 감당하지 못한다는 표시가 된다. 심지어 자신은 일할 때 절대 울지 않는다고 강조한 여성 셰프들조차 다른 여성들은 과하게 감정적이라는 고정관념을 받아들이고 있었다. 셰프로 일했던 레스토랑 오너 케이트(49세)는 인터뷰에서 다음과 같이 자신의 생각을 표현했다.

> 저도 여성이 일에 감정을 끌어들일 때가 있다고 생각해요. 그게 건강한 것일 때도 있지만 프로답지 못할 때는 (주로 프로답지 못할 때가 많죠) 그 문제에 제 시간을 쓰고 싶지 않아요. 생산적이지 못한 거예요. 전 그런 거 별로 안 좋아해요.

프로답다는 것과 감정적인 것이 무엇을 의미하는지 더 설명해 달라고 부탁하자 케이트는 이렇게 말했다.

> 여자들은 문제를 더 기분 나쁘게 받아들이는 경향이 있어요. 그

리고 자신이 기분이 나쁘다는 걸 드러내 보이죠. 하지만 남자들은 안 그래요. 그러니까 문제는 여자들이 예민하다는 거예요. 일할 때 그 예민함을 드러내는 게 문제죠.

아이러니하게도 남성에게는 이렇게 높은 기준이 적용되지 않는다. 첼시는 남성 셰프들이 "여러 면에서 용서를 받"으며 "어린 남자애처럼 행동한다"고 말한다. 저녁 영업시간에 "남성 셰프들은 욕을 하고 하루 종일 이상한 이야기를 해대지만 아무도 뭐라고 하지 않아요. 그런데 여성 셰프들이 전형적인 여자처럼 굴 때는 문제가 되는 걸 보면 좀 황당하죠."

첼시의 이야기와 인터뷰이들의 경험에서 미식의 장의 역사 내내 남성적인 방식으로 상호작용하고 감정을 표현하는 것만이 받아들여지고 표준화되었다는 사실을 알 수 있다. 부엌에서 남성은 좌절을 분출하기 위해 화를 내고 고함을 치고 욕을 해도 프로다움을 의심받지 않는다. 로자베스 칸터는 토큰이 다수의 사람에 비해 고정관념에 더 쉽게 노출된다고 주장한다. 남성의 경우 어느 한 남성 셰프가 "성질이 급한 사람"이라는 것이 알려져도 성질이 급하다는 평판은 그 남성 셰프에게만 한정된다. 즉, 남성 셰프 한 명이 성질을 부렸다고 해서 남성 셰프가 모두 화를 내고 괴팍할 거라고 추측하는 사람이 없다는 말이다. 하지만 여성의 경우 여성 셰프 한 명이 일터에서 눈물을 흘렸다는 사실은 부엌에서 일하는 여성 전체가 감정적으로 나약하다는 의미로 해석된다.

여기서 부정적 평가를 받는 것은 감정적인 성향이 아니라 전형적으로 여성적인 방식으로 감정을 표현하는 것임을 알 수 있다. 첼시와 여러 여성 셰프는 남성 셰프가 눈물을 흘리는 것은 이해할 만한 행동으로 여겨진다고 말한다. 하지만 여성 셰프는 절대로 일을 하다가 눈물을 흘려서는 안 된다. 남성성이 과잉된 프로 풋볼 선수가 게임에서 졌을 때 우는 것과 마찬가지로, 남성 셰프는 눈물을 흘려도 남성이라는 지위를 위협받지 않는다. 하지만 토큰인 여성 셰프의 경우 눈물은 전문 요리를 향한 열정이나 헌신이 아닌 나약함을 의미하는 것으로 여겨진다.

샐러드는 누가 만드나

여성 셰프에 대한 고정관념은 여성이 일자리를 얻는 것을 방해하거나 부엌에서 부차적인 역할을 맡게 만든다. 남성 셰프와 다르게 대우받은 경험이 있냐고 물었을 때 가장 많이 나온 대답 중 하나는 여성 셰프가 배정받는 역할에 관한 것이었다.

레스토랑 부엌에서는 위계질서에 따라 각자 다른 역할을 맡는다. 수 셰프의 감독 아래 일하는 조리장 및 라인 쿡이 있고, 가장 직급이 높은 헤드 셰프가 있다. 이들이 맡는 역할에는 가르드 망제 또는 팬트리 셰프가 있는데, 샐러드와 차가운 애피타이저를 만드는 자리다. 샐러드에 들어갈 재료를 준비하는 곳이기 때문에 부엌의 다른 곳에 비해 시원하고 핫 사이드에 비해 "덜 힘든 것"으로 여겨진다. 팬트리 셰프는 부엌의 위계질서에서 매우 낮은 직급 중 하나다. 가르드 망제라는 지위에 대해 여성 셰프들은 "팬트리 요리사가 그리 매력적인 자리는 아니죠", "설거지 담당보다 딱 한 단계 높은 직급이에요"라고 말했다.

인터뷰를 하는 동안 여성 셰프들은 "가서 샐러드나 담아"라는 말로 무시당한 적이 있다는 말을 수도 없이 했다. 헤드 셰프인 에린(37세)은 이렇게 말했다.

> 면접을 보러 갔을 때 팬트리 셰프 자리를 제안 받은 게 한두 번이 아니에요. 그건 모욕이에요. 결국 여자는 샐러드 만드는 일밖에 못한다는 소리거든요. 팬트리 셰프는 차가운 애피타이저와 샐러드를 만들어요. 그 일을 제안 받는 건 굉장히 모욕적인 일이에요. 사람들은 여자는 열심히 일하고 싶어 하지 않을 거라고 생각해요. 여자는 뜨거운 일을 잘 해내지 못할 것이고 더워서 땀 흘리는 걸 싫어할 거라고 생각해요. 물론 팬트리 셰프도 힘든 일이죠. 하지만 남자들은 대부분 손쉽게 여자가 팬트리 셰프를 해야 한다고 생각해요.

인터뷰이들은 팬트리 셰프가 자기보다 못하다는 것이 아니라, 남성 셰프들이 당연하다는 듯 여성 셰프를 배치하는 경향이 문제라고 강조했다. 팬트리 셰프 제안을 "모욕적"이라고 여겼던 에린은 팬트리 셰프라는 일 자체가 아니라 남성 셰프가 이력서를 보지도 않고 자신을 팬트리 셰프로 지정했다는 사실에 분노한 것이다. 에린과 여러 인터뷰이는 매우 유명한 레스토랑에서 일한 경험이 있음에도 레스토랑을 옮길 때마다 팬트리 셰프부터 다시 시작했다. 태비사 또한 이런 패턴을 경험했다. 결국 태비사는 수 셰프나 헤드 패스트리 셰프로 승진하는 데 성공했지만, 지난 15년 동안 일한 모든 레스토랑에서 팬트리 셰프로 일을 시작했다. 태비사는 남편과 좌절 섞인 농담을 반복했던 것을 기억한다. 그녀는 새 레스토랑 일을 구한 날마다 집으로 돌아와 비꼬는 말투로 이렇게 말하곤 했다. "누가 샐러드를 만들게?!"

성별에 따라 역할이 분리되는 현상은 때때로 매우 노골적이다. 요리 강사인 리사(49세)가 요리학교에 다닐 때 훈련의 일환으로 인턴십에 지원하자 매니저는 "음, 우리는 여자애들을 항상 애피타이저 쪽에 배정해"라고 말하며 샐러드 만드는 자리로 보냈다. 이보다는 덜 뻔뻔한 경우도 있다. 패스트리 셰프인 멜리사는 (남자든 여자든) 모든 신입 요리사가 팬트리 셰프로 일을 시작한다고 설명했다. 하지만 인터뷰가 더 진행되자 멜리사는 한 가지 모순을 이야기했다. "모두 팬트리에서 일을 시작하긴 해요. 하지만 부엌에 들어가서 여자를 찾아보면, 거의 샐러드를 담당하고 있죠." 수석 패스트리 셰프인 카미유는 팬트리 셰프와 같은 공간에서 일했다. 카미유는 눈에 띄는 이력이 없을 경우 남녀 모두 팬트리에서 일을 시작하지만 여자는 승진이 늦다는 사실을 깨달았다. 카미유는 이렇게 말한다. "남자들은 대부분 일주일 정도 샐러드를 만든 다음에 [여기까지 말하고 카미유는 책상을 탁 친 다음 손으로 위로 올라가는 제스처를 취했다]."

헤드 셰프이자 레스토랑 오너인 미셸(52세)은 레스토랑에서 (경력과는 하등 상관없이) 고의적으로 여성을 샐러드 만드는 일에 배정한다고 믿었다.

> 사람들은 여자를 항상 거기[팬트리 셰프]에 배정해요. 그 일을 준 다음 그럴듯한 이름을 붙여주죠. 계속 샐러드만 만드는 거예요. [남자 셰프들은] "그 일 남겨둬. 저 사람이[여자가] 잘 만드니까"라고 생각하죠. 그게 남자들이 하는 일이에요. 남자들은 줄 듯 말 듯 하면서 결국 어떤 일도 주지 않아요. 계속 샐러드 만드는 일만 시킨다니까요. 여자는 결국 성공해서 다른 자리로 옮기거나 크게 좌절하고는 레스토랑을 떠나거나 둘 중 하나예요.

남성 셰프들이 여성은 핫 사이드에서 일할 능력이 없다고 보고 팬트리에 배정한다는 게 미셸의 생각이다. 한번 팬트리에 배정받은 여성은 자신의 능력을 입증하지 못하면 계속 그 자리에 머물게 되고, 결국 다른 일을 찾아 레스토랑을 떠나게 된다. 여성은 자신이 부엌에 적응할 수 있다는 사실을 증명하거나 그만두거나 둘 중 하나이므로, 이런 체제는 남성으로만 이루어진 조직이 유지되는 데 일조한다. 만약 팬트리에 있던 여성 셰프가 일을 그만두면 남성 셰프들은 기회를 줬으나 그 여성이 (더 나아가 모든 여성 셰프가) 일을 잘 해내지 못했다고 주장한다.

업무가 어떻게 배정되는지에 대해 논의하려면 우선 같은 직업 내에서도 특정 업무는 성별화된다는 사실을 이해하는 것이 중요하다. 성별화에 따라 샐러드는 여성성과, 고기는 남성성과 연결될 뿐만 아니라 업무에 따라 문화도 달라진다. 업무 속도가 빠른 핫 사이드에서 일하는 셰프는 '마초스러운' 업무 환경에 속하게 된다. 부엌의 핫 사이드는 시끌벅적하고, 경쟁적이고, 주로 남성 셰프로 이루어져 있다. 반면 샐러드를 만드는 곳은 조용하고, 시원하며, 노동 강도가 약한 편이다. 그래서 남성 셰프들이 노동 강도가 약한 팬트리 셰프 자리를 여성과 연관시키는 것일 수 있다. 샐러드 만드는 자리로 밀려난 셰프는 지위도 낮고 관심도 받지 못하는 자리에 꼼짝없이 붙들려 있을 가능성이 높다. 파인다이닝 레스토랑을 찾은 손님이 "이 샐러드를 만든 사람을 만나고 싶은데요"라고 말하는 것은 상상하기 힘들다. 팬트리 셰프는 임금이 낮고 창의성을 발휘할 여지가 적을 뿐만 아니라 다른 자리로 이동할 가능성도 낮다. 내부의 결정에 따라 한번 팬트리에 배정받은 여성은 핫 사이드에서도 일을 잘할 수 있다는 사실을 보여주기가 어렵기 때문이다.

버텨야 한다

이처럼 남성 셰프들은 여성 셰프가 전문 레스토랑 부엌에서 일할 수 있을 만큼 육체적·감정적으로 강하지 못하다고 생각한다. 태비사의 말에 따르면, 이런 고정관념 때문에 여성 셰프들은 "다른 사람들보다 두세 단계 아래서부터 일을 시작한다." 여성은 셰프로 인정받기 위해서 자신이 부엌에서 일할 능력이 있다는 것을 증명해야 하며, 어려운 상황에서도 "꿋꿋이 버텨야 한다." 때때로 남성 셰프들은 여성 동료가 얼마나 강인한지 보려고 시험한다. 건설업처럼 남성 중심적인 직업에 종사하는 여성은 이런 관행을 흔하게 겪는데, 무거운 물건을 옮기는 걸 관찰하면서 시험에 통과하는지 못하는지 지켜보는 식이다.

로즈는 유럽 셰프 밑에서 일했을 때의 경험을 이렇게 말했다. "저를 끊임없이 지켜보는 눈들이 있었어요. 누가 저한테 고함을 치면 제가 우나 안 우나 보는 거죠. 손을 데었을 때 어떻게 반응하는지, 종업원들한테 지지 않고 버티는지 보는 거예요. 저한테 이렇게 소리를 질렀어요. '울면서 내뺄 거야?'" 캐런 또한 욕을 퍼붓던 독일인 셰프들이 자신을 시험한다고 느꼈다. 캐런은 이런 행동이 "이 상황을 이겨내고 하려던 일을 계속하는지 아니면 무너지는지" 알아내는 방법이라고 말했다. 그리고 무너져 내리는 것은 "이곳에 있을 수 없다"는 사인과 마찬가지라고 설명했다.

여성을 약하다고 규정하는 남성 중심적 노동 문화에서 여성은 자신의 능력을 어떻게 증명할 수 있을까? 여성이 남성 중심적인 문화에 녹아들고 일터에서 존중받기 위해 사용하는 방법은 상당히 많다. 가장 흔한 방법은 남성이 의문을 제기할 수 없을 정도로 철저한 직업의식을 갖추는 것이다. 즉, 여성은 그저 셰프로 인정받기 위해 남성 셰프보다 일도 더 열심히 해야 하고 요리도 더 잘해야 한다. 25년 경력의 셰프이자 레스토랑 오너인 캐시는 여성 셰프가 남성 셰프와 동등한 대접을 받기 위해 얼마나 일을 많이 해야 하는지를 떠올렸다.

> 전 여성으로서 호텔 산업이나 레스토랑 사업에서 남성 동료들만큼 인정받으려면 남들보다 뛰어나야 한다는 걸 알았어요. 비난의 여지를 주면 안 돼요. 비난받을 일이 없게 만들어야 해요. 그렇게 하려면 일을 더 많이 해야 하고요.

일을 더 열심히 한다는 것은 더 일찍 출근해서 준비를 해놓고 복잡한 부엌에서 자신의 작업 공간을 확보해놓는 것을 뜻한다. 또한 매일 밤 레스토랑 문을 닫기 전에 모든 일을 완벽하게 마치기 위해 늦은 시간까지 일해야 한다. 로즈도 비슷한 이야기를 했다. 로즈는 여성 셰프가 "존중받으려면 두 배로 열심히 일해야 한다"고 생각했다. 로즈가 막 일을 시작했던 1980년대 전문 레스토랑에는 여성 셰프가 매우 드물었다. 그때 로즈는 자신이 셰프가 되고

자 하며 그럴 자격이 있다는 사실을 증명해야 한다고 느꼈다. 로즈의 남성 동료들은 일하다 실수를 해도 그냥 넘어가곤 했다. 하지만 로즈가 실수를 하면 늦게까지 레스토랑에 남아 문제를 해결하거나 무엇을 잘못했는지 파악해야 했다. 로즈는 결국 이런 노력 덕분에 더 나은 셰프가 될 수 있었다고 생각했지만, 지나치게 오랜 시간 일하면서 느꼈던 압박감을 여전히 기억하고 있었다.

> 어떤 상황에서도 "싫어요"라고 말하면 안 될 것 같았어요. 사람들이 "누가 남을래? 내일 아침에 일할 수 있는 사람 있어?"라고 물어보면 언제나 제가 하겠다고 했죠. 제가 "싫어요"라고 말하면 사람들이 "아, 데이트 있나보지?"라고 말하리라는 걸 알았어요. 남자들은 싫다고 말해도 되는 종류의 일이지만, 제가 싫다고 하면 "역시. 여자들은 데이트하는 데만 관심이 있다니까"라고 말했을 거예요(이건 어디까지나 가정이지만 싫다고 말했던 여자 셰프가 있었기 때문에 안 해봐도 알 수 있었죠). 전 이렇게 생각했어요. '어떻게 남자들은 싫다고 말할 수 있는데 여자가 싫다고 말하면 "아, 데이트 있어?"라는 말을 듣지?'

로즈의 이야기에서 앞서 지적한 것처럼 여성 개개인이 전문 레스토랑에서 일하는 여성 전체를 대표한다는 사실이 드러난다. 단지 전에 있었던 여성 셰프가 일보다 밖에서 노는 데 더 관심이 많다고 여겨졌기 때문에, 이런 시각이 그다음 부엌에서 일하게 된 로즈에게 자동으로 적용된 것이다.

현재 레스토랑에서 이벤트 플래너로 일하고 있는 알렉산드라 역시 여성 셰프가 부엌에서 받아들여지려면 추가로 시간을 들여야 한다고 이야기했다. 알렉산드라는 셰프가 질문을 던졌을 때 대답하지 못하는 일은 절대 없어야 한다는 생각에 시간을 들여 책을 읽고 공부를 했다. 어물쩍 넘어갈 수 있는 남성 셰프와는 달리 알렉산드라가 질문에 대답을 하지 못하면 곧 그녀의 지식, 더 나아가 그녀의 존재 자체가 부정될 수 있었다. 나타샤 또한 잘 모르는 모습을 보이지 않으려고, 누구도 자신을 "깔아뭉개지 못하도록" 하려고 언제나 "숙제를 했다."

여성이 셰프로서 인정받을 수 있는 방법 중 하나는 육체적·감정적으로 약하다는 고정관념을 정면 돌파하는 것이다. 여성 셰프는 강인한 체력을 증명하기 위해 부엌에서 일어나는 몸 쓰는 일을 전부 해내야 했다(그리고 남성 동료들이 그것을 목격해야만 했다). 이게 부엌에서 "버틸 수 있다"는 것을 보여주는 방법이었다. 심지어 요리 강사인 크리스틴(31세)은 작은 체구였지만 자기 몸만 한 것들을 들어 올렸기 때문에 남성 동료가 "개미"라는 별명을 붙여주었다고 했다. 다른 여성 셰프들은 부엌에서 절대 도움을 요청하면 안 될 것 같았다고 느꼈고, 약해 보일까 봐 도움을 거절하기까지 했다. 남성 셰프들은 이런 일들을 나누어서 할 수 있었지만 여성 셰프들은 그것이 거쳐야 할 시험이라는 것을 알고 있었고 강인함을 증명하려다 다치는 사람까지 있었다.

인터뷰이들은 감정적으로 강인하다는 것을 증명하기 위해 여성 셰프들이 부엌에서 불평을 하거나 "여자라는 사실을 이용"해서는 절대 안 된다고 주장했다. 특히 요리학교에서는 (남녀에게 기대되는 바가 다르다는 측면에서) 여성 셰프들이 서로 멘토 역할을 하고 부엌에서 일한다는 것이 어떤 것인지 경고하는 일이 흔하다. 예를 들어, 로즈는 요리학교에서 여성 선생님 한 분이 이야기했던 것을 기억했다. "잊지 마, 너는 남자들의 세계로 들어가는 거야. 그러니까 '난 여자니까 이거 못 해', '난 여자니까 저건 못해'라는 식으로 말하면 안 돼. 나도 언제나 조심하고 있어. 공평하지 않다는 생각이 들 때도 있지만, 결국 이런 생각이 들지. '그래, 이 직업을 갖기로 선택한 건 나니까.'" 우리가 인터뷰한 여성 셰프 대다수도 비슷한 생각을 하고 있었다. 이들은 성차별이나 여성 혐오의 원인을 남성 셰프에게 돌리지 않았다. 대신 부엌에 오로지 남성만 있었던 오랜 역사 때문에 그런 것이라고 해석했다. 제인은 "그 사람들[남성 셰프들]은 이곳이 남자들의 공간이라고 생각해요. 남자들하고 어울리지 못하는 사람은 나가야 한다고 생각하죠"라고 말했다.

또한 여성 셰프들은 스스로를 옹호하는 법도 배워야 했다. 겸손하고 자신의 실수에 대해 사과를 잘하는 것은 여성성의 한 특징이다. 여성은 팀 전체의 이익을 위해 협력해야 하는 동시에 너무 지배적으로 비춰질 경우 처벌을 받는다. 하지만 셰프에게 이런 태도는 위험할 수 있다. 주목받고 성공하기 위해서는 어느 정도 자신감과 허세가 필요하기 때문이다. 미셸은 이렇게 설명한다.

> 요리를 개발해서 팔고 싶다면 사람들한테 절대 이렇게 말하지 말아요. "제가 생각했던 대로 나온 요리는 아니에요." 그냥 갖다 놔요. 그리고 평가를 기다려요. 포장을 해요. 해야 할 일을 해요. 대신 비판을 받아들일 줄 알아야 해요. "잘된 요리는 아니에요" 같은 말부터 하지 마세요. 안 그러면 사람들이 득달같이 잡아먹을 걸요.

직장에 따라 선호하는 성별과 성격이 다르며, 이에 따라 직원을 고용하고 승진시킨다. 이 선호도는 종종 "잘 맞는다"라는 말로 표현되는데, 소수자로서 남성 중심적인 일터에 적응할 수 있다는 것을 증명해야 하는 여성 노동자에게는 불이익을 안길 수 있다. 여성 셰프는 부엌에서 책임을 다할 수 있다는 것뿐만 아니라 남성 중심적인 직장 문화에 잘 맞는다는 것 또한 증명해야만 했다. 또한 남성 셰프들이 위태로운 남성성을 경험한다는 이유로, 여성 셰프들은 본인이 남성 셰프들의 동료애와 기존 업무 환경을 뒤흔들지 않을 것임을 보여주어야 했다. 레스토랑 부엌에 민족지학적으로 접근한 파인의 연구에서 남성 셰프들은 여성 셰프를 차별하지 않았다고 주장한다. 여성 셰프가 일에 완벽하게 적응하고 남성처럼 일하는 한에서는 그렇다는 것이다. 우리 인터뷰이들 역시 이런 시각을 내면화하고 있었고, "부엌은 남자들의 공간"이며 스스로 그곳에 들어가기로 결정했으므로 일에 잘 적응하는 것은 자신의 역량에 달린 것이라고 생각했다. 그러므로 부엌에 적응해야 하는 것은 여성이며, 자신을 위해 환경이 바뀌기를 기대하는 여성 셰프는 진정한 셰프가 아니다.

남성 중심적인 일터에 잘 녹아들기 위한 방법 중 하나는 외모를 여성스럽게 꾸미지 않는 것이다. 카미유는 여성 셰프는 "민머리에 문신을 한 남자"보다도 더 자신의 능력을 입증할 필요가 있다고 장난스럽게 말했는데, 카미유의 말에서 여성 셰프가 부엌에서 시각적으로 얼마나 튀는 존재인지 알 수 있다. 여성 셰프들은 외모를 중성적으로 꾸미고 남성과의 신체적 차이를 무시함으로써 동료 셰프들과 더욱 잘 섞일 수 있었다. 여성 셰프들이 '여성 셰프'가 아니라 '셰프'처럼 보인다는 것은 이들이 부엌에서 받아들여지고 존중받게 되었다는 것을 의미했다. 그리고 여성 셰프가 남성 셰프만큼 존경받기 위해서 일을 훨씬 더 많이 해야 했음을 의미한다.

일터에 더 잘 녹아들기 위해 외모를 바꿔야 한다는 생각은 일정 부분 레스토랑 부엌이 성적 요소로 가득 차 있다는 믿음에서 기인한다. 때때로 여성 셰프가 부엌의 침입자로 여겨지는 이유 중 하나는 남성 헤드 셰프가 남성 중심적인 업무 현장에 여성이 들어왔을 때 집중에 방해가 될 거라고 생각한다는 데 있다. 멜리사의 말에 따르면, 셰프들은 부엌에 남녀가 섞여 있으면 성적 긴장감이 발생할 것이며 동료들이 서로 시시덕대거나 로맨틱한 관계로 발전할 가능성이 있어 업무 환경이 산만해질 거라고 생각한다.

이런 것을 볼 때 왜 여성 셰프가 너무 매력적이라는 이유로 비판받는지 알 수 있다. 다른 직종에 종사하는 여성들도 사람들이 자신의 외모를 보고 해당 업무에 잘 적응할지(혹은 적응할 수 없을지), 헌신적인 노동자가 될지(혹은 되지 않을지)를 판단한다는 사실을 똑똑히 인지하고 있어야 한다고 말했다. 알렉산드라는 "부엌에서 일하기엔 너무 예쁜데"라는 말을 들었고, 멜리사는 셰프직에 지원하러 레스토랑을 방문했을 때 호스티스(레스토랑의 얼굴로 손님을 맞이하고 자리를 안내하는 역할을 한다 — 옮긴이) 지원서를 받았다. 사람들은 외모를 보고 이들이 부엌에서 일하지 않을 거라고 판단했다. 그렇다면 스펙트럼의 다른 한쪽 끝은 어떨까. 요리 강사인 제인은 어렸을 때부터 남자친구들이 많았고 스스로 말괄량이라고 생각했을 뿐만 아니라 액세서리나 화장을 거의 하지 않았기 때문에 일터에 "잘 섞여들 수" 있었다고 생각했다. 첼시는 부엌이 여성의 외모를 좌우한다고 설명했다.

> 예쁠 수가 없는 직업이에요. 화장하면 안 돼요. 액세서리도 하면 안 되죠. 아무것도 하면 안 돼요. 내가 하는 일 때문에, 부엌에서

일한다는 사실 때문에 여성스러운 외모를 포기해야 하죠. 호스티스가 아니니까요(웃음). 우리는 화장도 안 하고 손톱도 더러운 못난 셰프예요. 하지만 사람들은 셰프를 존경해요. 사람들은 호스티스와 데이트를 하고 싶어 하지, 호스티스를 존경하지는 않아요.

첼시의 말에 따르면, 레스토랑에는 두 종류의 여성성이 있다. 우선 지저분하고 고된 일을 하지만 존경받는 여성 셰프가 있다. 그리고 남자들이 잠재적인 데이트 상대로 여기는, 매력적인 호스티스가 있다. 여성 셰프들은 외모를 중성적으로 바꾸고 너무 여성스럽거나 소녀 같다는 비판을 피해야 남성 동료의 존중을 받을 수 있다고 말했다. 그러므로 여성 셰프는 남성으로만 이루어진 팀에 들어가기 위해 외모나 행동에서 '명예 남성social men'이 되어야 한다.

인터뷰를 하는 동안 여성 셰프들은 부엌에서 일하는 것을 군대나 스포츠 팀에 속해 있는 것, 구급대원이나 건설업 종사자로 일하는 것, 심지어 개코원숭이의 무리가 되는 것에 비유했다. 군인과 구급대원은 극한의 환경과 극심한 압박감 속에서 일하며 매우 목표 지향적이다(셰프의 경우 매일 저녁 영업을 문제없이 마치는 것이 목표다). 셰프들은 군인과 마찬가지로 매우 고되게 일하며 보상을 얻거나 지위가 상승할 때까지 상당히 오랜 시간이 걸린다("스스로 얻어내기 전까지는 아무것도 주어지지 않는다"). 셰프들은 기나긴 저녁 영업을 마칠 때 힘을 합쳐 "전투"를 치뤘다는 기분을 느낀다고 한다. 그리고 여성 셰프는 마치 영장류처럼 집단의 우두머리에게 자신도 그만큼 강하다는 사실을 증명해야만 한다. 일이 고되고 팀워크가 중요하기 때문에 남성 셰프의 입장에서는 여성 셰프가 부엌에 잘 적응할지 아닐지를 알아내는 것이 중요하다.

여성은 남성으로만 이루어진 업무 환경에서 일하기 위해 여러 가지를 조절해야 하며, 남성 동료들은 여성 셰프가 자신들과 "어울릴" 수 있을지 알아보기 위해 시험을 한다. 첼시는 이 과정이 얼마나 험난한지에 대해 이렇게 이야기한다.

> 여러 명의 남자와 함께 일하지만 나는 남자가 아니잖아요. 거기[그 환경]에 적응하는 법을 배웠죠. 어떻게 하면 남자들하고 잘 어울릴 수 있는지를 배웠어요. 어떻게 하면 남자들을 움직일 수 있는지를 배우면 돼요. 무슨 말인지 알겠어요? 여러 명의 여자하고 함께 일하는 거랑 똑같아요. 여자들 사이에도 어떤 역학 관계가 있고, 그걸 배워야 하잖아요. 그 집단에서 어떻게 살아남을 수 있을지를 배워야 해요.

태비사 역시 어떻게 여성 셰프들이 일터의 분위기를 해치지 않을 것임을 증명할 수 있는지 설명했다.

> 여성으로서 부엌에서 일하려면 남자가 돼야 해요. 그리고 남자들

이 당신 주변에서도 편하게 말할 수 있도록 안심시켜야 하고요. 사람들이 무조건 당신을 존중해주고 알아서 말을 조심하는 일은 일어나지 않아요. (…) 하지만 어떤 면에서는 그것대로 좋은 점도 있어요. 구급대원으로 일하는 거랑 비슷하죠. 일은 힘들고 짜증나고 열 받고 스트레스는 심해서 다 뒈져버리라는 식으로 말하게 될 때가 있어요. 하지만 남자들은 그런 말을 어느 정도 받아줘요. 특히 힘든 일이 있을 때는요. 이건 남자들 문화인데, 이 문화가 [요리 세계로] 넘어와서 어느 부엌에 가나 비슷해요. 어딜 가나 터프해져야 해요. 참고 견뎌야 하는 거죠.

어떻게 하면 여성 셰프가 이런 역학 관계에 적응할 수 있는지 묻자 태비사는 이렇게 대답했다.

되도록 공격적으로 행동하세요.[웃음] 나쁜 년처럼 굴면 안 되고요. 항상 터프해야 해요. 다른 사람을 화나게 해야 하고, 그 사람도 당신을 화나게 해야 하고, 계속해서 반격해야 해요. 그게 남자들이 하는 일이죠. 개코원숭이들을 보세요. 시비 걸고, 싸우고, 또 싸우고, 계속 싸우잖아요. 그다음은 "그르르르르." [으르렁거리는 소리를 낸다.] "좀 멋진데?" 하는 거예요.

건설업이나 탄광업에 종사하는 여성도 비슷한 방법을 사용한다. 이 여성들 역시 자신이 "반격"할 수 있을 만큼 강하다는 사실을 남성 동료에게 입증해야 하고, 그렇게 하지 못할 경우에는 남자들의 무리에 속할 수 없다고 말했다. 결국 일에서의 성공은 일터에 적응할 수 있느냐 없느냐, 또는 첼시의 말처럼 살아남을 수 있느냐 없느냐에 달려 있다.

이처럼 여성 셰프는 레스토랑 부엌의 일원으로 인정받으려고 상당한 노력을 해야 하지만, 이 과업을 달성했을 때 얻는 혜택도 있다. 일을 할 수 있고, 새로운 요리와 리더십 기술을 배울 수 있으며, 때로는 부엌의 위계질서에서 더 높은 곳으로 올라갈 수 있다. 뿐만 아니라 남성 동료들과 돈독한 우애를 맺을 수도 있다. 음식배달 전문회사의 오너인 앰버(34세)는 남성 셰프들이 자신을 동료로 인정한 후부터 이들에게 보호받는 기분이었다고 했다. 로즈는 처음에는 남성 셰프들이 자신이 부엌에서 우는지 울지 않는지 보려고 자신을 들들 볶았다고 했다. 하지만 일단 팀의 일원으로 받아들여지자 남성 셰프들의 태도가 돌변해 당혹스러움을 느꼈다고 말했다.

> 제 능력을 증명하고 부엌에 받아들여진 후부터는 마치 부엌이 형제들로 가득 차 있는 느낌이었어요. 부엌 밖에서 그들이 제 편을 들어주리라는 걸 알았죠. 부엌에 있으면 종업원하고 싸우는 일이 엄청 많아요. 종업원과 요리사는 항상 싸우거든요. 한번은 종업원

한 명이 저한테 시비를 걸었어요. 그날 밤 영업을 망쳤던 것 같은데 제 탓을 하더라고요. 그건 제 잘못이 아니었어요. 그 종업원이 주문서 넣는 것을 깜박했든가 그랬을 거예요. 그러고는 엄청 행패를 부리기 시작하더라고요. 별일은 아니었어요. 그런데 갑자기 남자 셰프 두 명이 달려오더니 "너 얘한테 불만 있어?" 하면서 저를 보호하려고 하는 거예요. 그래서 제가 "이봐, 이봐, 됐어. 내가 처리할게"라고 했는데도 "다시는 얘한테 그런 식으로 말하지 마! 알아들었어?"라고 하더라고요. '와! 나한테 형제들이 생겼네. 몇 달 전만 해도 몇 시간이고 지켜보면서 아무것도 안 했을 놈들인데 지금은……' 뭐 이런 기분이 들더라고요.

로즈가 자신의 능력을 입증한 후부터 남성 동료들은 시비를 거는 종업원 같은 외부의 위협으로부터 로즈를 보호하려 들기 시작했다. 심지어 관리자는 로즈가 밤늦게까지 일했을 때 꼭 다른 남성을 불러 차까지 데려다주게 했다. 로즈는 이런 행동들을 고마워했다. 부엌에서 일할 능력이 있다는 것을 입증하라며 오랫동안 지독하게 괴롭히다가 이제는 자신을 위험에서 보호하려는 남자들의 모순에 웃음을 터뜨리긴 했지만 말이다.

이처럼 여성 셰프들은 자신을 돌봐주는 새 "형제들"을 받아들였지만, 일터에서 가족 같은 관계를 맺는 데는 부정적인 측면도 있다. 남성 동료들의 보호는 가부장주의를 나타낸다. 예를 들어, 건

축업에서는 업무의 특정 측면에서 여성을 보호하는 것이 여성을 무능력하고 약한 것처럼 보이게 한다. 그런데도 우리가 인터뷰한 여성들은 이런 형태의 보호를 자신이 시험을 통과했다는 증거이자 수용으로 해석했다.

죄다 성희롱입니다

수많은 기자와 연구원, 셰프가 전문 레스토랑 부엌에서의 생활을 설명하며 일터에서 발생하는 높은 수준의 성적 농담과 괴롭힘을 자세히 말했다. 알리시아 싱클레어Alicia Sinclair는 레스토랑 부엌에 성희롱이 "만연"하며 "용인"될 지경이라고 주장한다. 파인의 연구는 성희롱이 남성 셰프 간에 팀워크를 형성하며 이 중 일부는 여성을 남성뿐인 환경에 맞게 사회화하는 기능을 한다고 보았다. 모든 레스토랑은 저마다 다른 문화를 갖고 있으며 여성 셰프들은 학습을 통해 그런 환경에 적응할 것을 요구받는다. 하지만 괴롭힘과 팀워크 구축이 성희롱의 형태로 나타난다면 어떻게 해야 할까? 여성 셰프들은 이런 행동을 성희롱으로 인식하고 있을까? 또 여성 셰프들이 일터에 적응하고 성과를 내는 데 성희롱은 어떤 영향을 미칠까?

카미유는 첫 번째 인터뷰이였다. 일터에서의 성희롱에 대해 질문하자 카미유는 크게 웃음을 터뜨리더니 "부엌은 6학년 애들이 뛰어노는 운동장이나 다름없어요. 죄다 성희롱이죠"라고 말했다.

다른 셰프들도 성적 발화와 괴롭힘이 어디에나 존재한다고 말했다. 로즈는 일을 막 시작했을 때 부엌이 얼마나 성적인 곳인지 깨닫고 깜짝 놀랐다고 했다. 로즈는 그때를 돌아보면서 남성밖에 없는 업무 환경이 원인이라고 했다.

> 부엌이 얼마나 구린 곳인지 깨닫고 꽤 충격을 받았죠. 남자들은 "뭐, 네 발로 여기 온 거잖아"라는 식이었어요. "네가 이곳에 오기로 선택한 거라고." 꼭 남자 탈의실에 있는 것 같았어요. 남자들이 말하고 행동하는 방식이요. 남자들은 제가 그곳에 있다는 것을 걱정할 필요가 없다고 생각했어요. 왜냐면 저 스스로 그곳에 가기로 결정했으니까요. "네가 있다고 달라지진 않을 거야"라는 식으로 행동했고 그런 행동이 용인되었죠. 저는 원래 그렇지 않은 사람들이 부엌에 들어오면 어떻게 변하는지도 봤어요. 밖에서는 말쑥하고, 점잖고, 제대로 행동하는 남자들이 부엌에만 들어오면 그런 대화에 휘말리는 거예요. 욕을 하고요. 저는 그런 걸 통틀어서 쓰레기 같은 태도라고 불러요. 그런 남자들에게도 애인이 있어요. 부엌을 떠나면 다시 얌전해지죠. 하지만 한데 모아놓으면 그 모든 테스토스테론 때문에 '누가 더 심한가' 경쟁하는 상황이 펼쳐지는 거예요. 진짜 상스러운, 그렇게 상스러울 수가 없는 환경이 돼요.

크리스틴 역시 전문 레스토랑 부엌의 환경이 매우 독특해서 특정 문화를 조성한다고 설명했다. 크리스틴의 남편은 엔지니어인데, 부엌에서 있었던 성적인 대화를 들려줬더니 일터에서 그런 대화를 나눈다는 사실에 매우 충격을 받았다고 한다. 크리스틴은 곰곰이 생각해보더니 그런 일들이 아무렇지 않게 일어나는 것은 "기이하다"고 인정했다. 하지만 왜 그런 일이 생기게 되는지 설명하려고 애를 썼다.

> 말도 안 되는 일이죠. 사람들이 몸을 만지기도 해요. 완전히 잘못된 행동이죠. 우리가 왜 그런 걸 참고 견디는지 모르겠어요. 제 생각엔 이런 상황에 너무 오랫동안 세뇌된 것 같아요. 우린 너무 어렸어요. 처음 일을 시작할 땐 모두 너무 어리죠. 여기에도 원인이 있는 것 같아요. 충분히 성숙하지 못했어요……. 그리고 우리처럼 오래 일하는 사람들도 없어요……. 우린 밤을 새우고, 아침에도 일하고, 그러는 내내 비좁은 공간에 같이 있어요. 미친 소리처럼 들릴 수도 있지만……. 요리를 만드는 일은, 사람들의 열정이 너무나 강해서 넘지 말아야 할 선이 어디인지 흐릿해져요. 감정이 매우 격해져 있거든요. 부엌에 있다는 사실만으로도 아드레날린이 폭발하죠. 요리를 사랑하니까요. 일을 정말 잘하고 열정이 정말 큰 사람들이 오히려 선을 잘 넘어요. 모두 한통속이 돼 다른 일터와 상당히 다른 방식으로 일을 해요. 어쩌면 문제는 그 모든 남자

들에게서 나오는 테스토스테론일지 몰라요(웃음). 부엌에 여자는 몇 명 없으니까요.

로즈와 크리스틴 둘 다 성희롱의 원인이 부엌의 성비에 있다고 말한다. 이들의 말에서 남성이 호모소셜한 환경에서 일할 경우 일터의 성화性化, sexualization가 발생한다는 사실을 알 수 있다. 로즈가 봤을 때 밖에서는 "점잖고, 제대로 행동하는" 남성조차도 부엌에 들어오면 난폭하게 변한다. 이 남성들이 일을 마치고 밖으로 나가면 다시 "말쑥한" 사람으로 되돌아간다는 점에서 크리스틴의 말처럼 남성이 대다수인 업무 환경이 테스토스테론에 힘입어 성적이고 경쟁적인 문화를 조성한다는 것을 알 수 있다. 이런 환경은 특히 여성의 존재에 적대적일 수 있으며, 성희롱 같은 행동은 일터에서 남성의 영역을 보호하고 (로즈의 말처럼) 부엌은 남성의 공간이며 적응을 위해 바뀌어야 하는 것은 여성이지 남성이 아니라는 사실을 여성에게 상기시키는 역할을 한다.

여성 셰프들이 언급한 행동으로는 성적인 농담과 괴롭힘, 성적이거나 음란한 언어, 성적인 행동에 대해 말하는 것, 섹스를 하자고 말하는 것(진심일 때도 있고 농담일 때도 있다) 등이 있었다. 하지만 여성 셰프들이 언제나 이런 행동에 성희롱이라는 딱지를 붙이는 것은 아니었다. 성화된 업무 환경에서 고용인들은 경계선을 그어 성희롱, 즐겁고 "웃긴" 행동, 그저 업무의 일부인 것을 구분한다.

어떤 행동이 성희롱으로 규정되는지는 행동의 종류(말하기 대 만지기)와 해당 여성이 어떤 기분을 느끼는지에 달려 있으며, 그중에서도 가장 중요한 요소는 그런 행동을 하는 사람의 지위다.

인터뷰이들은 일터에서 성희롱을 당하거나 목격한 적이 한 번도 없다고 재차 말했다. 하지만 질문을 더 이어 나가자 성화된 업무 환경을 경험한 적은 있지만 그것을 성희롱이라고 생각하지는 않았다고 답했다. 예를 들어, 섹스에 대해 이야기하거나 성적 농담을 하는 것은 그저 부엌일의 일부로 여겼다. 첼시는 "부엌에서 매우 부적절한 언사가 많이 발생한다"고 말하면서 이를 "남자들의 대화"라고 묘사했다. 나타샤 또한 함께 일하는 젊은 남자들이 "그렇게 추잡스러울 수 없는 말"을 한다고 하면서도 "하지만 대개는 웃고 넘길 수 있어요. 저는 그런 말에 영향받지 않아요. 신경 쓰지도 않고요"라고 덧붙였다.

성적인 이야기와 농담은 일상적인 일 중 하나로 여겨지는데, 이런 패턴은 남성 중심적인 업무 환경에서 흔히 발생한다. 예를 들어, 헤드 셰프이자 레스토랑 오너인 퍼트리샤(59세)는 동료들의 성적인 유머에 영향받지 않으며 웃기다고 생각할 때도 있다고 말했다. 그리고 부엌에서 주고받는 농담의 대표적인 예를 들어주었는데, 셰프들은 "제대로 하지 않으면 내 불알을 꺼내서 네 머리를 후려친다"라는 말로 요리사들을 위협한다고 했다. 그러면 요리사들은 "글쎄, 네 불알로 나를 때리려면 진짜 가까이 와야겠네"라는 말로 조롱하듯 되받아쳤다. 퍼트리샤는 자신도 이 농담을 업무 스트레스를 가라앉히는 좋은 방법으로 여겼다고 인정했다. 하지만 동시에 이런 종류의 유머가 부엌에서 "아슬아슬한 줄타기"를 한다고 생각했다. 퍼트리샤는 "누가 누군가를 움켜쥐면, 그건 선을 넘는 거"라고 생각했다. 다른 여성 셰프도 비슷하게 생각했다. 농담은 참을 수 있으며, 부엌에는 첼시가 설명한 것처럼 "누군가가 화를 낼 때까지 얼마나 더 갈 수 있을까"라는 식의 분위기가 흐른다. 하지만 몸을 더듬거나 만지는 것은 선을 넘은 행위로 용납이 불가능하다.

고급 식료품점의 판매 매니저로 근무하고 있는 조앤(42세)은 남성 동료가 선을 넘은 사례를 이야기해주었다. 조앤은 수많은 레스토랑에서 셰프로 일했으며, 성희롱 때문에 셰프 일을 그만둔 적이 있었다. 앞서 조앤은 레스토랑 부엌에서 하는 농담 하나하나에 불만을 갖는 여성 셰프를 비판했다. 조앤은 그런 경험을 함으로써 "남자들의 산업에 들어갈 수 있고, 그렇기 때문에 더욱 단단하고 강한 사람이 될 수 있다"고 믿었다. 하지만 조앤은 원치 않는 접촉은 용납하지 않았고, 한 동료가 선을 넘어 그녀를 만지자 공식적으로 항의했다.

> 뉴욕에 있는 레스토랑에서 일할 때였어요. 새 요리사가 오더니 계속 선정적이고 성적인 농담을 하더라고요. 불편했기 때문에 그만

하라고 했어요. 그런 건[성희롱] 항상 일어나는 일이기 때문에 참을 수 있을 만큼 강인해져야 하지만, 지나치다 싶을 때를 알아차릴 수도 있어야 해요. 안타깝게도 그걸 못하는 사람들이 있죠. 줄타기예요, 이건. 도를 넘을 때가 있어요. 부엌에는 언제나 선정적이고 상스러운 말들이 난무하지만, 누군가가 당신을 만지고 그러지 말라고 말해야 하는 상황은 문제가 있는 거예요. 난 농담은 신경 안 써요. 그건 별 거 아니에요. 하지만 만지는 건 선을 넘는 거죠.

조앤은 성화된 일터 자체에는 반대하지 않는다는 입장을 분명히 했다. 그녀는 농담과 괴롭힘을 감당할 수 있었으며 다른 셰프들 또한 이런 것들을 참고 견딜 수 있어야 한다고 믿었다. 문제는 그런 농담이 선을 넘어 접촉까지 이어지는 것, 특히 그만두라고 말한 이후에도 접촉이 계속되는 것이었다. 결국 조앤은 동료가 부적절하게 그녀를 만졌고 관리자가 그녀의 항의에 제대로 대응하지 않았기 때문에 레스토랑을 그만두어야 했다.

다른 여성 셰프들도 조앤처럼 부적절한 접촉을 경험했다고 밝혔다. 이런 경험은 특히 요리학교에 다니거나 레스토랑에서 훈련을 받을 때처럼 일을 막 시작했을 때 발생한 경우가 많았다. 다른 산업에 종사하는 여성과 마찬가지로, 여성 셰프들은 부적절한 접촉이 있고 동료 간에 분명한 권력 차이가 있을 때 이런 행동을 성희롱으로 간주할 확률이 높았다.

에린은 스토브 앞에서 요리를 할 때 나이 많은 남성 셰프가 그녀가 만든 요리를 확인해본다면서 뒤에 바싹 붙어 어깨에 턱을 올려놓곤 했다고 말했다. 또한 그 셰프는 대화를 나눌 때 자신의 무릎에 앉지 않으면 에린과 메뉴 결정에 대해 이야기를 나누지 않겠다고 했다. 헤드 셰프이자 레스토랑 오너인 셜리(43세) 또한 어렸을 때 고용주가 그녀를 와락 움켜잡았던 기억이 있었다. 당시 셜리는 고용주가 알코올 문제를 겪고 있었기 때문에 그런 행동을 했다고 여겼지만, 시간이 지난 지금은 당시 상황이 매우 부적절했다고 생각한다.

관리자의 부적절한 행동이 성희롱으로 간주되는 것과 마찬가지로, 인터뷰이들은 셰프가 아닌 동료, 예를 들면 설거지 담당이나 종업원과 관련된 사건에 성희롱이라는 딱지를 붙였다. 멜리사는 성희롱 이야기를 나눌 때 "누구도 저를 희롱한 적 없어요"라고 운을 뗐지만 함께 일한 설거지 담당 몇 명이 불편하게 했다고 이야기했다. 멜리사는 이 사건을 성희롱이라고 생각하지 않았는데, 자신이 부엌의 위계질서에서 설거지 담당보다 위에 있었기 때문이다. 인터뷰이 중 4명은 설거지 담당과 문제가 있었다고 말했지만, 성희롱으로 간주하기보다는 문제가 되는 일 정도로 여겼다. 나타샤는 설거지 담당과 재료 준비 담당 몇 명이 대형 냉장실로 따라 들어와 "당신 가슴이 좋아"라고 말하곤 했다고 이야기했다. 크리스틴 또한 설거지 담당이 자신을 대형 냉장실의 모퉁이로 몰아

넣었던 것을 기억했다. 캐런과 린제이도 설거지 담당이 계속해서 성적인 접근을 했는데 다른 남성이 그러지 말라고 이야기한 후에도 멈추지 않았다고 했다. 이런 사례에서 설거지 담당은 주로 멕시코나 쿠바 출신이었고, 인터뷰이들은 그들이 이민자이기 때문에 일터에서 부적절한 행동이 무엇인지 이해하지 못했을 수 있다고 말했다. 멜리사는 이런 상황이 남성 설거지 담당에게 혼란스러울 수도 있다는 사실을 인정했다. 설거지 담당은 여성 셰프들이 남성 셰프와 성적인 농담을 주고받는 것을 지켜봤기 때문이다. 하지만 그들은 자신이 부엌의 위계질서에서 다른 자리를 차지하고 있기 때문에 남성 셰프와 같은 대접을 받을 수 없다는 사실은 깨닫지 못했다.

인터뷰이들은 일터에서 발생하는 성적인 행동을 모두 성희롱으로 간주하지는 않았다. 또한 성희롱의 정의는 부엌의 위계질서에서 가해자가 차지하고 있는 위치에 따라 달라졌다. 하지만 이런 상황이 닥쳤을 때 여성 셰프가 알아서 해결해야 한다는 점에는 모두 동의했다. 이는 관리부가 성희롱을 무시하거나 제대로 대처하지 못할 거라는 믿음 때문으로 보인다. 조앤과 태비사는 동료나 레스토랑 오너가 반갑지 않은 접근을 시도했을 때 레스토랑을 책임지고 있는 셰프들을 찾아갔다. 그리고 상황을 해결하기 위한 약간의 조치가 있었다. 태비사는 이를 비웃었는데, 성희롱 근절을 위해 모두 참석해야 하는 회의가 잡혔지만 오너와 가해자는 참석할 의

무가 없었기 때문이다. 결국 여성 셰프들은 스스로 상황을 해결하는 것이 더 낫다고 믿게 되었다.

여성 셰프들이 자기 힘으로 상황을 해결해야 한다고 믿는 또 다른 이유는 성희롱이 남자로만 이루어진 부엌에서 으레 생기는 일로 여겨지기 때문이다. 그러므로 성희롱은 여성 셰프가 부엌에서 꿋꿋이 버틸 수 있다는 것을 입증해야 하는 또 다른 사례일 뿐이다. 퍼트리샤는 부엌에서 일어나는 성희롱이 불가피하다고 믿는 셰프 중 한 명이었다. 그녀는 성희롱 같은 문제에 대처하는 방법을 배울 수 있느냐 없느냐가 남자뿐인 환경에 적응할 수 있느냐를 판단하는 기준 중 하나라고 생각했다.

> 남자가 남자한테 어떤 식으로 말을 하는지, 남자끼리는 어떻게 상호작용을 하는지를 배워야만 해요. 성희롱도 겪게 될 거예요. 그 게임에 참여할 건가요? 아니면 규율을 지키는 사람이 되어 문제가 커질 때는 언제이고 아직 장난일 때는 언제인지를 파악할 건가요? (…) 그게 뭐든 간에 남자들하고 잘 지내는 법을 찾아내야 해요.

인터뷰이들의 말에 따르면, 성적인 농담과 괴롭힘 중에는 여성이 부엌에서 지낼 수 있을 만큼 강인한지를 알아내려는 목적을 가진 것도 있다. 만약 여성 셰프가 예민하고 부엌에서 벌어지는 일들에 화를 낸다면 이는 곧 부엌에 있을 만한 사람이 아니라는 증거가 된다. 로즈는 남성 동료들이 그녀에게 가진 성적 판타지에 대해 이야기하면서 그녀가 어떤 반응을 보이는지 시험한 적이 있다고 말했다. 그때 로즈는 반드시 남성 동료들이 자신에게 그 어떤 영향도 끼치지 못한다고 생각하게 만들어야 했다.

> 그때 얼굴이 빨개지면 장난은 안 끝나요. 밤새도록 이어질 걸요. 그 사람들은 모두에게 그런 행동을 해요. 게이한테도 하죠. 이때 절대로 흔들리면 안 돼요. 하지만 한번 내 능력을 입증하면 엄청 재미있어져요. 그때부터 남자들은 자기가 뭘 잘못해서 여자친구가 화가 났는지 물어보기 시작하거든요. 여자친구의 입장을 알아야 하니까요.

여성 셰프들은 여러 가지 방법으로 성화된 일터에서 발생하는 문제를 해결한다. 몇몇은 성적인 발언을 무시하거나 못 들은 척한다. 나타샤는 함께 일했던 20대 중반의 젊은 남자 직원들이 "그렇게 추잡스러울 수 없는 말"을 하곤 했다고 불만을 토로했지만 그럴 때마다 상상 속의 귀마개를 하고 주변에서 들려오는 대화를 전부 무시하려 애썼다고 말했다. 하지만 무시가 언제나 도움이 되는 것은 아니다. 성적인 말과 괴롭힘이 더욱 악화되는 경우도 있기 때문이다. 이때 여성 셰프 대부분은 직설적인 태도로 "그들이 그리 대단한 사람이 아니라는 것"을 알려준다. 몇몇은 "내가 그런 얘기까지 들을 필요는 없을 것 같은데"라거나 "그건 적절한 발언이 아니야"라는 말로 대화를 끝내고 싶다는 메시지를 전달했다. 에린은 함께 일하는 남성이 과한 농담을 할 때 "너무 멀리 나갔어"라고 답하곤 했다. 에린은 이렇게 말한다. "남자들은 자기가 선을 넘었는지 몰라요. 우리가 알려줘야 하죠."

남성이 공공연하게 섹스를 하자고 하거나 몸을 만진 더 심각한 사례도 있었다. 단호한 태도로 당신에게 관심이 없다고 말하거나 만지지 말라고 해도 소용이 없으면 여성 셰프는 더 강한 대응 방법을 생각해내야 한다. 알렉산드라는 자신이 강하다는 사실을 보이려고 사용했던 방법을 떠올렸다. "어떤 남자가 제 옆을 지나갈 때마다 제 엉덩이를 만졌어요. 또 그러기에 한번은 칼을 꺼내서 목에 갖다 대고는 '한 번만 더 그러면 목을 그어버린다'고 말했죠." 말로써 알아듣게 만든 경우도 있다. 캐런은 설거지 담당에게 성적인 말을 들은 경험이 두 번 있었다. 그중 한 번은 그만두라고 계속 말했는데도 소용이 없자 그의 모국어로 어머니를 모욕해 성희롱을 멈출 수 있었다. 캐런은 그 일 이후 설거지 담당자가 두 달 동안 말을 걸지 않았다고 말했는데, 어쨌든 성희롱은 끝이 났다. 다른 한 번은 그가 청소를 책임지고 있는 대형 냉장고 안쪽 벽면에 달걀을 던져 엉망으로 만들었다. 헤드 셰프가 무슨 일이 일어난 거냐고 물었을 때 캐런은 아무것도 모르는 척했다. 하지만 설거지 담당자가 더 이상 성적인 말로 치근거리지 않았기 때문에, 캐런은 달걀을 통해 보낸 메시지를 알아들은 거라고 추측했다.

스스로 성희롱을 해결할 수 있다는 사실을 입증한 여성들은 자신과 다른 선택을 하는 여성에게 비판적인 태도를 보인다. 대형 호텔 체인에서 패스트리 셰프로 근무했던 브렌다(54세)는 다른 여성 셰프가 부엌에서 일어난 성희롱 문제에 제대로 대응하지 않는 것을 보고 좌절했던 기억이 있다.

> 그 남자가 일요 신문에서 브래지어 광고를 오려서 주문서 있는 곳에 붙여놓은 거예요. 그냥 좋아보였나 보죠. 알 게 뭐예요. 그 남자가 그 짓을 하고 있을 때 근처에 여자 두어 명이 있었어요. 그래서 물어봤죠. "왜 마크가 저런 짓을 하는 걸 내버려두는 거야?" [그 여자들의 말] "[멍청한 고음의 목소리로] 아, 별로 신경 안 쓰여서. 재밌잖아." [브렌다의 말] "[회의적인 목소리로] 아, 그래."

앞서 살펴본 여러 성희롱 사례처럼 결국 여성 셰프들은 일터를 감시하는 역할까지 떠맡게 된다. 브렌다의 동료 여성 셰프 2명은 일터가 성화되는 것을 막지 않았기 때문에 브렌다의 존중을 잃었다. 남성은 일터를 성화한 것에 책임을 져야 한다고 여겨지지 않는다(그리고 성화된 일터는 보편적인 것으로 받아들여진다). 하지만 여성은 이런 상황을 참고 견뎌야 하며, 누군가가 선을 넘었을 때 지나친 행동을 멈출 방법을 찾아야만 한다. 여성은 성희롱을 근절해야 할 책임이 있다고 여겨질 뿐만 아니라 성희롱을 근절하는 방식 또한 팀 내에 불화를 일으키지 않는 것이어야 한다. 동시에 여성은 어떤 행동을 문제라고 판단했을 때 반드시 부엌에 있는 모두가 그 판단에 동의하게 만들어야 한다. 그러지 않으면 셰프로 일하기에 너무 예민한, "흥을 깨는 사람"이라는 꼬리표를 얻을 위험이 있기 때문이다.

일터에서 발생한 성희롱에 항의하고자 공식 절차를 거친 인터뷰이는 조앤과 태비사, 둘뿐이었다. 하지만 둘 다 성희롱을 멈추지 못했고, 결국 다른 레스토랑으로 자리를 옮겨야 했다. 레스토랑 부엌에는 공식적인 항의를 하면 안 된다는 강력한 규범이 암암리에 깔려 있다. 관리부에 도움을 요청한 여성은 경멸적인 방식으로 언급된다. 수 셰프인 모니카(25세)와의 인터뷰에서도 마찬가지였다. 대화를 막 시작했을 때 모니카는 한 번도 성희롱을 당한 적이 없다고 말했다. 하지만 부엌에 다양한 사람들이 섞여 있는 탓에 성희롱이 "일어날 수밖에 없다"고 생각했다. 모니카는 성희롱이 불가피하기 때문에 여성 셰프는 "이를 해결하기 위해 최선을 다하는" 법을 알아야 한다고 말했다. 그런 노력으로도 성희롱을 멈출 수 없어서 관리부가 관여할 수밖에 없었던 사례를 아느냐고 물어보자, 모니카는 그런 사례가 있었지만 여성이 단호하게 "자기주장을 하지 않았을 때"에만 그런 일이 생긴다고 답했다. 모니카의 대답에서 성희롱 때문에 정말로 비난받는 사람은 부적절한 행동을 한 남성이 아니라 부적절한 행동을 멈출 수 있을 정도로 충분히 강하지 못했던 여성이라는 것을 알 수 있다.

성희롱을 겪은 여성과 마찬가지로 여성 셰프들도 관련 당국의 개입을 피해야 한다는 압박을 느낀다. 레스토랑이나 호텔에서 일하는 사람들에게 당국이란 현장 관리자나 본사를 의미한다. 외부자가 성희롱 문제에 개입하는 것은 "너무 많은 사람들이 관련되고 부엌에 있는 사람들 사이에 너무 많은 긴장이 발생"하는 것으로 묘사된다. 이는 사건을 "침소봉대"하는 것이다. 인터뷰이들은 심지어 성희롱의 피해자에게도 관리부가 개입하면 사건이 더 "골치 아파"질 수 있다고 경고했다. 첼시는 "일을 크게 벌일 거면 본인도 흠 잡을 데 없이 깨끗해야 해요. 누군가가 당신을 만져서 화가 나기 전에 부엌에서 [성적인] 대화에 참여한 적이 있다면 본인도 비난을 받을 수 있"기 때문이라고 설명했다. 첼시의 말에 따르면, 이런 상황 때문에 여성 셰프는 또다시 아슬아슬한 줄타기를 해야 한다. 만약 부엌에서 성적 농담이나 괴롭힘에 참여하지 않으면 단체 활동을 잘 못하는 사람으로 여겨질 수 있으며 부엌의 일원이 되려고 노력하지 않는다는 비난을 받을 수 있다. 하지만 성적 농담과 괴롭힘에 참여하면서 "남자들 중 한 명"인 것처럼 행동할 경우, 그 후 남자 중 한 명이 선을 넘어 몸을 더듬었을 때 여성이 전에 했던 농담은 성희롱을 해도 좋다는 사인으로 간주될 가능성이 있다.

브렌다는 관리직으로 일하면서 성희롱 사건을 다뤘던 경험이 있다. 남성 셰프 중 한 명이 동료 여성의 가슴을 만져 여성 셰프가 매우 분노한 사건이었다. 브렌다는 여성 셰프에게 이야기를 듣고 셰프들이 일하고 있던 대형 호텔의 헤드 셰프에게 문제를 제기했다. 상황은 남성 셰프가 사과하는 것으로 해결되었고, 몇 달이 지나자 부엌에 조성되었던 긴장감도 대부분 해소되었다. 브렌다가 놀란 지점은, 문제를 관리부에 알렸다는 사실에 많은 셰프가 충격을 받았다는 것이었다. 브렌다가 보기에 관리부에 알리는 것 말고는 관리자로서 이 문제를 해결할 수 있는 방법이 없었다. 하지만 셰프들은 공식적으로 문제를 다루었다는 사실에 매우 놀랐던 것이다.

여성 셰프 대다수가 성희롱이 점점 줄어들고 있다고 말했다. 세대가 변하면서 여성 셰프를 성적으로 대하던 늙은 남성 셰프들이 업계를 떠나고 있기 때문이라고 했다. 또한 기업이 운영하는 레스토랑이 점점 더 많아지고 있다는 점도 성희롱이 줄어드는 이유라고 보았다. 대기업이 레스토랑과 호텔을 운영할 경우 성희롱 문제로 소송이 발생했을 때 수백만 달러가 날아갈 수 있다. 여성 셰프의 존재 자체가 성희롱이 줄어드는 또 다른 이유일 수 있다. 미식에 장에 진입하는 여성과 리더의 지위에 오르는 여성의 수가 점점 늘어나면서 남성 중심적인 직장 문화가 형성되는 일이 줄어들고 있는 것이다. 또한 리더 역할을 맡은 여성 셰프는 적극적으로 성희롱을 없앨 방법을 마련한다(이 주제는 4장에서 더 자세히 논의할 것이다). 인터뷰이 대다수는 직원들에게 부엌 내에서 대화와 말투에 주의할 것을 분명히 요구했다. 헤드 셰프이자 레스토랑 오너인 미셸은 남자 직원들에게 이렇게 말한다. "이게 내가 일하는 방식이야. 나는 저질스러운 말은 싫어. 성적 농담도 용납하지 않을 거야. 인종차별 발언도 용납하지 않아. 다른 사람을 차별하는 그 어떤 농담도 용납하지 않아."

미셸과 다른 여성 헤드 셰프들은 분명한 기준을 세워 요구함으로써 성적이고 타인을 배려하지 않는 업무 환경을 조성하지 않고서도 강한 팀워크를 다질 수 있었다고 말한다. 헤드 셰프인 애나 역시 동료 간 상호 존중을 강조하는 환경에서 일하고 있었다. 애나는 이런 환경이 조성된 덕분에 셰프와 외부인들이 레스토랑 부엌은 "전문적인 공간이며 앞으로도 이런 식으로 운영되어야 한다"고 생각하게 된다고 느꼈다. 그러므로 셰프가 수준 높은 훈련을 받은 전문가로 인정받기 위해 노력할수록 전문 레스토랑 부엌의 천박한 측면이 사라질 수 있다.

성별은 중요치 않습니다. 안 그럴 때만 빼고요.

젠더는 사회 경험에 영향을 미치는 주된 요소지만 성별이 자신의 삶에 어떤 영향을 미치는지 분간하고 설명하는 것은 매우 힘들다. 특히 우리 인터뷰이들처럼 극도로 남성 중심적인 직업에 종사하면서 혹독한 환경과 고강도의 육체노동을 경험하는 여성의 경우 더욱 어렵다. 건설, 탄광, 소방에 종사하는 여성에 대한 연구 결과에 따르면, 여성은 일터에서 겪는 부정적인 경험을 종종 무시하며, 남성 동료들과 이야기를 나눌 때 이런 경향이 더 심해진다. 이런 직업군에서는 강인해야 하며, 근무 환경에 대해 불평불만을 늘어놓지 않는 것을 매우 중요하게 여긴다. 문제에 대해 이야기하는 것은 약함을 나타내며, 여성은 이 직업에 어울리지 않는다는 남성의 믿음을 공고히 하는 역할을 할 뿐이다. 따라서 여성은 일터에서 생기는 성차별이나 부당 대우에 불만을 가지면 안 된다는 믿음을 가진다. 그 결과 여성들에게 성별 때문에 차별받았던 경험이 있느냐고 물어보면 이들은 "성별은 중요하지 않다"고 하거나 심지어 "그런 경험이 전혀 없다"고 대답한다. 이처럼 연구 참여자들이 성별이 자신의 삶에 영향을 미친다는 사실을 부정하거나 말하는 걸 꺼려하는 현상을 '성 중립성'이라고 한다.

샤론 버드Sharon Bird와 로라 로튼Laura Rhoton은 성 중립성 연구를 검토한 후 이 개념에 세 가지 차원이 있다고 설명했다. 첫째, 자기 자신이나 자신의 행동을 성 중립적인 것으로 묘사한다("저는 '셰프'지, '여성 셰프'가 아니에요"). 둘째, 다른 사람의 행동을 젠더화라는 틀에 넣는 걸 거부한다("하지만 전 그게 성별의 문제라고 생각하지 않아요"). 셋째, 조직의 구조나 문화, 관행이 성 중립적이라는 견해를 지지한다("하지만 그건 모두[남성과 여성]에게 똑같아요").

인터뷰를 하는 동안 인터뷰이들은 젠더가 자신의 경력에 영향을 미친다는 사실을 여러 번 부정했으며, 그 과정에서 성 중립성 개념에 의지했다. 젠더가 자신의 경력에 영향을 미치지 않는다고 주장한 인터뷰이들은 주로 이런 입장을 취했다. 첫째, 성별은 '더 이상' 중요하지 않다. 둘째, 성별은 '나에게' 중요하지 않다. 첫 번째 입장은 추상적이며 미식의 장에서 여성이 차지하고 있는 전반적 지위와 함께 지난 10여 년간 이 지위가 어떻게 변했는지를 설명한다. 두 번째 입장은 보다 개인적인 경험을 다루며 자신이 겪은 부정적 경험이 자신이 여성이라는 사실에서 비롯되었다고 믿는지에 대해 이야기한다. 두 가지 입장은 상호 배타적이지 않으며 인터뷰이 중 몇 명은 일터에서의 경험에 대한 답변으로 두 가지 입장을 동시에 취하기도 했다.

또한 여성 셰프들은 성 중립성을 언급한 후(자신의 성별이 어떤 방식으로든 자신의 경력에 전혀 영향을 미치지 않았다고 강력하게 주장하는 사람도 있었다) 바로 다음 순간 연구원의 입장에서는 상당히 젠더와 관련된 문제로 보이는 사례를 들려준 적이 많았다.

몇몇 인터뷰이의 경우 젠더가 중요하지 않다고 주장하는 이유는 과거 전문 레스토랑 부엌의 환경이 지금보다 훨씬 좋지 않았다는 사실 때문이었다. 그러므로 과거와 비교했을 때 젠더는 더 이상 문제되지 않는다는 것이다. 예를 들어, 질은 이제 부엌 인력의 성별이 "꽤 섞여 있"으며 10년 전만 해도 그렇지 않았다고 말했다. 미식의 장에 속한 여성 셰프의 수가 늘어나면서 여성이 과거에 비해 나은 대우를 받게 된 것은 사실이다. 25년 동안 요리 산업에 종사한 로즈는 분명 변화를 목격했다. 그녀는 처음 일을 시작했을 때 자신이 "아무도 알아주지 않는 설거지 담당과 비슷한 위치"에 있다고 느꼈다면서, 그때와 비교할 때 지금은 여성 셰프가 처한 환경이 "훨씬 나아졌다"고 말했다. 크리스틴도 이 생각에 동의했다. 크리스틴은 이제 여성 셰프가 부엌에서 "거의 동등하게" 대접받고 있으며 지난 2~3년 동안 여성이라는 이유로 자신을 하찮게 보는 사람과 마찰을 일으킨 적이 없다고 말했다.

몇몇은 전문 셰프라는 직업의 특성상 성별은 중요하지 않다고 말했다. 음식 배달 전문 회사의 오너인 앰버는 성별이 자신의 경력에 영향을 미쳤다고 생각하지 않았다. 성별이 전문 셰프로 성공하는 데 아무런 영향을 주지 않느냐고 질문하자 앰버는 실패의 원인은 성별이 아니라 "지나친 시도를 하는 데" 있다고 답했다. 앰버의 설명에 따르면, 사람들은 대부분 "나도 요리를 할 수 있다"고 생각하지만 실제로는 그렇지 않다. 결국 성공은 젠더의 문제가 아니라 능력의 문제라는 것이다. 다나 또한 전문 요리는 다른 직업에 비해 능력이 훨씬 중요하기 때문에 부엌에서 성별은 능력보다 덜 중요하다고 믿었다. 다나는 다음과 같이 설명했다.

> 제 경험에 비추어 보면 전 [남성 셰프와 여성 셰프가 대접받는 방식의] 차이를 잘 모르겠어요. 열심히 일하면 노력은 어떻게든 보

상으로 돌아와요. 게으르거나 일을 잘 못한다면 그건 최선을 다 하지 않은 거예요. 음식은 결과로 말해요. 손님들이 행복해하나? 식당을 다시 찾는가? 그렇다면 일을 제대로 하고 있는 거죠. 잘하고 있는 거예요.

경력이 긴 여성 셰프들은 성공을 결정하는 요인으로 근면함과 능력을 꼽았다. 카미유는 "얼마나 일을 잘하느냐가 능력을 입증해주고 결국 성공으로 이어진다"면서 "누구나 일을 할 수 있으므로" 성공은 젠더에 좌우되지 않는다고 말했다. 레스토랑 셰프인 질 또한 성공은 개인의 성과에 달려 있으며 "일을 잘하면 보상받을 것"이라고 믿었다.

여성 셰프들이 인터뷰에서 성 중립성을 거론한 또 다른 방식은 미식의 장에서 잘 알려진 여성을 언급하는 것이었다. 이 여성들이 이룬 성취는 여성이 셰프로서 성공하지 못할 이유가 없다는 증거로 제시되었다. 인터뷰이들은 줄리아 차일드나 앨리스 워터스뿐만 아니라 로스앤젤레스에 라 브레아 베이커리를 설립한 낸시 실버턴Nancy Silverton이나 휴스턴에 기반을 둔 모니카 포프Monica Pope 같은 동시대의 셰프들도 언급했다. 심지어 푸드네트워크의 진행자인 폴라 딘Paula Deen과 레이철 레이 같은 요리 분야의 유명인사도 성공을 거둔 사례로 등장했다. 성공한 여성 셰프들이 그토록 눈에 띄는 것은 이들이 남성 중심적인 분야에서 토큰의 역할을 하고 있기 때문이라는 주장이 있을 수 있다. 그러나 인터뷰이들은 여성 셰프들의 성공 사례를 제시함으로써, 실제로 성공한 여성 셰프가 많이 존재한다는 것과 능력이 뛰어난 여성 셰프라면 성공할 수 있다는 사실을 전달하려고 한다. 이런 주장은 아프리카계 미국인 대통령이 등장했으므로(사실 오바마는 혼혈이다) 인종차별이 사라졌다는 주장과 비슷하다. 아디아 하비 윙필드Adia Harvey Wingfiled는 칸터의 토크니즘 이론을 이용해 눈에 잘 띄는 성공한 소수자를 강조하는 것은 인종 및 젠더와 관련된 과소대표 문제 같은 구조적·조직적 불평등을 축소한다고 주장했다. 여성 셰프의 경우 미디어의 슈퍼스타가 된 여성 셰프에 주목함으로써 여성이 가진 한계보다는 여성의 힘에 초점을 맞추게 될 수 있다.

인터뷰이들은 모든 분야에 젠더 불평등이 존재한다는 점을 지적했다. 다른 직업군에서도 여성이 성공하려면 더 노력해야 하듯, 셰프도 다르지 않다는 것이다. 제인은 "남성보다 좀 더 노력해야 할 수도 있다"는 점을 인정했지만 이렇게 덧붙였다. "하지만 여성이 더 노력할 필요가 없는 분야가 있는지 모르겠네요." 이런 관점에 따르면, 젠더 불평등은 어디에나 존재하기 때문에 셰프의 일상에서 젠더 불평등이 미치는 영향은 그리 크지 않다.

인터뷰이들은 셰프로 일하는 것을 의사나 수의사, 우주 비행사처럼 오랫동안 남성이 지배한 분야에서 일하는 것에 비유했다. 헤드 셰프이자 레스토랑 오너인 엘리사는 "부엌이든, 사무실이든,

어디든 처음엔 다 힘들어요. 사람들을 새로 사귀어야 하고 이 직업을 가질 자격이 있다는 걸 증명해야 하죠"라고 말했다. 새로운 일터에서 자신의 능력을 입증해야 하는 것은 어느 분야에서나 마찬가지이므로 엘리사는 "성별이 여성인지 남성인지는 중요하지 않다"고 믿었다.

인터뷰이들은 셰프로서의 성공을 결정하는 가장 중요한 요인은 성별이 아니라 성격이나 자신감 같은 개인의 특성이라고 말했다. 레스토랑 오너이며 전직 셰프였던 케이트는 일터에서 남성 동료와 다른 대우를 받았다고 느낀 적이 한 번도 없다고 했다. 그 이유로 헤드 셰프가 만든 업무 환경과 자신이 남성 동료들과 경쟁하지 않는다는 사실을 꼽았다. 케이트는 자신이 "경쟁적인" 사람이 아니라 "자신감 있는" 사람이며, 이런 성향이 도움이 되었다고 했다.

린제이 또한 일터에서 성차별을 겪지 않을 수 있었던 이유로 자신의 성격을 꼽았다. 하지만 자신이 받은 대우에 가장 큰 영향을 미친 게 정말로 개인적인 성격인지, 레즈비언이라는 지위인지 확실히 알 수 없다는 점을 인정하기도 했다. "전 모두와 잘 지냈어요. 그런데 그게 제가 레즈비언이기 때문인지 제 성격 덕분인지는 잘 모르겠어요. 어쨌든 저는 허튼소리를 듣고 있지 않아요. 동의하지 않는 지점이 있으면 제 생각을 이야기하죠. 그리고 저는 팀 플레이어로서 부엌에서 믿고 의지할 수 있는 사람이기도 해요." 인터뷰 초반에 린제이는 레즈비언이라는 사실이 그녀를 부엌의 "타자"

로 만든다는 이야기를 했다. 린제이는 일터에서 성적 대상으로 여겨지지 않을 뿐만 아니라(하지만 린제이도 과거 동료에게 성희롱을 당한 경험이 있었다) 여성에게 성적 매력을 느낀다는 사실 때문에 또 한 명의 남자로 받아들여졌다. 린제이의 말에서 특정 일터에서 겪은 경험의 원인을 찾는 것이 얼마나 어려운 일인지 그녀 스스로 잘 알고 있다는 사실이 드러난다. 린제이는 전반적으로 일을 즐겼으나 자신의 성공이 기꺼이 팀 플레이어가 되려고 하는 성격 때문인지, 그 밖의 다른 이유 때문인지 알지 못했다.

나타샤 역시 자신의 성격이 셰프로 성공하고 부엌에서 더 높은 곳으로 올라갈 수 있었던 이유라고 말했다. 어느 시점에서 나타샤는 그녀의 성격 덕분에 "남자들 중 한 명"이 될 수 있었다고 말했는데, 자신이 "여성스러운 여자"였던 적이 없었기 때문이라고 했다. 그리고 본래 성격이 그렇기 때문에 "그동안 쭉 그래왔다"고 말했다. 하지만 이후 나타샤는 자신에게 "부드러운 면"도 있기 때문에 손님과 소통할 수 있었고 레스토랑의 공적 얼굴이 될 수 있었다고도 했다. 공적인 얼굴은 '셰프는 힘들고 거친 직업'이라는 사람들의 생각과는 다른 부드러운 얼굴이다. 나타샤의 발언은 '성격은 변하지 않는다'는 생각과 배치된다. 인터뷰이 대부분은 성격이라기보다는 수행하는 일의 유형을 성격이라는 말로 표현했다. 또 다른 인터뷰이는 남성 중심적인 부엌에 적응하고 받아들여지기 위해 여러 가지의 "페르소나"를 사용한다고 말했다. 강인하고 해당 직업에 적합한 성격을 소유하고 있다는 것은 자긍심의 근원이 될 수도 있지만, 그런 성격이 반영되는 방식은 종종 부엌에서 일하는 사람들의 젠더화된 기대에 좌우된다.

여성 셰프 중 몇 명은 임파워먼트 내러티브를 사용했고, 미식의 장에 있는 여성은 자신이 어떻게 대우받을지를 직접 선택할 수 있다고 주장했다. 애나는 여성이 "자신이 원하는 대로 대우받"을 수 있으며 "요리의 세계에서 겪게 될 자신의 경험을 스스로 설정할 수 있다"고 말했다. 이와 비슷하게 첼시는 자기 결정이 커리어에서 얼마나 중요한 역할을 했는지에 대해 이렇게 설명했다.

> 날 괴롭히고 놀림거리로 삼는 사람은 언제나 존재해요. 내가 여성이라는 이유로 말이죠. 하지만 포기하면 안 돼요. 저는 제가 남자들과 동등하다고 생각하고, 언제나 그렇게 생각했어요. 그리고 그게 당신이에요. 그 생각에 의심을 가져서는 안 돼요. 많은 게 내 결정에 따라 달라져요. 이렇게 생각할 수는 있어요. '어, 저 사람들이 나를 괴롭히고 있어.' 하지만 당신은 당신이 대접받기를 원하는 대로 대접받게 되어 있어요. 자기 자신에게 책임감을 가져야 한다고요.

캐런도 이런 믿음을 공유하고 있었다. 그리고 이렇게 주장했다. "전 누가 저를 제지할 수 있다고 생각하지 않아요. 나를 막을 수 있는 유일한 사람은 나뿐이에요. 전 최고의 레스토랑에서만 일했어요. 그렇게 하기로 결정했으니까요."

이런 발언은 남성 중심적인 직업에 종사하는 여성에게 유익할 수 있다. 성 중립성을 주장하면 미식의 장을 다룰 수 있는 힘을 가진 듯한 느낌을 받을 수 있기 때문이다. 젠더가 자신의 삶에 영향을 미친다는 생각을 거부함으로써 여성들은 일터에서 겪는 차별이나 불공평함에 더 이상 부정적인 기분을 느끼지 않아도 된다. 자신의 성별(그리고 남성 동료들이 자신의 성별을 바라보는 방식)은 스스로 통제할 수 없는 것이기에 더욱 그렇다. 동시에 이처럼 경쟁적인 분야에서 성공을 거둔 여성들이 성공의 원인을 자신의 성격, 근면함, 스스로에 대한 믿음에 돌리는 행위는 이 여성들을 '생존자'이자 이들이 차지한 자리에 오를 만한 '가치'가 있는 사람으로 그려낸다. 일터에서의 젠더 전략을 살펴본 버드와 로튼의 연구 내용처럼, 남성 중심적인 업무 환경에서 요구하는 바에 맞춰 자신을 바꾼 여성들은 일터에서 용인되고 받아들여질 수 있다. 그러므로 개인의 성격이 가진 힘을 강조하고 젠더가 미치는 영향은 무시해야 한다는 강한 압력이 존재하게 된다.

요리 강사인 세라(25세)와의 인터뷰에서 관련 사례를 찾아볼 수 있다. 그동안 세라가 일한 여러 레스토랑은 젠더 분리의 수준이 다양했다. 어떤 레스토랑은 헤드 셰프와 관리자가 전부 남성이었다. 세라는 그곳에서 뭔가 다른 점을 느꼈지만, 결국 어떻게 대우받는지를 결정한 것은 자신의 성격과 기준이었다고 말했다.

> 거기선 불평을 하면 안 돼요. 불평을 하면 징징대는 사람으로 보여요. 그렇다고 사람들이 실제로 당신한테 그런 말을 하는 건 아니에요. "절대 불평하면 안 돼"라고 말하는 사람은 아무도 없어요. (…) 하지만 주변 남자들이 주는 인상으로 파악하건대, 불평을 하면 약한 사람이 되어버려요. (…) 전 사람들이 제가 여자라는 이유로 나쁜 일을 줬다고 느낀 적이 단 한 번도 없어요. 전 존중받는다고 느꼈어요. 그리고 그건 제가 그렇게 하기로 결정했기 때문이에요. 제 생각에 동정받고 싶어 하는 사람은 더 괴롭힘을 당해요. 저는 그런 사람이 되고 싶지 않았고, 사람들이 저를 그렇게 취급하는 걸 용납할 수 없었어요. 그래서 이런 문제에 관해서는 거의 좋은 상황에 있었던 것 같아요.

세라의 말은 연구자들이 성 중립성의 위험이라고 지적한 것을 잘 보여준다. 세라는 일터에서 그 어떤 차별("나쁜 일"을 배정받는 것)도 받아본 적이 없다고 말했으나, 무슨 일이 있더라도 불평해서는 안 되는 분위기가 퍼져 있다고 말하기도 했다. 젠더가 여성 셰프의 경험에 미치는 영향력을 부정하는 것은 그보다 더 거대한, 제도화된 젠더 불평등을 무시하고 직업적 성취를 그저 개인의 의지와 능력, 노력의 결과로 만든다. "일을 잘해낸다면 보상받을 것"

이라던 질의 주장은 그녀가 승진할 차례였지만, 다른 남성 셰프가 가족을 먹여 살리기 위해 더 높은 지위와 더 많은 연봉을 필요로 한다는 이유로 밀려났다는 사실에 힘을 잃는다.

성 중립성 담론은 제3차 페미니즘 물결과 힘을 합친 '걸 파워girl power' 레토릭의 한 버전으로 등장한 듯하다. 젠더 불평등이 존재하지 않는다고 말하는 것은 남성 중심적인 직업에 종사하는 여성이 자신의 힘과 기술에 집중할 수 있도록 도우며 일상적인 임파워먼트의 한 형태로 기능할 수도 있다. 이와 비슷한 담론들이 많은 여성 노동자, 특히 젊은 여성 노동자들의 공감을 불러일으킨 것으로 보인다. 2013년 페이스북의 최고 운영 책임자 셰릴 샌드버그Sheryl Sandberg가 출간한 『린 인』은 수백만 부가 팔렸다. 샌드버그는 "여전히 남성이 세계를 지배하고 있지만" 오늘날 여성의 삶은 훨씬 나아졌다고 주장한다. 샌드버그는 제도화된 젠더 불평등이 존재한다는 사실을 인식하고 있지만, "여성은 내면의 장애물에 가로막혀 있다. 우리는 스스로 우리의 발목을 잡는다. (…) 자신감이 부족하고, 손을 번쩍 들지 못하며, 앞으로 나서야 할 때 뒤로 물러선다"고 주장한다. 샌드버그는 여성에게 일터에서 젠더 불평등이 줄어들 때까지 기다리는 대신 적극적으로 나서서 원하는 것을 요구하라고 말한다.

학자와 미디어 평론가들은 샌드버그의 책에 꽤 상반되는 반응을 보였다. 몇몇은 여성이 변화를 만들어낼 수 있고 스스로에게 힘을 부여할 수 있다는 샌드버그의 말에 박수를 보냈다. 반면 젠더를 연구하는 학자들은 이 책이 구조적 불평등을 무시하고, 궁극적으로는 여성이 일터에서 경험하는 불평등의 책임을 여성의 어깨에 지운다는 점을 염려했다. 즉, '린 인' 전략의 문제는 젠더 불평등의 해결책이 개인을 기반으로 한다는 점이다. 샌드버그의 가르침과 매우 비슷하게, 인터뷰이의 대다수는 임파워먼트 전략을 사용하면서 자신의 경험에 젠더 불평등이라는 딱지를 붙이는 걸 거부했다. 이런 틀 안에서 여성은 생존자가 될 수 있다. 또한 이런 견해는 여성을 희생자로 만드는 것이 아니라 여성의 힘을 강조한다는 점에서도 매력적이다.

'나는 여성으로서 성공했으므로 너도 나처럼 할 수 있어야 한다'는 태도는 격려가 될 수도 있지만 쉽게 비난으로 변할 수도 있다. 그리고 이 비난은 여자라는 이유로 일터에서 부당한 대접을 받는 데 반대하는 여성의 입을 막는다. 또한 이런 태도는 여성 셰프의 조직화 및 여성의 진입과 승진을 촉진하는 정책 수립과 같이 미식의 장과 개개 레스토랑에서 일어나는 변화에 여성 스스로 저항하게 만든다. 예를 들어, 셰프이자 레스토랑 오너인 엘리사는 "제가 여성이기 때문에 더 많은 기회를 얻을 수 있었다 해도 전 별로 좋아하지 않았을 거예요"라고 말했다. 여성에게 자신의 능력을 입증할 것을 요구하는 직장 문화 때문에 여성은 여성이 특별대우를 받을 때(단지 기울어진 운동장의 수평을 맞추는 역할만 할지라도)

그동안 자신이 했던 고된 노력이 물거품이 될 것을 염려한다.

헤드 셰프이자 레스토랑 오너인 퍼트리샤는 미식의 장에서 여성의 역할과 여성의 장 진입을 좀 더 쉽게 만들 수 있는 방법에 대해 물었을 때 변화를 꺼리는 듯한 답변을 했다. 퍼트리샤는 미식의 장에 여성이 앞으로 나아갈 수 없게 만드는 구조적 장애물이 있다는 사실을 인정하면서도 개개인은 자신의 앞날을 스스로 결정할 수 있다고 말하는 등 왔다 갔다 하는 모습을 보였다. 처음에 퍼트리샤는 여성 셰프의 수를 늘리는 프로그램이 싫다고 했다. 그러고는 어렸을 때 여성을 받아주는 수의학과가 별로 없다는 이유로 수의학과 진학을 만류 당했던 경험을 이야기했다. 퍼트리샤는 현재 여성이 셰프로 일하거나 요리학교에 등록하지 못하게 막는 법률이 없기 때문에 여성이 "자유 의지"와 일을 잘할 수 있는 능력만 갖추면 된다고 생각했다. 진정으로 셰프가 되고자 하는 여성은 성공하기 위해 "상류를 향해 물살을 거슬러 올라가는 연어"처럼 현재의 상황과 맞서 싸워야 한다는 것이다. 하지만 이후 그녀는 여성의 수의학과 입학을 장려하는 특별 프로그램과 법률 없이 여성 수의사가 존재할 수 없다는 주장에 동의했다.

몇몇 여성은 자신이 여자라는 이유로 도움을 받은 적이 있다고 생각하기 때문에 여성이 셰프로서 불공평한 대우를 받는다는 주장에 반대한다. 헤드 셰프가 여자와 일하기 싫어한다는 이유로 패스트리 셰프 자리를 얻을 수 없었던 멜리사는 자신이 "귀엽기"

때문에 같이 일하고 싶어 한 남성 셰프가 일자리를 얻을 수 있도록 도와준 거라고 말했다. 멜리사는 처음에 패스트리 셰프 자리를 얻을 수 없었는데도, 이 일을 자신이 여성이기 때문에 도움을 받은 사례로 규정했다. 캐런은 헤드 셰프가 능력이 좋아서가 아니라 매력적이라는 이유로 몇몇 여성 셰프를 고용했던 기억을 떠올렸다. 요리 강사이자 패스트리 회사의 영업부에서 일하는 엘런(42세)은 여성이라는 사실이 일터에서 도움이 됐다고 믿었는데, 자신이 남자로만 이루어진 집단 내에서 특이한 존재였기 때문이라고 했다. "전 여자이기 때문에 다른 대접을 받았어요. 셰프들은 원래 하루 종일 남자만 봤어요. 그러니 여성 셰프가 들어오면 '좋아, 너한테 관심을 줄게'라는 태도를 보이게 되는 거죠." 엘런은 자기가 남자와 다르게 생겼기 때문에 셰프와 손님들이 같은 지위에 있는 남성보다 자신에게 더 많은 관심을 보였다고 느꼈다. 미묘한 성차별주의의 아이러니한 결과다.

미식의 장에서 여성 셰프의 경험을 형성하는 주원인은 젠더가 아니라 여성이 부당 대우를 용인하느냐 하지 않느냐와 성격이라는 주장은 일에 젠더가 끼어들면 안 된다는 믿음을 동반한다. 심지어 인터뷰이 중 몇몇은 남성 셰프와 여성 셰프의 경험이 다르다고 주장하는 것 자체가 여성 셰프는 성공하기 위해 열심히 노력하기보다는 "화를 낼 대상을 찾는다"는 증거라고 생각했다. 리사는 일터에서 젠더 차이에 주목하는 여성을 "난 여자야. 그러니 내

말 들어"라는 태도를 가진 사람으로 묘사했다. 리사의 설명에 따르면, 그런 태도를 가진 여성들은 좋은 셰프가 되는 것보다 자신이 여자라는 사실에 집중하기 때문에 한계에 부딪친다. 심지어 여성 셰프는 가르드 망제에서 빠져나오기 힘들다거나, 자신 또한 손님을 만나러 부엌 밖으로 나가지 못한 적이 있다고 했던 태비사조차 "징징거리고 불평하는 건 아무런 도움이 안 된다"는 입장을 단호히 했다.

이처럼 여성 셰프들이 젠더를 거론하기 꺼리는 것은 전문 레스토랑 부엌의 규범을 내면화했기 때문인 듯하다. 여성 셰프가 열심히 일하고 좋은 결과물을 내도 남성 셰프들만큼 성공하지 못할 수 있다는 사실을 인정한다면 능력주의와 노력을 강조하는 주장은 힘을 잃는다. 남성 중심적인 분야에 종사하는 여성들은 개인의 성격과 선택을 강조함으로써 남성 중심적인 규칙을 거부하는 여성과 거리를 둘 수 있고, 성별과 관련된 부당 대우를 조직적인 체계가 아니라 "일시적"인 현상으로 치부할 수 있다. 하지만 일터에서 발생하는 젠더 불평등을 무시하고 그저 여성이 충분히 열심히 일하지 않아서 생기는 문제라고 규정하면, 여성성을 폄하하는 직장 문화가 재생산되어 현 상태를 유지하고 변화를 억제하는 결과를 낳는다.

젠더가 중요한가 중요하지 않은가에 대한 여성 셰프들의 견해에서는 여러 가지 모순이 나타났다. 남성 셰프와 여성 셰프가 다른 대접을 받느냐고 묻자, 카미유는 "경험과 성과가 동일하다면 남녀는 정확히 같은 대우를 받"는다고 주장했다. 그리고 이어서 "하지만 경력이 같거나 비슷한 남녀 셰프가 같은 자리에 지원한다면 남자 셰프가 일자리를 얻게 되겠지요"라고 말했다. 셰프로서의 개인적인 경험을 이야기할 때도 카미유는 성별이 자신의 경력에 영향을 미치지 않았다고 주장했다. 일과 가족 사이에서 균형을 잡는 문제에 대해(5장에서 더 자세히 다룰 것이다) 카미유는 직접 운영하고 있는 레스토랑의 셰프 조와 자신이 몇 년 전 같은 레스토랑에서 일을 시작했다고 말했다. 카미유는 두 아이의 엄마가 되었고, 조는 아이가 없다. 하지만 카미유는 조와 자신의 경력이 달라진 것이 자녀가 있고 없고 때문은 아니라고 보았다.

> 우리는 나이가 비슷하지만 조는 가정을 꾸리지 않았어요. 아이가 없죠. 하지만 조가 결혼을 했더라도 아이들을 돌보느라 일을 그만뒀을 것 같지는 않아요(웃음). 아내가 아이를 돌봐줄 테니까요. 여성은 경력을 쌓다보면 어느 지점에 이르게 돼요. 어떤 직업에서든 이런 때가 온다고 생각하는데, 일 외의 다른 것이 생기죠. 하지만 남자들은 그렇지 않아요. 그런 면에서 조는 저보다 일에 더 집중할 수 있어요. 하지만 전반적으로 남자 대 여자라는 성별 문제 때문에 남자가 여자보다 더 앞서 나갈 수 있다고 생각하지는 않아요.

카미유는 조에게 아이가 있었더라도 아이를 돌봐야 한다는 이유로 일을 그만두는 일은 없었을 거라고 생각한다. 하지만 이 문제는 셰프뿐만 아니라 다른 직업에서도 똑같이 발생한다고 말하면서 여성이 자녀 양육에 더 큰 책임을 진다는 점을 인정했지만 이를 젠더 문제로 여기지 않았다.

이런 견해는 미식의 장에서 이들이 차지하고 있는 지위에서 비롯된다고 볼 수 있다. 버드와 로튼의 연구에 따르면, 남성 중심적인 분야에 종사하는 여성 중 몇몇은 처음에는 성 중립성을 주장하다가 어느 정도 경력이 쌓이면 자신의 의견을 수정한다. 오랫동안 일하면서 "정정당당하게 승부에 참여"하고 남성 중심적인 일터의 이데올로기와 행동을 습득하더라도 인정과 성공을 얻지 못할 수 있다는 사실을 깨닫기 때문이다. 실제로 우리는 가장 성공한 인터뷰이가 가장 단호하게 성 중립성 개념을 지지하는 모습을 발견했다. 이 여성들은 인터뷰 당시 자리를 확실히 잡고 있었는데, 아마 그런 지위가 성별과 관련된 부당 대우에서 이들을 보호했을 것이라고 추측할 수 있다. 성 중립성을 주장하는 여성들은 주로 셰프이자 레스토랑 오너이거나 더 이상 레스토랑에서 일하지 않아도 되는 요리 강사였다. 이 여성들은 인터뷰 당시 차별당하는 상황에 있지 않았기에 여성 셰프가 성별 때문에 일터에서 어려움을 겪는다는 주장에 회의적이었다. 제과점의 오너인 수전(28세)은 "요리를 남자들의 세계라고 생각하지 않는다"면서 여성 셰프들이 "자신을 움직이는 드라이버는 자기자신"이라는 사실을 명심해야 한다고 말했다. 셰프직에서 젠더 불평등이 발생하는 것을 한 번도 보지 못했다는 말이냐고 묻자, 수전은 "다른 사람 밑에서 일하면 젠더 불평등이 발생할 수 있겠죠. 하지만 자기 가게를 소유하면 누구도 이래라저래라 하지 못해요"라고 말했다. 수전의 주장은 셰프 대부분이 다른 사람 밑에서 일하며, 일을 막 시작한 셰프들은 더욱 그럴 수밖에 없다는 사실을 고려하지 않는다. 유명 패스트리 셰프인 캐런 또한 스스로 "가장 훌륭한 장소"에서만 일하기로 결정했고, 자신의 이런 선택 덕분에 여성 셰프라는 이유로 부당 대우를 받았다고 느낀 적이 없다고 말했다. 수전과 캐런은 부엌의 위계질서에서 높은 곳으로 오르는 데 성공했다. 이들은 존경받는 위치에 있었고, 직원을 고용하거나 무례한 직원을 해고할 수 있는 권력을 갖고 있었다. 하지만 많은 여성이 그런 권한을 갖고 있지 못하며, 그만큼 영향력을 행사할 수 있는 위치에 오르기까지는 수년이 걸린다는 사실은 인정하지 않는 것처럼 보였다.

수전과 캐런 같은 여성 셰프들이 더 이상 성별은 중요치 않다고 단언하는 이유 중 하나는 이들이 그동안 미식의 장에서 상당히 많은 노력을 했기 때문이다. 만약 급진적인 변화가 일어나 미식의 장이 여성에게 더 우호적으로 변한다면, 이들이 현재의 자리에 오르는 데 들인 고된 노력은 의미를 잃을 수 있다. 이 여성 셰프들은 게임의 규칙을 배우고 순응했기 때문에 규칙에 변화가 생기는 것은 불공평하다고 느낀다. 이런 견해에서 어떻게 여성이 진입한 후에도 남성 중심적인 직장 문화가 유지될 수 있는지를 이해할 수 있다. 여성 셰프 개개인은 남성 중심적인 공간을 헤쳐 나가는 능력을 길렀으므로 그동안 쌓은 성과가 물거품이 될 수도 있다는 두려움 때문에 변화가 일어나는 것을 꺼리는 것이다.

부엌에서의 지위

전문 레스토랑 부엌에서 일하는 여성들은 여러 가지 장애물을 통과해야만 팀 내에서 중요한 구성원으로 인정받을 수 있다. 미식의 장과 대부분의 레스토랑은 오랫동안 남성이 주도권을 잡고 있었다. 따라서 남성으로만 이루어진 공간에 진입하는 여성은 침입자로 규정되고 자신이 이곳에 속할 수 있다는 사실을 증명해야 한다. 그래서 여성 셰프들은 오랜 시간 일하고, 도움을 거절하고, 어떤 형태든 간에 여성적인 것으로 여겨지는 감정을 표현하지 않는 방법을 배움으로써 자신이 육체적·정신적으로 강인하다는 사실을 보여주어야 한다. 이보다 더 필수적으로, 여성 셰프들은 전문 레스토랑 대부분에 스며든 남성적인 직장 문화를 건드리지 않겠다는 점을 분명히 해야 한다.

레스토랑 부엌의 구성원은 매우 다양하다. 여성은 이 일터에 적응하는 것은 자신이며 일터가 자신에게 맞춰 변하기를 바라지 않을 것임을 확실히 보여주어야 한다. 이를 위해 여성 셰프들은 부엌에서 일어나는 성적 농담과 괴롭힘에 대처하는 법을 익히고, 이런 행동이 선을 넘어 성희롱으로 이어졌을 때 스스로 문제를 해결하기도 한다. 성희롱이 발생했을 때, 여성 셰프들은 개인적으로 조치를 취해 원치 않는 행동을 멈출 수 있어야 할 뿐만 아니라 부엌의 팀워크가 깨지지 않도록 주의해야 한다.

이 모든 노력은 여성 셰프에게 부가적으로 요구되는 노동이 된다. 여성 셰프들은 남성 동료들이 지켜보는 가운데 이 노동을 수행하며, 남성 동료들은 여성 셰프 '한' 명에게서 나타나는 나약함의 표시를 '모든' 여성 셰프의 실패로 쉽게 일반화한다.

부엌에 적응해야 한다는 압박이 매우 강하기 때문에 많은 여성 셰프가 성 중립성 개념을 습득해 자신과 타인에게 젠더는 성과를 결정하는 주요소가 아니라는 점을 확실히 한다. 많은 여성 셰프가 일터에서 젠더가 중요하다는 사실을 보여주는 경험을 이야기해주었지만, 성 중립성을 습득한 여성들은 자신이 통제할 수 없는 불평등에 대처하고 힘을 되찾는 하나의 방법으로서 불평등이 갖는 영향력을 부정한다. 이 여성들은 자신이 경험한 차별과 부당 대우 대신 자신이 성공할 수 있었던 이유와 자신의 능력을 강조함으로써 스스로에게 더 큰 힘을 부여한다. 하지만 이런 부정은 미식의 장에서 여성 셰프의 근면함과 지위를 문제 삼는 직장 문화를 더욱 강화하는 역할을 한다.

나쁜 년이거나
여성스럽거나
엄마 같거나

Taking the Heat:
Women Chefs and
Gender Inequality
in the Professional
Kitchen

24살인 다나는 이번 프로젝트에서 인터뷰한 헤드 셰프 중 가장 젊었다. 그녀는 작은 비스트로 스타일의 레스토랑 부엌을 이끌기 시작한 지 얼마 안 됐고, 동시에 근처에 있는 요리학교를 졸업하려고 안간힘을 쓰고 있었다. 하지만 일과 학업을 동시에 해내는 건 다나가 받는 스트레스의 주원인이 아니었다. 인터뷰에서 다나는 동료들의 신임을 얻는 게 가장 힘들다고 말했다. 다나의 이야기를 들으며 우리는 미디어에 등장하는 셰프의 모습(예를 들면, ‹헬스 키친Hells' Kitchen›에서 스코틀랜드 출신 셰프 고든 램지가 소리치고 욕하는 모습)과 다나의 현실이 얼마나 다른지를 깨닫고 충격에 빠졌다. 다나는 직원들과 소통할 때 자격 있는 리더로 보일 수 있도록 적극적으로 자신의 의견을 주장해야 하지만, 동시에 지시나 피드백을 줄 때 너무 가혹하다는 비난을 받으면 안 되기 때문에 그 사이에서 마치 "아슬아슬한 줄타기"를 하는 것 같다고 말했다.

아슬아슬한 줄타기를 하는 것 같아요. 이중 잣대예요. 남자는 자기가 하고 싶은 말을 다 할 수 있어요. 음, 하고 싶은 말을 다 하는 건 아닐지도 모르지만, 어쨌든 남자는 편하게 말을 하고 원하는 결과를 얻어요. 하지만 저 같은 경우엔 더 어려워요. 남자들처럼 말할 수 없죠. 저는 똑같은 말도 다른 식으로 해야 해요. 원하는 걸 얻으려면 제 모습을 교묘하게 조종해야 하죠. 한번은 [종업원 중 한 명이] 이렇게 말하더라고요. "나한테 뭘 시키는 당신의 말투가 문제예요." 저는 이렇게 말했어요. "존[레스토랑 오너]이 똑같은 걸 시키면 너는 입 다물고 하잖아. 그런데 내가 말하면 문제가 되지." 그러니까 그 남자 종업원이 이렇게 말하더군요. "당신이 말하는 방식이 문제라고요." 저는 이렇게 말했어요. "너는 그냥 내가 말하는 게 싫은 거잖아." 전 진짜 화가 났어요. "오너는 그렇게 말해도 되잖아. 너는 남자가 시킨 일은 그대로 하잖아. 이건 불공평해." 종업원은 이렇게 말했어요. "괜히 나한테 짜증을 내고 있군요." 그래서 제가 그랬죠. "나 지금 짜증내고 있는 거 아니야." 이게 저의 가장 큰 스트레스예요.

고든 램지(또는 다른 남성 셰프)가 자신의 "말투" 때문에 직원의 기분이 상했을까 걱정하며 시간을 보내는 모습은 상상하기 어렵다. 텔레비전에서 각색된 남성 셰프의 리더십과 달리, 다나는 리더로서 자신이 어떻게 보이는지를 관리하는 데 상당한 시간을 쏟아야 한다. 다나의 경험은 직장 문화, 특히 성별화된 규범과 상호작용 방식이 성별에 따른 직종 분리 현상을 유지하는 데 상당히 중요한 역할을 한다는 사실을 잘 보여준다. 직장 문화와 동료 간에 매일 반복되는 상호작용은 여성 셰프가 미식의 장에서 더 높은 지위에 올라설 때 불이익을 안긴다. 이때 동료 간의 상호작용이란 여성 셰프가 취하는 리더십 유형과 (거의 남성인) 동료들이 관리직에 있는 여성 셰프를 대하는 태도 등을 말한다.

여성이 부엌을 관리하는 데는 장애물이 가득하다. 이 장애물은 리더 역할에 적합하다고 여겨지는 젠더 특성과 여성 개개인이 이 특성에 얼마나 잘 부합하는지에서 비롯된다. 다나처럼 관리직에 있는 여성 셰프들은 목소리가 크고 주도적으로 행동해야 하는 전문가적 자질과 수동성 및 공동의 목표에 대한 헌신을 강조하는 젠더 규범 사이에서 아슬아슬한 줄타기를 할 것을 강요받는다. 유능한 전문가로 보이려고 남성적인 리더십 유형을 선택한 여성이 실수를 저지르면, 이들은 '남자처럼 행동하는 나쁜 년'이라는 꼬리표를 달게 된다. 하지만 리더 역할을 맡은 여성 셰프가 여성적인 젠더 규범에 너무 충실하면, 리더는 말할 것도 없고 전문 레스토랑 부엌 자체에 적합하지 않은 '여성스러운 여자'가 되어버린다.

여성 셰프들이 자신에게 주어진다고 생각하는 세 가지 리더십 유형은 다음과 같다.

첫째, 남성적이고 권위적인 관리 방식을 따르는 나쁜 년 유형이 있다. 둘째, 여성스러운 여자 유형으로, 보다 여성적이고 친근한 관리 방식에 의존한다. 하지만 이 두 가지 선택지는 전문 셰프로서의 삶을 헤쳐 나가는 데 전혀 이상적이지 않다. 그래서 대안으로 생겨난 세 번째 선택지는 부엌에서 '엄마'나 '큰누나'의 역할을 수행하는 것이다. 많은 여성 셰프가 이 유형을 선호하는데, 이 리더십 유형에서 필요한 자질이 여성 셰프를 남성 셰프보다 더 나은 리더로 만들어준다고 생각하기 때문이다.

이 같은 묘사에서 여성 셰프들이 리더십 유형을 마치 생물학적인 것으로 받아들이고 있다는 사실을 알 수 있다. 여성 셰프들은 남성 셰프와 여성 셰프의 리더십 유형이 다르다고 말한다. 인터뷰이들은 직원을 이끄는 본질적인 방식이 있는 것처럼 이야기하지만, 우리는 직원을 이끄는 여성적인 방식이 따로 있다고 생각하지 않는다. 리더십의 방식은 생물학적인 것이 아니라 사회적인 원인으로 남성적인 것 또는 여성적인 것으로 코드화된다. 그리고 남성과 여성은 사회적으로 적합한 젠더 역할을 유지하면서 동시에 능력 있는 리더가 되고자 하는 욕망에 따라 이런 방식을 채택한다.

우리는 심층 인터뷰 자료를 토대로 전문 레스토랑 부엌에서 성별화된 리더십 유형이 미치는 영향과 여성 셰프들이 자신에게 주어진 선택지와 리더 역할을 맡은 다른 여성 셰프를 어떻게 바라보는지 살펴보았다.

남성 중심적인 일터와 직업에서의 여성 리더십

남성 중심적인 직업에서 남성은 당연히 리더의 자질을 가졌다고 평가되지만, 여성은 자신이 유능한 리더라는 사실을 증명해야 한다. 역사적으로 권위 있는 자리는 대부분 남성이 차지했기 때문에 남성적인 유형의 리더십은 기본값이 됐다. 그리고 이런 유형은 '남성적인 리더'가 아니라 그냥 '리더'라고 불린다. 시간이 흐르면서 이 기본 유형은 여성적인 특성을 가진 것으로 인식되는 다른 유형보다 더 나은 것으로 여겨졌다.

조직 내 위계질서에서 더 높은 곳으로 올라가고자 하는 여성은 리더는 어떠해야 하는가에 대한 전통적이고 남성적인 생각, 즉 이성적이고, 존경스럽고, 일을 지시할 줄 알고, 공격적이고, 극기심이 있는 리더의 모습에 들어맞지 않을 때 직원들과 갈등을 겪고 앞으로 나가지 못할 수 있다. 여성은 너무 감정적이고, 비이성적이고, 예민하고, 권위가 부족하기 때문에 남성만큼 리더의 역할을 해내거나 직원 관리를 잘 못한다고 여겨진다.

여성은 자신이 특출하다는 사실을 증명해야만 리더로 승진할 수 있다. 그리고 리더가 된 후에는 직원을 어떻게 이끄는지 철저하고 젠더화된 검증이 이루어진다. 예를 들어, 남성 중심적인 직업에 종사하는 여성은 직원과 동료들에게 신뢰를 받기 위해 더 열심히 일해야 한다고 말하는 경우가 많다.

남성 중심적인 일터에서의 여성 리더십에 관한 사회학 연구

대부분은 이젠 고전이 된 칸터의 토크니즘 연구에 많은 영향을 받았다. 칸터는 유리천장 메커니즘을 설명하려고 직원 대부분이 남성인 기업에서 연구를 수행했다. 칸터는 리더가 되고자 하는 소수자는 다수의 기준에 완벽하게 들어맞는 것이 불가능하고 다수의 존경을 얻기 힘들기 때문에 소수자는 언제나 일터에서 불이익을 받는다는 이론을 세웠다. 남성 중심적인 직업이나 일터에 속한 여성들은 언제나 남성 동료처럼 행동할지 말지를 놓고 고심한다. 남성적인 리더십 특성을 취하는 것이 언제나 여성을 성공으로 이끄는 만능열쇠는 아니다. 여러 연구 결과에 따르면, 지나치게 지배적이거나 공격적이고 자기주장이 강하다고 여겨지는 여성은 경력상 불이익을 받는 경우가 많았다.

칸터의 연구는 여성에게 정형화된 비공식적 역할이 부여되며 이 역할에 따라 여성이 기업 내에서 겪는 직업적 경험이 형성된다는 사실을 밝혀냈다. 칸터는 여성이 너무 친절하거나 추파를 던질 경우 '유혹자'로 비칠 위험이 있다고 주장했다. 유혹자는 성적 대상으로 분류되며, 이때 여성이 가진 다른 기술이나 능력은 가려진다. 다른 비공식적 역할로는 엄마처럼 행동하는 것이 있는데, 이때 남성은 "여성에게 개인적인 문제를 상담하고, 여성은 남성을 위로해야 한다." 이 여성들은 남성을 양육하고 보살핌으로써 관리 역할을 수행한다. 칸터는 엄마 역할이 (유혹자 역할과 마찬가지로) 결국 여성이 가진 능력을 가린다는 점을 염려한다. 여성이 유혹자나 엄마라는 정형화된 역할을 거부할 때는 결국 '철의 여인'이 되며 익숙하고 보편적인 재현을 거부했다는 이유로 어렵고, 거칠고, 성마르고, 전투적이라는 꼬리표를 얻게 된다. 칸터는 여성이 자신의 권리를 주장하거나, 어떤 방식으로든 자신을 홍보하거나, "성적인 농담을 일축"할 때도 똑같은 꼬리표를 얻는다는 사실에 주목한다. 인터뷰에 응한 여성 셰프들은 어느 정도 칸터가 제시한 이론과 비슷하게 리더십 유형을 설명했다. 하지만 주요한 차이가 한 가지 있었는데, 바로 여성 셰프들이 엄마/큰누나 역할을 리더 여성이 선택할 수 있는 여성적 힘의 근원으로 재정의했다는 점이다.

부엌을 관리하는 여성

여성 셰프가 헤드 셰프로 향하는 길에는 여러 가지 어려움이 산재해 있다. 여성 셰프들은 때때로 고용이나 승진에서 차별을 받는다. 능력을 의심받는 일은 흔하고, 자격을 인정받으려면 오랜 시간에 걸쳐 자신의 능력을 증명해야 한다. 어떤 여성 셰프가 헤드 셰프로 승진했다는 것은 훌륭한 요리 실력과 리더로서의 잠재력을 증명했다는 것이다. 하지만 승진에 성공했다고 그 이후의 삶이 언제나 편안하게 흘러가는 것은 아니다. 여성 셰프는 헤드 셰프가 맡아야 하는 온갖 의무를 지는 것에 더해 자신이 능력 있는 리더라는 사실을 보여줘야 한다.

성별과 관계없이 부엌에서 리더 역할을 맡은 셰프는 똑같이 어려움을 겪는다는 주장도 있을 수 있다. 즉, 우리가 인터뷰한 셰프들은 젠더 불평등이 아니라 관리자로서 겪는 전형적인 어려움에 맞닥뜨렸을 수 있다. 더 높은 자리로 승진하려 할 때 남성 셰프와 여성 셰프 모두 인정사정없는 부엌 환경을 거쳐야 하는 것은 사실이며, 남성이 언제나 별다른 어려움 없이 부엌의 위계질서를 뛰어넘는 것은 아니다. 하지만 여러 맥락을 고려하면(셰프직의 역사, 여성에게 리더의 자격이 없다고 보는 문화, 남성 중심적 직업에 종사하는 여성이 직면하는 젠더 고정관념, 평론가들의 젠더화된 평가), 여성이 자신이 처한 상황을 묘사하고 인식하는 방식에서 남성 중심적인 직업에 종사하는 여성은 토큰으로서 독특한 경험을 한다는 사실을 알 수 있다.

여성 셰프가 리더로서 겪는 어려움 중 얼마만큼이 젠더에서 비롯되는가 하는 의문은 우리가 여러 여성 셰프와 나눈 이야기에서 잘 드러난다. 헤드 셰프인 애나는 "리더이자 관리자, 직원들에게 좋은 선례가 되려면" (남녀 상관없이) 모든 셰프가 자신의 능력과 기술을 입증해야 한다고 말했다. 하지만 다른 인터뷰이들의 이야기에서는 여성 셰프들이 권위를 세우는 데 어려움을 겪으며, 이 어려움은 이들이 여성이라는 사실과 직접적으로 관련되어 있다는 것이 드러났다. 수석 패스트리 셰프인 카미유가 신입 시절 라틴 아메리카에 있는 리조트에서 일했던 경험이 그렇다. 관광 시즌에만 일하는 자리였는데, 외국에서 온 젊은 여성 셰프인 카미유가 자신보다 나이가 많은 라틴계 남성 직원 사이에서 권위를 세우는 건 쉬운 일이 아니었다.

> 처음에는 다들 "내가 네 말을 들을 필요는 없지"라고 했어요. "첫째, 너는 여자애야. 둘째, 넌 나보다 어려(웃음). 너는 스페인어도 잘 못하잖아." 처음에 다들 엄청나게 불만을 표했죠. "내가 너를 위해 무언가를 할 필요는 없지"라는 식이었어요.

카미유는 시간이 지나면서 갈등은 사라졌지만 이미 빡빡했던 스케줄에 셰프로서의 능력을 입증해야 한다는 스트레스가 더해졌다고 했다. 카미유가 처한 상황은 나이와 언어 차이 등 복잡한 요소가 여럿 있었지만, 오로지 여성이라는 이유 때문에 리더를 인정하지 않는 상황도 심심찮게 있다. 동료 사이일 때는 문제없이 잘 지내던 남성 셰프들이 여성 셰프가 관리직으로 승진했을 때 지시에 따르는 걸 거부하는 상황은 흔하다. 젊은 헤드 셰프인 다나는 농담을 하고 친구처럼 지냈던 남성 동료들이 자신이 헤드 셰프 직함을 얻자 태도를 바꿨다는 사실을 받아들여야 했다.

권위를 세우는 과정에서 발생하는 어려움 때문에 직업을 바꾼 여성 셰프도 있었다. 요리 강사인 리사는 기업이 운영하는 한 레스토랑에서 승진했을 때 분노한 남성 동료 몇 명이 그녀의 "신경을 건드렸"던 경험이 있다. 결국 리사는 일을 그만두었는데, 어느 정도는 남성 동료들의 태도 때문이었다.

> 굉장히 재수 없는 말들을 했어요. "네가 내 상사인 건 알겠는데 난 영계가 하는 말은 안 듣거든" 같은 거요. 어떤 말들은 성적으로 노골적이지는 않았지만 공공연하게 "난 네 말 안 들어"라는 의미였어요. 저한테 와서 "난 멍청한 나쁜 년들이 하는 말은 안 들어. 넌 네가 무슨 말을 하는지도 모르잖아"라고 말하는 사람도 있었어요. "저기 부엌에 멍청한 년 있는 거 안 보여?"라고도 했죠. 이런 말을 하는 사람들이 제 부하직원이었어요.

남성 직원들이 리사에게 한 말에는 성별화된 언어와 모욕(여자를 "영계"라는 말로 지칭하거나 리사를 "나쁜 년"이라고 부른 것)이 들어 있었다. 리사는 남성 직원들의 부적절한 태도뿐만 아니라 이런 상황이 레스토랑의 수익에 나쁜 영향을 미칠 가능성이 있는데도 기업 담당자들이 아무 조치도 취하지 않았다는 사실에 더욱 좌절했다. 다른 여성 셰프들 역시 일단 높은 자리에 오르면 남자들이 여성 관리자 밑에서 일하기를 거부해 생기는 갈등은 전부 직접 해결해야 한다고 말했다.

수석 패스트리 셰프로 일하는 태비사는 원래 부엌의 핫 사이드에서 일했다. 태비사는 남성 직원에게 인정받는 것이 얼마나 어려운지를 이렇게 설명했다.

원래는 수 셰프로 일했어요. 여성으로서 셰프가 되는 건 힘든 일이에요. 대형 레스토랑에서 일할 때 제 밑에 직원이 40명이었어요. 대부분 남자였고, 여자는 5% 정도였을 거예요. 직원들은 지시를 잘 안 따라요. 어느 수준에 다다라야 해요. 그러니까 끊임없이 능력을 보여줘야 하는 거예요. 일정 수준을 통과하면 남자 직원들에게 인정받을 수 있어요.

태비사의 말에 따르면, 여성 셰프가 더 높은 자리에 오르려면 "끊임없이" 자신의 능력을 입증해야 한다. 그리고 어느 수준에 이르러 통제권이 더욱 커질 때까지 이런 상황은 계속된다. 이 수준을 넘은 여성 셰프는 여성 관리자의 말을 듣지 않는 남성 셰프에게 분명한 선을 그을 수 있다.

핵심은, 일단 그 지점에 다다르면[부엌의 상관이 되면], 당신하고 일을 하느냐 마느냐는 직원들이 결정할 문제라는 거예요. 그 사람들의 일이죠. 그러니까 직원들도 그걸 알고, 상황이 그렇다는 것을 당신도 분명하게 알면, 거기에 따라 일을 하면 돼요. 성차별주의자인 남자 직원들도 있었어요. 저는 그들을 해고했어요. 제가 그 사람들하고 잘 지낼 수는 없는 일이잖아요. 그 사람들은 입장이[여자의 지시를 따르지 않는다] 분명했거든요. 제 입장은 이거였어요. "내가 여기서 일하는 한 너는 여기서 일 못 해. 네가 너무

무례하기 때문에 내가 일을 할 수가 없거든. 그리고 내가 너보다 일 잘해." [폭소]

이상적으로는 여성 셰프가 직원을 해고하지 않고 부엌을 관리할 수 있어야 한다. 여성 셰프가 관리자가 되었을 때 겪는 어려움 중 일부는 '관리자=남자'라는 기대가 무너졌다는 점과 관련이 있다. 다나는 가끔 레스토랑에 들어온 사람들이 그녀가 책임자라는 사실을 알고 깜짝 놀란다고 말했다. 왜냐하면 "사람들은 아직도 여성 상사를 기대하지 않기 때문이다." 헤드 셰프인 애나는 권위를 세우는 데서 오는 어려움은 남성과 여성이 똑같이 겪는다고 믿었다. 하지만 육류 공급업자와의 일화를 떠올리면서 당시에는 자신이 여자이고 체구가 작기 때문에 문제가 발생했다고 말했다.

그 사람들[공급업자]은 저를 자주 보지 않았어요. 제가 다른 사람들하고 얘기하는 것도 못 봤고요. 제가 전화로는 상냥하니까 자기들이 원하는 대로 할 수 있다고 생각했을 거예요. 한번은 [육류 공급업체에서 온 사람] 2명하고 미팅을 했어요. 둘 다 100킬로그램도 넘어 보였죠. 제가 "난 소고기 안심을 10년도 넘게 썰었어요. 이렇게 하고도[질이 나쁜 상품을 배달하고도] 아무 일 없을 거라고 생각했어요?"라고 말했어요. 그 사람들은 제가 똑똑하게 할 말을 다 하니까 좀 충격을 받았던 것 같아요. 이럴 때 어떻게 해야 할지 예상하지 못했겠죠. 우리는 부엌에 있었고, 저는 그 사람들 바로 앞에 서 있었어요. 저는 이렇게 말했어요. "내가 키도 크고 덩치도 컸으면, 아마 환불해줬겠죠. 내가 여자고 덩치도 작으니까 지금 이 사람이 자기가 무슨 말을 하는지 알고는 있나 의심하고 있는 거죠. 의심할 필요 없어요. 지금 당장 가져가서 환불해오세요."

애나의 직원들은 애나를 매일 본다. 이는 곧 오랜 시간 동안 애나가 자신이 상사임을 입증해 직원들이 애나의 말을 듣고 지시를 따르게 되었음을 뜻한다. 하지만 육류 공급업자들은 애나와 이런 과정을 거치지 않았고, 애나가 여자라는 이유로 자기 마음대로 할 수 있으며 질 낮은 상품을 제공해도 문제가 없으리라 생각했다.

인터뷰이들은 여성 셰프가 자격 있는 리더로 인정받기 위해서 적합한 리더십 유형을 선택해 창조성, 생산 능력, 관리 능력이라는 필수 요소를 수행해야 한다는 점에 동의했다. 리더로서의 능력을 발휘함으로써 부엌을 안정적으로 운영할 수 있고, 궁극적으로 레스토랑의 성공을 이뤄낼 수 있다는 것이다. 인터뷰이들은 자신 또는 다른 여성 셰프들이 선택하는 세 가지 리더십 유형(나쁜 년, 여성스러운 여자, 엄마/큰누나 유형)을 설명해주었다. 세 가지 유형 모두 상당히 젠더화되어 있으며, 매일 있는 업무를 문제없이 수행하고 경력을 쌓는 측면에서 각기 다른 장단점이 있었다.

나는 나쁜 년이다. 진짜 나쁜 년인 건 아니지만: 남성적인 리더십 유형 선택하기

여러 인터뷰이가 "남자처럼" 행동해야 하고 남성적인 자질을 드러내는 리더십 유형을 선택해야 한다는 압력을 느낀다고 이야기했다. 사람들은 흔히 강인해야만 셰프로서 성공할 수 있다거나, 엘런이 묘사한 것처럼, 오랫동안 미식의 장에 있었던 여성은 "냉정"하고 심지어 "살가죽이 딱딱하다"라는 말을 한다. 엘런은 수년 동안 부엌에서 일하고 리더의 역할을 맡아 보니 바늘로 찔러도 피 한 방울 나오지 않을 정도로 냉정하게 굴어서 직원들이 문제를 일으킬 수 없게 하는 것이 중요하다고 했다. 칸터가 말한 '철의 여인'과 유사하게, 이 여성들은 익숙한 젠더 재현을 거부했으며 조직에서 성공하기 위해 강인함을 개발했다.

인터뷰이들은 권위를 세우기 위해 소리를 지르고, 욕을 하고, 성적인 농담을 하는 의사소통 유형을 선택했다고 말했다. 무뚝뚝함 역시 남자 리더처럼 행동하는 방법이다. 무뚝뚝함은 직원과 손님에게 더 격식 있고 불친절한 태도를 보이는 것을 의미하기도 한다. 셰프직이 군대에서 비롯되었기 때문에 상명하복 식의 엄격한 관리가 부엌을 운영하는 적합한 방법이라고 여겨지며, 이런 유형은 남성 관리자에게 더 흔하다. 남성적인 리더십은 부엌의 기존 규범과 일치하기 때문에 이를 선택한 여성 셰프는 한결 수월하게 부엌을 관리할 수 있다. 남성적인 형태의 리더십을 취하는 시나리오에서는 자신의 지위에서 오는 권력을 이용하는 것이 권위를 세우는 데 도움이 된다.

여성 셰프는 남성적으로 행동함으로써 업무 환경에서 여성을 소외시키는 "다름"이라는 특성을 없앨 수 있다. 남성 셰프가 남성적으로 행동하는 것은 자연스럽게 받아들여진다. 다시 한 번 강조하지만, 이 여성들은 본인이 '남자'처럼 행동한다고 말하지 않고 '셰프'처럼 행동한다고 말했다. 셰프직이 얼마나 뿌리 깊게 남성과 연관되어 있는지를 알 수 있는 대목이다. 하지만 여성 셰프가 지나치게 남성적으로 행동하면 남성 동료와 여성 동료 모두에게 부정적인 반응을 얻을 수 있다. 지나치게 무뚝뚝하거나, 공격적이거나, 위계질서를 강조함으로써 젠더화된 리더십 규범을 위반했다고 여겨져 나쁜 년이라는 꼬리표가 붙는 것이다. 나쁜 년이라는 꼬리표를 유발하는 행동은 소리 지르기와 욕하기, 동료의 사기를 꺾는 것에서 심지어 무언가를 요구할 때 "부탁해"나 "고마워"라는 말을 하지 않는 것에 이르기까지 다양하다. 요리 강사인 첼시는 이렇게 말한다. "저는 제가 그동안 봤던 여성들, 그러니까 관리직에 있거나 관리직에 있었던 여성과 비슷해요. 직설적이죠. 이들은 부엌을 강력하게 통제해요. 모두 그런 여성을 나쁜 년이라고 부르지만(웃음) 어쨌든 이 여성들은 부엌의 통제권을 쥐고 있어요. 결단력 있고 직설적이죠." 헤드 셰프인 다나 또한 지나치게 남성적으로 행동한다는 평가를 들으면서 문제를 겪었던 경험이 있다.

[직원과 빚었던 갈등에 대해 이야기하는 중] 하지만 저는 우리가 바쁘고 끝내야 할 일이 있을 때, 제가 일부러 말을 예쁘게 하지 않는다는 사실을 그 남자 직원에게 이해시켜야 했어요. 저는 "아, 제발 부탁인데 저것 좀 가져다줄 수 있겠어?"라고 말하지 않아요. 그렇게 말할 시간이 없거든요. 그냥 "나 저거 필요해. 고마워"라고 하죠. 전 이런 말투를 개인적인 감정이 있는 것으로 받아들이지 않아요. 만약 다른 사람들이 바빠서 뭔가를 저한테 던지더라도 "고마워" 하고 말죠. 그래서 그 직원한테 이렇게 말했어요. "내가 뭔가를 요구할 때 개인적인 감정이 있어서 그러는 거라고 받아들이면 안 돼." [남자 셰프에 대해서] 그 직원은 지시를 받는 데 불만이 있었어요. 제가 자기한테 윽박지른다고 생각했던 거예요. 저는 그저 "부탁이야"라고 말할 시간이 없을 정도로 바쁠 때 솔직하고 직설적으로 이야기하는 것뿐인데 말이죠.

앞장에서 이야기했듯 전문 레스토랑 부엌은 바쁘고 시간에 쫓기는 곳이다. 첼시와 다나는 한창 바쁜 영업시간에 빠른 결정을 내리고 요리의 상태를 직원에게 전달하거나 건네받아야 할 것이 있을 때 필요한 말만 하는 것이 좋다고 이야기한다. 이렇게 단호한 태도를 보였을 때 남성 셰프는 긍정적인 특성을 가졌다고 평가되지만, 첼시가 지적했듯 여성 셰프는 나쁜 년이라는 이름을 얻는다.

인터뷰이들이 공통적으로 제기한 문제는 같은 행동도 남성 셰프가 하면 강한 리더라는 찬사를 얻지만 여성 셰프가 하면 나쁜 년이라는 욕을 듣는다는 것이었다. 요리 강사인 첼시는 학생들에게 직설적인 피드백을 줄 때가 있다고 했다. 이때 피드백이 긍정적이지 않거나 너무 직설적이면 첼시는 나쁜 년이라고 비난당한다. 첼시는 "그건[비판은] 여성이 했을 때 더 가혹하게 들리는 법"이라고 하며 웃었다.

캐런은 남녀 셰프의 리더십 유형에 대한 반응에서 이중 기준이 나타나며, 이 이중 기준은 부엌의 전통적인 업무 방식과 맞지 않는다고 말했다.

> 셰프는 자신이 원하는 대로 원하는 것을 말할 수 있어요. 왜냐하면 직원들은 셰프가 하라고 지시한 것을 해야 하거든요. 셰프 대부분은 말이 전달되는 방식에 별로 신경 쓰지 않아요. 무언가 요구할 때든, 요리를 비판할 때든 간에요. 당연히 그렇게 하는 거고 지시에 따르는 거예요. 하라고 한 일을 하는 거죠. 입 다물고 일하면 돼요. 하지만 관리직에 앉은 여성은 같은 방법을 써도 지시한 일을 하게 만드는 게 매우 어려워요. 특히 남자는요. 전 지금도 남자 직원 몇 명하고 갈등을 겪고 있어요.

캐런은 셰프직의 본질이 "하라고 한 일을 하는 것"이며 요리사는 옛날부터 부엌의 위계질서에 순순히 따라왔다는 점을 지적한다. 하지만 지시 받는 사람이 남자고 지시를 내리는 사람이 여자일 경우에는 이런 기존의 명령 사슬이 지켜지지 않을 때도 있다. 캐런은 존경을 받기 위해서는 "어울리기 어려운 사람"이라는 꼬리표를 얻게 되더라도 "밀어붙여야 한다"고 말한다.

> 전 제가 해온 대로 하지 않았더라면 결코 아무것도 이루지 못했을 거라고 생각해요. 직원들을 이끌고, 관리하고, 압박 아래서도 차분하려면 강한 성격을 지녀야 해요. 그게 이 일의 중요한 부분 중 하나죠. 온순하거나, 너무 예민하거나, 상처를 잘 받으면 그렇게 할 수 없어요. 아무도 그런 사람의 지시에 따르지 않을 거예요. 이건 양날의 칼이지만, 저는 감당할 수 있어요. "저 여자 까다로운 사람이야"라는 소리를 들어도 상관없죠. 하지만 아마 남자가 이렇게 굴면 비난받지 않을 거예요. 제가 밀어붙이면 까다로운 사람이 되지만, 남자였다면 적극적이고 대담한 사람이 되었겠죠. 박력 있는 야심가가 됐을 거예요. 전 여자라서 까다로운 사람이 되고요.

캐런은 국내외의 수많은 패스트리 경연에서 우승한 유명한 패스트리 셰프이며 일류 호텔에서 디저트를 책임지고 있다. 그녀는 남자 직원이 자신의 권위에 의문을 제기할 때 강한 성격으로 밀어붙이지 않았다면 이만큼 경력을 쌓지 못했을 거라고 생각했다. 캐런 같은 여성은 이렇게 행동해야 미식의 장에서 많은 것을 성취할 수 있다고 생각하기 때문에 나쁜 년이라는 꼬리표를 마지못해 받아들이고 있었다.

인터뷰이들은 나쁜 년이라는 꼬리표를 받아들이면서도 한편으로는 거부하는, 흥미로운 방식을 드러냈다. 첼시는 대놓고 자신을 나쁜 년에 비유했다. "전 여성에게 두 가지 메커니즘이 있다고 생각해요. 추잡한 년을 선택하거나 나쁜 년을 선택하거나 둘 중 하나예요(웃음). 강인하거나 아니거나 둘 중 하나죠." 첼시는 자랑스러워하지는 않았지만, 나쁜 년이라고 불리는 것을 받아들이고 있었다. 나쁜 년이라는 꼬리표는 첼시가 강인하고, 부엌을 책임지고 있으며, 다른 사람들도 그 사실을 알고 있다는 표시였다. 첼시는 자신이 말하는 방식을 좋아하지 않았던 남자 직원들에게 단호히 대응했던 경험도 이야기했다.

> 그 사람[또 다른 요리 강사]하고 저는 똑같은 말을 하는데도 저만 나쁜 사람이 돼요. 상관은 없어요. 그건 제 문제가 아니잖아요. "내 말이 전부 너를 향한 공격이라고 생각하고 싶으면 그렇게 해. 미안하지만 난 할 일이 있거든. 그러니까 요점만 말하자고"라고 했죠.

하지만 뒤이어 첼시가 한 말에서 젠더화된 리더십에 대한 더 복잡한 경험이 드러났다.

> 관리직을 맡은 후로 저는 나쁜 년이 됐어요. 그게 제가 취할 수 있는 유일한 방법이라는 걸 알았어요. 하지만 전 제가 나쁜 년이라고 말하는 게 싫어요(웃음). 전 나쁜 년이 아니거든요. 그냥 어느 정도 권위 있는 자리에 앉은 여자는 다 나쁜 년이 되는 거예요. 무슨 말인지 알겠어요? 여기서도[첼시가 일하고 있는 요리학교] 마찬가지예요. 전 아직도 남자 셰프들하고 마찰이 생겨요. 그 사람들은 제가 뭘 지시하는 걸 싫어해요. "지금 장난쳐?"라고 하고 싶은 기분이죠. 제가 남자였다면 문제가 없었을 거예요. 남자 셰프들은 제가 자기들 손을 잡아주길 바라요. 자기한테 세상 친절하게 굴어주길 바란다니까요. 하지만 저는 이렇게 말하죠. "미안. 그런데 난 네 엄마가 아니거든."

첼시의 말은 나쁜 년이 될지 안 될지를 여성 스스로 선택한다는 앞서의 발언과 모순되며, 스스로 나쁜 년이 되는 것이 부엌에서 상위 계층으로 올라갈 수 있는 유일한 선택지라고 느끼고 있었다. 첼시는 부엌에서 약하고 "추잡한" 여성이 아니라 거칠고 강한 나쁜 년이 되는 걸 선택했다고 주장하는 동시에, 이런 선택이 리더 역할을 맡은 여성은 어떻게 행동해야 하는가에 대한 타인의 인식에 영향을 받았다는 사실 또한 인정했다. 첼시의 말에는 리더 역할을 맡은 여성들이 경험하는 개인적인 갈등이 담겨 있기도 하다. 첼시는 자신이 나쁜 년이라는 꼬리표를 받아들였다고 주장했지만, 사실 본인은 나쁜 년이 아니므로 그런 식으로 자신을 지칭해야 하는 것이 "싫다"고 말했다. 첼시는 나쁜 년이라는 단어가 주로 전통적인 성역할에 들어맞지 않는 여성을 경멸할 때 사용한다는 것을 알고 있었다. 그리고 스스로도 다른 사람들이 리더 역할을 맡은 여성을 "나쁜 년"이라고 생각한다는 사실을 인정하고 있었다. 캐런과 첼시 같은 여성 셰프들은 관리직을 맡은 여성이 나쁜 년이라는 소리를 들을 수 있지만 그건 실제 성격이라기보다는 일터에서 맡은 캐릭터에 가깝다고 주장한다. 리지웨이에 따르면, (특히 남성 중심적인 분야에서) 리더 역할을 맡은 여성이 부정적인 평가를 받는 것은 일정 부분 이들이 규범을 위반했다는 인식에서 기인한다. 관리직에 있는 여성이라면 누구나 '남성/리더와 여성/부하'라는 젠더 이분법을 위반하기 때문에 권위 있는 자리에 있다는 사실만으로 이미 지나치게 남성적인 것으로 인식된다는 것이다.

여러 인터뷰이가 이런 인식에 염려를 표했다. 다나는 자신의 행동을 문제 삼는 동료 때문에 좌절했었다고 말했다. 다나는 이렇게 생각했다고 한다. "그래, 내 말투를 조심해야겠다. 어쩌면 내가 정말 나쁜 년처럼 굴었을지도 몰라." 인터뷰이들은 남성 셰프가 여성 셰프만큼 의사소통 방식을 평가받지 않는다는 점에 대부분 동의했다. 남성은 말투를 조심할 필요가 없을뿐더러 직원들에게 "세상 친절"하지 않다고 비난받지도 않는다. 하지만 여성은 이런 문제를 신경 써야 한다. 다나 같은 여성들은 자신의 말투가 어떤 인상을 주는지 끊임없이 주의하는 한편, 너무 가혹하거나 나쁜 년처럼 보이지는 않되 능력 있는 전문 셰프로 보이도록 신경 써야 한다.

여성 셰프들은 젠더화된 리더십의 이중 기준을 충족시키느라 아슬아슬한 줄타기를 하며 남성은 하지 않는 감정노동을 수행한다. 감정노동은 "공적인 얼굴 표정과 몸짓을 지어내기 위해 감정을 관리하는 것"을 의미한다. 앨리 러셀 혹실드Arlie Russell Hochschild는 이제는 고전이 된 『감정노동』에서 서비스직 노동자와 고객 간의 상호작용에 감정노동이라는 개념을 적용했다. 그 후 학자들은 일터에서 감정을 조작해야 하는 모든 상황에 이 개념을 적용하고 있다. 연구에 따르면, 감정노동은 매우 스트레스가 심하며 젠더화된 요소를 포함하고 있다. 또한 리더는 직원들에게 자격 있는 리더로 보이기 위해 특정 감정을 만들어내야 할 때가 많다. 여러 분야의 여성 리더들은 주어진 역할을 성공적으로 수행하기 위해 일상적으로 직원뿐만 아니라 자신이 보이는 방식까지 관리해야 하지만 남자들은 그럴 필요가 없다. 여성 셰프는 나쁜 년이라는 꼬리표를 달지 않기 위해 끊임없이 직원과의 상호작용을 관리하며 정서적·감정적 에너지를 소모한다. 한창 바쁜 저녁 영업시간에 남성 셰프가 지금 당장 요리를 내놓으라고 잔소리를 하면 그는 그저 큰 그림을 볼 줄 아는, 자기주장이 강한 리더가 된다. 하지만 여성 셰프는 직원들에게 지시를 내릴 때 최대한 친절하게 말하지 않으면 부정적인 반응을 얻을 위험이 있다. 다나는 한창 바쁠 때 말을 "일부러 예쁘게 해야 한다"는 것을 잊지 않기란 매우 어렵다고 단호하게 말했다. 또한 자신이 요청을 할 때마다 "제발 부탁인데 저것 좀 가져다줄 수 있어?"라고 말하지 않으면 직원에게 부정적인 평가를 받을지도 모른다는 기분이 드는 것에 매우 분노했다.

다나의 경험은 남성 리더와 달리 여성 리더는 너무 직설적이라고 여겨질 때 비난받는다는 연구결과와 일치한다. 여성은 일터에서 직설적인 화법을 사용할 때 자신을 따뜻한 사람으로 연출함으로써 부정적인 평가를 받지 않도록 균형을 맞춰야 했다. 감정노동이라는 부가 업무는 바쁜 여성 셰프가 완수할 또 하나의 과제가 된다. 감정노동은 눈에 보이지 않을 수 있지만, 감정을 적절히 관리하는 데 실패한 여성 셰프는 부정적인 업무 평가를 받을 수 있으며 더 나아가 직원들의 반항을 불러일으킬 수도 있다.

남성 동료들만 여성 셰프에게 나쁜 년이라는 꼬리표를 붙이는 것은 아니다. 여성도 다른 여성 셰프를 비난한다. 고급 식료품점에서 판매 담당자로 일하고 있는 조앤은 리더 역할을 하기 위해 나쁜 년이 되어야 한다고 생각하는 여성에게 비판적이었다.

> 여자들은 성공하려면 나쁜 년이 되어야 한다고 생각하는 경향이 있어요. 하지만 그건 사실이 아니에요. 다른 사람들이 하는 대로

일을 해내는 걸 보여주면 존경을 얻을 수 있어요. 전 아빠가 자주 말씀하셨던 오래된 격언을 항상 기억하고 있어요. "식초보다는 꿀이 더 많은 파리를 끌어들인다." 나쁜 년이 되지 않고도 지시한 일을 하게끔 만들 수 있어요. 하지만 많은 여성이 위로 올라갈수록 나쁜 년이 되어야 한다고 느끼죠.

조앤에게 여성 셰프들이 "나쁜 년"이 되려고 하는 행동이 구체적으로 어떤 것인지 묻자 그녀는 이렇게 설명했다.

글쎄요, 약간 강압적이라고나 할까요……. 그냥 뭔가 달라요. 뭔가 다르게 행동해요. 관리직이 되면 갑자기 '좋아, 권위 있는 자리에 올랐군. 앞으로 이런 식으로 행동해야겠어'라고 생각하는 것 같아요. 하지만 남자는 그럴 필요가 없어요. 여자들은 나쁜 년이 되면 존경을 받을 수 있다고 생각하는데 사실은 그렇지 않아요.

조앤의 말은 상당히 흥미로운데, 남성은 존경을 얻기 위해 "나쁜 년처럼" 행동할 필요가 없다는 사실을 인정하고 있기 때문이다. 다시 한 번 강조하지만, 이런 현상은 리더십에 대한 젠더화된 기대와 관련이 있다. 지배적으로 행동하고 자기주장이 강한 남성은 나쁜 놈이라는 꼬리표가 달리지 않는데, 남성 리더는 이런 특성이 용인될 뿐만 아니라 심지어 선호되기 때문이다. 하지만 여성은 너무 남성적으로 행동하거나 셰프의 정형화된 남성적 이미지에 지나치게 부합할 경우 경고를 받는다. 이 여성들은 남성 동료에게 자신을 맞추는 데 너무 열중했다거나 자신이 생각하는 셰프의 이미지에 가깝게 행동하느라 진정한 리더가 되지 못했다고 여겨진다. 리지웨이의 연구에 따르면, 일터에서 여성이 취하기에 적절하지 않다고 여겨지는 특성들(지배적이거나 무뚝뚝한 것 등)은 사회에서 여성이 낮은 위치를 차지하고 있다는 사실과 모순되기 때문에 부정적인 평가를 받는다. 여성이 일터에서 남성적인 특성을 취했다고 비판받는 이유는, 단지 이들이 일터에서의 규범을 어겨서가 아니라 여성이 사회에서 얼마만큼의 권력을 부여받아야 하는가에 대한 광범위한 인식을 위반했기 때문이다.

특히 태도가 거칠고 규칙을 엄격하게 지키는 젊은 셰프들은 자신만의 리더십 유형을 아직 터득하지 못해 정형화된 리더십 유형에 의존하는 리더로 여겨진다. 남성적이거나 나쁜 년처럼 행동하는 여성에 대해 질문하자 다나는 요리학교에서 만난 여성의 이야기를 했다.

> 같은 수업을 듣는 여자 한 명이 있는데 잘못된 선택을 하고 있어요. 자기가 여자라는 사실을 감추려고 지나치게 애를 쓰죠. 너무 상스러운 말을 써서 모두하고 사이가 좋지 않다니까요. 거칠게 행동하려고 노력하는 것 같은데, 다른 사람에게 존중을 받으려면

있는 그대로 행동해야 해요. 그 여자를 잘 알지는 못하지만 옆에 서 지켜보면 그 여자는 사람들하고 같이 있을 때 있는 그대로의 모습을 보이는 걸 무서워하는 것 같아요. 1대 1로 만나면 차분하고 자연스럽더라고요. 진실하게 자신의 모습을 드러내는 사람은 존중을 받아요. 하지만 자신을 감추려고 지나치게 애를 쓰거나, 남자들하고 잘 지내보려고 지나치게 무신경하고 거친 척을 하면 사람들은 그걸 알아차리고 존중하려 하지 않죠. 결국 이건 존중의 문제예요. 아무도 당신을 존중하지 않으면 절대 성공한 리더가 될 수 없어요. 그 여자가 실수하고 있는 걸 보고 있으면 "조금만 힘을 빼. 그냥 너 자신이 되라고. 그러면 존중받을 수 있고 출세할 수 있어"라고 말해주고 싶어요.

60세로 인터뷰이 중 가장 나이가 많았던 캐시는 젊었을 때 자신이 이런 패턴을 보였다고 말했다. 체구가 작은 여성으로서 함께 일하던 남자 동료들과 대등한 눈높이에서 대화하지 못했던 젊은 캐시는 일종의 나폴레옹 콤플렉스가 생겼다. 그래서 동료들의 존중을 받으려면 매우 엄격하게 통제해야 한다고 여겼다. 시간이 흘러 캐시는 이런 방법이 레스토랑에 갈등을 유발한다는 사실을 깨달았다. 경험과 이런저런 시도, 실수 끝에 캐시는 자신의 성격과 더 잘 맞는 리더십 유형을 찾을 수 있었고, 지금은 스스로를 협력하는 리더라고 표현한다. 캐시는 이런 리더십 덕분에 레스토랑의 프론트와 백이 더욱 화합할 수 있다고 믿었다.

하지만 나쁜 년 역할을 맡은 여성 셰프가 모두 캐시처럼 스스로 노선을 수정할 수 있는 것은 아니다. 경력이 많은 여성 셰프 몇 명은 다른 여성 셰프를 데려다 앉혀놓고 리더가 되기 위해 나쁜 년이 될 필요는 없으며 혹독하게 굴지 않아도 직원들과 잘 지낼 수 있는 방법이 있다고 말해준 경험이 있었다. 요리 강사인 리사는 전 관리자에게 네가 "남성적인" 여성이라는 걸 알고 있느냐는 질문을 받았다. 리사는 이 질문을 자신이 강압적인 성격을 갖고 있으며 그런 성격 때문에 나쁜 년이라는 꼬리표를 얻게 되었다는 뜻으로 해석했다. 리사는 관리자와 동료에게 남성적이고 나쁜 년 같다는 비난을 받은 적이 있기 때문에 자신이 가르치는 여학생들에게 행동거지에 대해 주의를 주고 있었다.

> 힘든 산업이에요. 맞아요. 흐름이 바뀌고 있고 요리 산업에 뛰어드는 여성이 갈수록 많아지죠. 하지만 이 산업은 여전히 남성 중심적이에요. 저는 여학생들에게 여성으로서 이 산업에서 자신을 보호할 수 있는 최선의 방법은 나쁜 년이 되지 않는 거라고 말해요. 자신감과 지식을 갖고 일을 시작하되 나쁜 년은 되면 안 돼요. 그게 사람들이 여성 셰프에게 바라는 거거든요. 저는 학생들이 '이 산업에 들어온 여성은 이러이러하게 행동할 것이다'라는 남자들의 정형화된 기대를 피할 수 있도록 돕고 있어요. 남자들

은 여성 셰프가 나쁜 년처럼 굴고, 괴팍하고, 남성적으로 행동할 거라고 기대하고 그걸 여성적인 방식이라고 생각하죠. 강경하고, 누구도 헛소리를 하지 못하게 만드는 여성 말이에요. 그렇게 행동하면 안 돼요.

리사가 강조한 것처럼 남성 동료들은 여성 리더가 성격 나쁜 여성 셰프(나쁜 년)라는 고정관념에 들어맞을 거라고 추측한다. 리사는 여학생들이 리더 역할을 맡았을 때 이런 페르소나를 선택해서는 안 된다고 생각했다. 그렇게 하면 오히려 직원들의 존중을 받지 못할 수 있기 때문이다. 이 같은 리사의 생각은 여성 리더에 관한 연구결과와 일치한다. 연구에 따르면, 여성 리더들은 높은 자리에 올랐을 때 유능하면서도 공동체를 중시할 것을 요구받는다는 사실을 알게 되었다. 여성 셰프들은 자신의 일을 잘 해내야 하는 동시에 부엌 전체의 필요를 자신의 필요보다 우선시해야 한다. 인터뷰이들의 말에 따르면, 이런 교정을 긍정적으로 수용한 여성은 리더 역할을 맡지만 계속 남성적인 리더십 유형을 고수한 여성은 동료들의 신임을 잃었다.

나 좀 도와줄래?: 일터에서 약한 여성성 드러내기

리더 역할을 맡은 여성 셰프는 지나치게 남성적이거나 나쁜 년처럼 보였을 때 비난을 받듯이, 여성성을 드러내 보이거나 너무 여성스럽게 행동한다고 여겨질 때도 부정적인 평가를 받는다. 인터뷰이 중 스스로 이런 유형이라고 설명한 사람은 아무도 없었지만, 자신이 아는 다른 여성을 비판하거나 '여성스러운 여자'처럼 행동하는 셰프를 봤다고 말한 사람은 여럿 있었다. 인터뷰이들은 남성 동료에게 인기를 얻거나 주목받기 위해 추파를 던지는 여성스러운 리더에게 비판적이었다. 첼시는 추파를 던지거나 지나칠 정도로 여성스럽게 행동하는 여성을 "추잡스럽다"고 묘사했다. 첼시는 이런 여성 셰프들이 동료들과 섹스를 했다고 생각하지는 않았다. 하지만 자신의 여성성과 섹슈얼리티를 드러내 성적인 관심을 받음으로써 원하는 것을 얻는다고 생각했다.

여성 셰프들은 성적인 상황에 대처하느라 고심할 때가 왕왕 있으며, 부엌에서는 성희롱으로 간주될 수 있는 사건이 상당히 흔하게 발생한다(이에 관해서는 앞 장에서 논의했다). 몇몇 여성 셰프가 이익을 얻기 위해 추파를 던지고 성적 매력을 사용할 때 다른 여성 셰프들은 여성스러운 여성이 프로답지 못한 행동으로 혜택을 받는다고 여기며 분개한다. 여성스러운 여성 셰프들은 다른 동료에게 추파를 던짐으로써 동료들 사이에 원치 않는 성적 상황을 불러일으킬 수 있으며, 다른 여성 셰프들이 일터에서 발생하는 성희롱을 근절하기 위해 섬세하게 수행해온 방법들을 무의미하게 만들 수 있다.

자신의 여성성을 강조하는 셰프들을 부정적으로 바라보는 또 다른 이유는 이런 행동을 하는 여성이 남성 동료들에게 특별한 도움을 받을 수 있기 때문이다. 첼시는 남성 동료들이 추파를 던지는 여성을 기꺼이 도와줄 것이므로 단기적으로는 혜택을 볼 수 있겠지만 장기적으로는 결국 높은 자리로 승진하지 못할 거라고 생각했다.

> 사람들은 난잡하게 구는 사람을 존중하지 않을 거예요. 결국 열심히 일하고, 일하고, 또 일하고, 당신이 일을 잘 해낼 수 있다는 걸 그들에게 보여줘야 해요. 사람들에게 추파를 던지는 방법을 택하면 그저 산만해질 뿐이죠. 그냥 최선을 다해서 일하고, 집중하고, 쓰레기 같은 말이나 치근대는 말은 전부 흘려들어야 해요. 그 사람들은 그냥 당신을 시험하고 있는 거예요. 그냥 자기 일을 하고 그런 놈들은 엉덩이를 발로 차버리면 돼요. 그러면 언젠가는 리더가 되어 있을 거예요.

일터에서 친절한 태도를 보이고 추파를 던지는 '유혹자'에 대한 칸터의 묘사와 마찬가지로, 이런 태도를 보이는 여성 노동자는 성적 대상으로 분류되어 이들이 가진 기술과 능력이 가려질 수 있다는 위험이 있다. 단기적으로는 이런 전략이 도움이 될 수 있겠지만, 자신의 일을 해내기 위해 다른 사람에게 의존하는 여성은 절대 능력 있는 셰프로 인정받을 수 없다. 태비사는 일터에서 너무 여성스럽게 행동하는 것의 또 다른 문제점을 지적했다. 태비사는 여성 셰프가 열심히 일하고 능력을 증명한 결과로 승진했어도 외모와 행동이 여성스러우면 사람들이 "아, 저 여자 낙하산이야. 오너랑 잤을걸"이라고 생각할 수 있다고 믿었다. 여기서 여성 셰프들은 분개할 수밖에 없는데, 이런 생각이 여성스러운 여성 셰프 한 명에게만 적용되는 것이 아니라 관리직을 맡고 있는 여성 셰프 전체에 적용될 수도 있다는 두려움 때문이다.

3장에서 살펴보았듯이 전문 레스토랑에서 일하는 셰프들은 상당한 힘과 체력을 필요로 한다. 그리고 부엌에서 필요한 신체적 능력을 강조하는 것은 여성을 전문 요리의 세계에서 배제하는 방법으로 이용되었다. 그러므로 몸을 써야 하는 일이 있을 때 다른 사람에게 도움을 요청하거나 도와주겠다는 제안을 받아들이는 여성은 비난 받을 수밖에 없다. 카미유가 말한 것처럼 "여자 같이 군다"라거나 여자는 셰프로서 필요한 신체적 능력이 없다는 믿음을 굳건하게 한다는 비난을 받는 것이다. 여성스러운 여성 셰프에 대한 가장 좋은 사례는 브렌다에게 들을 수 있었다. 브렌다는 푸드 페스티벌에서 전시 작업을 할 때 유명한 여성 셰프이자 제과점의 오너인 셰릴과 나눈 대화를 들려주었다.

> 셰릴은 이렇게 말했어요. "[연약하고 힘없는 징징거리는 말투로] 이것 좀 해줄래? 저것 좀 해줄 수 있어?" 우리 직원하고 저는 '이

사람 뭐야? 일하는 방법을 알긴 아는 거야? 이게 도대체 무슨 일이야?'라는 눈빛으로 서로를 쳐다봤죠. 셰릴은 여자 같이 잔꾀를 부려서 자기 대신 다른 사람이 일을 하게 만들었어요. 저는 그런 식으로 일하지 않아요. 직접 달려들어서 직원들과 같이 손에 때를 묻히죠.

"여자 같이 잔꾀를 부린다"는 말이 무슨 뜻이냐고 묻자 브렌다는 이렇게 대답했다.

이런 식으로 말하는 거죠. "[연약하고 애처로운 목소리로] 나 너무 바쁘고 피곤해. 이거 놓는 것 좀 도와줄래? 저 기구 옮기는 것 좀 도와줄 수 있어?" 직접 가서 일하지 않아요. 제가 보기엔 그게 셰릴이 도움을 요구하는 방법이었던 것 같아요. 저는 "[크고 강한 목소리로] 뭐 도와줄 거 없어? 우리가 도와줄게. 이거 옮겨야 돼? 뭐 들고 와야 할 거 있으면 우리가 도와줄게. 준비할 거 있으면 뭐든 말해"라고 해요. 하지만 셰릴은 항상 "나 너무 피곤해. 오늘 하루는 정말 길었어"라고 말해요. 그러면 이런 생각이 들죠. '여태 너 혼자 일했니?'

이야기를 하는 동안 브렌다는 셰릴(브렌다의 말에 따르면, 전직 모델이었다고 한다)과 거리를 두려고 노력했다. 심지어 셰릴 흉내를 낼 때는 고음의 연약한 목소리를, 자기를 흉내 낼 때는 낮은 목소리를 사용함으로써 셰릴과 자신의 리더십 유형 차이를 표현했다. 자신을 표현할 때는 남성적인 목소리를 사용해 존경을 이끌어내는 힘과 능력을 강조한 반면, 도움을 구해 일을 마친 셰릴을 표현할 때는 만화에 나오는 것 같은 징징거리는 여자 목소리를 사용한 것이다. 브렌다는 셰릴이 도움을 요청했다는 사실 때문에 짜증이 난 것은 아니라는 점을 강조했다. 문제는 셰릴의 말투와 "피곤해"라고 말하면서 자신의 연약함을 강조했다는 점이었다. 브렌다는 자신은 사람들에게 도움을 구하는 방식으로 일하지 않는다는 점을 분명히 했으며, 직원들과 함께 "손에 때를 묻"힌다고 자랑스럽게 말했다. 브렌다에게 이런 행동은 강한 리더의 상징이었다.

브렌다와 다른 인터뷰이들은 여성 셰프가 자신의 연약함을 이용해 다른 사람에게 일을 시키면 안 된다고 생각했다. 자기 일을 열심히 하는 다른 여성에게 불공평할 뿐만 아니라 여성은 기술이나 셰프로서의 가치가 없다는 가정을 깔고 있으며, 위험한 선례를 남길 수도 있기 때문이다. 특정 직업에서 여성 리더의 수가 매우 적을 때 한 여성의 특성이나 행동은 해당 직업에 종사하는 여성 전체에 적용되는 기본값으로 작용한다. 남성 셰프는 개인으로 간주되고 오로지 자신이 내놓은 결과로만 평가받는 반면, 여성 셰프는 소수자로서 눈에 잘 띄기 때문에 한 여성 셰프의 특성이 모든 여성 셰프의 리더십 능력을 가리키는 표지가 된다. 여성스러운 여성 셰프 소수의 연약함(그리고 이들이 필요한 일을 해내지 못하거나 능력 있는 리더가 되지 못할 거라는 사람들의 생각)은 여성 셰프 전체가 리더가 될 수 없다는 주장의 근거가 될 수 있는 것이다. 또한 셰릴을 향한 브렌다의 비난에서 여성 셰프는 초기의 시험을 통과해야만 부엌의 일원으로 받아들여졌듯 리더의 위치에 오른 후에도 끊임없이 자신의 능력을 증명해야 한다는 사실이 드러난다. 여성성이 가할 수 있는 위협은 여성 셰프가 리더의 자리에 앉았을 때 더욱 강력해질 수 있다. 그러므로 여성 셰프들은 경력을 쌓는 내내 스스로의 이미지를 매우 강인하되 나쁜 년은 아닌 리더로 연출해야만 한다.

엄마가 보고 있는 것처럼 행동해: 용인되는 여성성 리더십

여성 셰프가 '너무 남성적'이거나 '너무 여성적'으로 직원을 이끄는 게 안 된다면, 적합한 리더로 보이기 위한 가장 좋은 방법은 무엇일까? 여러 여성 셰프들이 세 번째 방법, 즉 엄마나 큰누나처럼 직원을 대하는 리더십 유형을 선호했다. 엄마처럼 직원을 이끄는 것은 여성스러운 여성처럼 직원을 이끄는 것과 달랐다. 이 시나리오에서 여성은 본래 여성적인 권위자의 역할을 맡으며, 부정적으로 여겨지는 여성적 특성(체력이 부족하며 너무 감정적인 것)과 거리를 두면서도 긍정적으로 여겨지는 여성적 특성(직원을 보살피고 조언과 도움을 아끼지 않는 것)을 드러낼 수 있다. 여성 셰프들은 젊은 남자 직원들이 엄마나 큰누나 역할을 하는 여성을 권위자로 인정한다고 생각했다. 실제로 사람들이 생애 최초로 권위를 느끼는 대상은 자신의 엄마다. 셰프이자 레스토랑 오너인 캐시는 "여자하고 특히 일을 잘하는 남자가 있고, 여자하고 특히 일을 못하는 남자가 있어요. 제가 보기에 자기 엄마하고 사이좋은 남자가 부엌에서도 여자하고 일을 잘 하더라고요. 전에 엄마하고 부엌에서 일한 경험이 있기 때문일 거"라고 이야기했다. 캐시의 말에 따르면, 집 부엌에서 엄마와 함께 일하곤 했던 남성은 레스토랑의 부엌에서도 여성과 협력할 확률이 높을 뿐만 아니라 여성 리더를 존경할 확률도 높다.

여성 셰프들은 직원과 가족들을 보살피고, 직원에게 조언을 아끼지 않고, 하급자들과 같은 업무를 하는 등 부엌의 위계질서를 없애는 방식으로 세 번째 리더십 유형을 수행했다. 이처럼 세 번째 리더십 유형을 선택한 여성 셰프는 여성 및 여성성과 관련이 있지만 여전히 권위를 잃지 않는 역할을 맡을 수 있다. 심지어 몇 명은 이런 방식을 선택할 때 직원을 성공적으로 관리할 수 있을 뿐만 아니라 여성 리더가 남성 리더보다 더 낫다는 느낌을 받을 수 있다고 주장했다.

여러 인터뷰이가 직원을 보살피는 것을 매우 중요하게 여겼다. 자신이 일하고 있는 레스토랑을 설명할 때 헤드 셰프 여럿은 레스토랑을 "가족"이라는 말로 묘사했고 몇몇은 직원들에게 엄마나 큰

누나 역할을 한다고 말했다. 브렌다는 대형 호텔 수석 패스트리 셰프로 일할 때 직원들에게 자신이 열려 있다는 느낌을 주려고 노력했으며 "말해 봐, 문제가 뭐야?"라는 말로 자신에게 무엇이든 말해도 된다는 사실을 알게끔 했다. 브렌다는 그런 방식을 취했을 때 얻을 수 있는 이점을 이렇게 설명했다.

> 제가 생각하기엔, 제가 여성이기 때문에 직원들이 마음을 더 쉽게 열 수 있었던 것 같아요. 직원들이 저를 누나로 생각했는지 어쨌는지는 몰라요. 하지만 직원들은 제가 자신을 위해 싸워줄 거라는 걸 알았어요. 실제로 그렇게 했고요. 전 언제나 직원들 편이었어요. 어렵지 않은 일이죠. 솔직히 저는 진짜 괜찮은 사람이기 때문에(저는 나쁜 년처럼 굴지 않거든요) 접시 닦는 사람한테나 제일 높은 자리에 있는 사람한테나 다 똑같이 친절했어요. 모두에게 친절하게 행동했죠. 아마 이게 사람들이 저를 좋아한 가장 큰 비결인 것 같아요.

브렌다는 직원에게 친절하게 대하면 리더로서 더욱 존경받을 수 있다고 생각했다. 브렌다는 누나처럼 직원을 대하는 것이 어렵지 않다고 했지만, 전형적으로 남성적인 셰프 또는 성격 나쁜 여성 셰프 같은 태도에서 직원을 보살피는 리더로 변화를 추구한 셰프들도 있다. 리사는 부엌에서 나쁜 년처럼 행동하다가 엄마 역할을 하는 것으로 변할 때까지 시간이 걸렸다고 말했다. "전 스스로를 완전히 바꿨어요. 그래서 매일 있는 일을 강하고 자신감 있게 처리하면서도 저의 여성적인 특성, 그러니까 직원을 보살피고 도울 수 있는 능력도 발휘할 수 있죠. 이런 여성적인 특성을 좀 더 써먹기 시작한 거예요." 리사는 그동안 기른 자신감과 능력 덕분에 "A형 행동 유형(미국의 심장 전문의가 개념화한 성격 유형. 경쟁적이고 성취동기가 높으며 공격성이 많고 인내심이 부족한 것이 특징이다-옮긴이)"의 페르소나를 버리고 좀더 여성적인 특성을 활용할 수 있었다. 헤드셰프이자 레스토랑 오너인 엘리사 또한 직원을 보살피는 능력을 강조함으로써 사업을 더 잘 운영할 수 있다고 믿었다.

> 전 직원들하고 좋은 관계를 맺고 싶어요. 직원들을 한 인간으로 바라보고 싶고요. 사람들은 다 문제가 있어요. 무슨 일이 생겨서 아침에 안 나타나기도 하죠. 그러면 저는 자초지종을 알려고 해요. 레스토랑은 매우 작은 공간이고 우리는 이 안에서 행복할 수 있어야 해요. 서로를 이해하고 존경해야 해요. 전 사람들을 숫자로 보지 않아요. 그러는 게 싫어요. 중요한 건 사람들을 이해하고 사람들이 행복한 거예요. 직원이 행복하면 저도 행복해요. 어렵지 않은 일이에요. 모두가 할 수 있죠. 직원 중 한 명이 아침에 출근했는데 기분이 안 좋아서 "오늘 일 못 할 것 같아요"라고 말하면 이야기를 나누면서 풀어요. 그러면 직원도 결국 일을 할 수 있게

되죠. 그게 제가 좋아하는 방식이에요.

엘리사는 직원을 보살피는 태도를 표현하는 것이 셰프로서의 업무 중 하나라고 생각했다. 그렇게 하면 직원들이 서로를 이해하고 존경할 수 있기 때문이다. 이 밖에도 실용적인 이유가 있었는데, 엘리사는 기분이 좋지 않은 직원에게 시간을 들여 이야기를 들어주고 나눔으로써 그 직원이 다시 업무에 복귀할 수 있는 감정적 상태로 돌아오게 만들 수 있었다. 레스토랑에서 대규모 이벤트를 책임지는 알렉산드라 역시 직원들과 직원들이 겪는 가족 문제에 특별히 주의를 기울인다고 말했다. 직원이 실수를 저질렀을 때 "바로 질책하는" 남성 관리자와 달리, 알렉산드라는 직원들에게 공감하고 "지금 이야기하는 사람이 누구이며 어떤 배경을 갖고 있는지" 기억하려고 노력했다. 그리고 이렇게 직원과 개인적인 관계를 맺는 게 레스토랑과 부엌에 있는 사람들을 더 행복하게 만들어 준다고 생각했다.

헤드 셰프인 나타샤는 젊은 남자 직원들을 감독한 적이 있다. 나타샤의 말에 따르면, 직원들은 나타샤가 자신들을 "아기처럼 다루고", "돌보도록 했다." 결국 나타샤는 자신을 "엄마 같은 존재"로 인식하게 되었다. 직원들이 나타샤를 엄마나 큰누나로 생각했기 때문에 나타샤는 직원들에게 잔소리를 할 수 있었고(마치 엄마가 그러하듯이) 직원들의 실수를 지적하고 고쳐줄 수도 있었다. 그리고 이런 리더십 유형 덕분에 권위를 세우고 직원들에게 긍정적인 반응을 얻을 수 있었다. 나타샤는 여성이고 직원들과 나이 차이가 많이 나지 않았기 때문에 부엌의 '타자'가 될 수도 있었다. 하지만 엄마 역할을 맡음으로써 남성적인 리더십 유형을 선택하지 않고서도 정당한 리더로 인정받게 되었다. 셰프들은 "깨끗하게 일하는 것"을 강조하는데, 이는 일하는 내내 본인이 머무는 공간을 깨끗하게 유지하라는 뜻이다. 이렇게 하면 부엌이 너무 지저분해지는 것을 막을 수 있고 바쁠 때 필요한 것을 쉽게 찾을 수 있기 때문이다. 하지만 모두 자신의 공간을 깨끗하게 유지하지는 않는다. 나타샤는 직원들에게 청소를 하라고 할 때 이렇게 말하곤 했다. "가서 네 자리 청소 좀 해. 네가 저렇게 지저분한 곳에 갔다고 생각해 봐. 너도 자리 주인한테 화가 나겠지?" 마치 엄마가 어린아이에게 공용 공간을 깨끗하게 청소해야 공평한 거라고 말하듯이, 나타샤는 나쁜 년이라는 꼬리표를 달지 않고도 직원에게 해야 할 일을 상기시킬 수 있었다. 심지어 나타샤는 직원들에게 부엌을 얼마나 청결하게 유지해야 하는지 설명할 때 "네 어머니가 보고 계신 것처럼 행동해"라고 말하면서 부모-자식의 은유를 사용하기도 했다. 이처럼 잔소리를 하는 것은 소리를 지르며 명령하는 것보다 시간이 더 많이 걸릴 수 있다. 하지만 중요한 것은 나타샤가 원하는 결과를 얻어낸다는 점이다. 왜냐하면 "직원들은 자기 방을 깨끗이 청소하기 때문"이다.

여성 셰프들은 직원을 교육할 때도 엄마처럼 다정한 태도를 보인다. 인터뷰이 중 다수가 업무의 일환으로 직원 교육을 했었는데, 몇몇은 자신이 여성이기 때문에 신입 셰프 교육 담당으로 뽑혔다고 생각했다. 인터뷰이들은 여성이 남성보다 더 참을성 있고 다른 사람에게 시간과 노력을 더 많이 들인다고 말했다. 패스트리 셰프인 캔디스(39세)는 남성에게 훈련받았던 경험과 여성에게 훈련받았던 경험을 다음과 같이 비교했다. "여자들은 마음을 편안하게 해줘요. 남자는 '이거 해'라고 말한 다음에 어떻게 하나 두고 보거든요. 말하자면, 여자가 부엌을 이끌면 남자가 부엌을 이끌 때와 달리 늑대에게 내던져진 기분이 덜 든다고나 할까요." 헤드 셰프인 에린 역시 비슷한 의견이었다. 에린은 남성 셰프들이 참을성 있게 학생을 가르치지 못하며 "어떻게 하는지 가르치기보다는 학생이 이미 어떻게 하는지 알고 있기를 바란다"고 생각했다.

미식의 장에서 여러 가지 일을 하다가 요리학교에 자리를 잡은 리사는 남녀의 훈련방식이 다른 원인으로 남성 셰프의 두려움을 꼽았다. 훈련은 "요리 서비스 분야에서 가장 겁나는 일"이고 너무 어렵기 때문에 남성 셰프들은 가르치는 일을 기피한다는 것이다. 리사는 좋은 선생님이라면 사람들이 각기 다른 방식으로 요리를 배운다는 사실을 깨달아야 한다고 지적한다. 그렇기 때문에 가르치는 사람은 사람들이 잘 배울 수 있도록 유연한 태도를 가져야 하고 기꺼이 새로운 기술을 시도해야 한다. 또한 가르치는 과정에서 강사가 아는 것과 모르는 것이 적나라하게 드러나기 때문에 교육 업무를 맡는 것이 부담스러울 수 있는데, 자신의 지식과 전문 기술이 의심 받는 걸 원치 않는 셰프들은 이런 상황이 매우 불편할 수 있다. 리사의 설명에 따르면, 여성 셰프는 남성 셰프만큼 자아가 강하지 않기 때문에 모르는 것이 있다는 사실을 기꺼이 인정한다.

여성 셰프들은 직원을 가르칠 때 특히 조심스럽게 피드백을 주었다. 패스트리 셰프인 멜리사는 매우 비판적인 셰프 밑에서 일한 경험이 있었다. 그래서 자기 밑에 있는 직원에게 무엇이 잘못되었는지 알려주는 것 역시 자신의 일이지만, 그렇다고 직원들이 근무를 마치며 "똥 같은 기분"이 들게 하지는 말아야 한다고 생각했다. 엘리사 역시 부엌에서 문제가 발생했을 때 타인을 보살피는 태도로 문제에 접근한다고 말했다. "무례할 필요가 없어요. 중요한 건 당신의 태도와 말하는 방식이에요. 전 그렇게 하는 법을 배웠죠. '우리 이렇게 해보자. 너는 어떻게 생각해? 우린 할 수 있어'라고 말하는 게 훨씬 나아요. 이게 제가 배운 방법이에요. 전 이 방법이 좋아요." 멜리사와 엘리사는 문제를 지적할 때 말과 말투를 조절함으로써 남자 직원들이 지시를 받는다기보다는 의사결정 과정에 참여한다고 느끼고 지적을 받아들이게 만들 수 있다고 생각했다. 이렇게 하면 직원들은 질책받았다기보다는 존중받았다고 느끼기 때문에 레스토랑 전체의 분위기 면에서도 좋다.

이런 부가적인 업무가 여성 셰프를 특정 업무에 한정시킨다는 주장이 있을 수 있다. 헤더 홉플Heather Hopfl의 연구에 따르면, 남성 중심적인 분야에 종사하는 여성은 조직에 이익이 될 때만 여성적인 것이 허용된다. 선생님 역할을 맡은 여성은 여성적이어도 되는데, 여성적인 특성을 일로 전환시켜 레스토랑에 이익을 가져다주기 때문이다. 칸터 또한 여성이 일터에서 엄마 역할을 맡으면 남성 동료들이 "이 여성에게 자신의 사적인 문제를 상담하며 여성은 이 남성들을 위로해야" 하기 때문에 강한 리더로서의 자질이 가려질 수 있다고 염려했다. 남성 중심적인 일터에서 토큰이 타인을 지지하고 보살피면 좋은 평가를 받을 수는 있지만 이것이 곧 권위자로 인정받는다는 뜻은 아니다.

이런 비판에도 많은 여성 셰프가 가르치는 일을 즐겼으며 레스토랑을 그만둔 후에는 이런 경험을 이용해 요리 강사 자리를 얻었다. 인터뷰이들은 젊은 셰프들의 능력을 키워주고, 신입 셰프가 실수를 통해 배울 수 있도록 가르치는 것이 자신의 중요한 업무 중 하나라고 생각했다. 캐시는 이렇게 설명했다.

> 전 직원들에게 요리를 망칠 기회를 많이 줘요. 실제로 요리를 망치죠. 하지만 직원들은 그러면서 배워요. 그러면서 스스로 배우기 때문에 다음번에는 제가 옆에서 보고 있을 필요가 없어요. 직원들은 매일 일하며 매일 배워요. 언제나 더 잘하기 위해 분투하고

있고요.

캐시는 자신이 직원들과 하는 "게임" 중 하나를 설명하면서 직원들이 이 게임으로 요리의 질을 일정하게 유지하는 법을 배운다고 말했다.

직원들은 자신이 온도를 딱 맞춘 스테이크를 연속해서 몇 개나 내보냈는지 세면서 자랑스러워해요. 그렇게 90개나 100개쯤 만들었을 때 스테이크 온도가 안 맞는다고 요리가 되돌아오면 다시 1부터 세기 시작하는 거예요. 그게 우리가 하는 일종의 게임이랍니다. 직원들은 이렇게 하면서 배워요.

또한 여성 셰프들은 함께('자기 밑에서'가 아니다) 일하는 직원들에게 좋은 본보기가 될 책임이 있다고 생각했다. "엄마 같은" 셰프들은 전문 레스토랑 부엌의 전통적인 여단旅團 체제와는 달리 일터에서 엄격한 위계질서를 강요하지 않는다. 여성 셰프들은 헤드 셰프에게 결정권이 있는 기존 위계질서보다는 합의를 중시하는 모델에 따라 일한다고 말했다. 이런 태도는 레스토랑이 잘 굴러가기 위해 반드시 필요한 여러 가지 일에 모두 적용된다. 에린은 상을 받은 파인다이닝 레스토랑의 헤드 셰프이지만 바닥을 쓸고 쓰레기를 내다버리는 일을 돌아가면서 맡는다고 이야기했다. 그리고 자신도 레스토랑의 "지루한 일"을 한다는 것을 직원들이 알게 함으로써 팀 전체가 좋아진다고 말했다.

> 직원들은 모두 저를 존경해요. 왜냐면 전 제가 하기 싫은 일을 남에게 시키지 않거든요. 전 다른 직원들처럼 바닥을 쓸고 손을 더럽혀요. 이렇게 하기 때문에 존경을 받는다고 생각해요. 직원들은 제가 다른 사람보다 낫다고 생각하는 사람이 아니라는 걸 알아요. 이런 태도를 보이는 것이 항상 도움이 되죠.

인터뷰이들은 기꺼이 "나머지 직원들과 똑같이 손을 더럽"히는 행동을 긍정적으로 보았다. 이들은 여성 셰프가 직함보다는 마쳐야 할 일을 더 중요시하기 때문에 이런 태도를 가질 수 있다고 생각했다. 그리고 이런 태도는 레스토랑의 "가족"에게 헌신하고 남성 셰프들처럼 일을 시키기보다는 "좋은 본보기"를 보여주려는 모습에서 잘 나타났다. 인터뷰이들의 말에 따르면, 이들의 상사였던 남자 셰프들은 이런 태도를 보이지 않았다. 자질구레한 일을 하기에는 자신이 너무 높은 사람이라고 생각하기 때문이었다. 심지어 첼시는 요리 강사들 사이에서도 이런 차이를 발견했다. 첼시는 젊은 남자 강사, 특히 셰프 경력이 그리 길지 않은 남자 강사는 학생을 매우 거칠게 대하며 "내가 상사니까 너희들은 내 말 들어"라는 태도를 취한다고 말했다. 또한 남자 강사들은 요리 교실을 운영하는 데 꼭 필요하지만 그리 매력적이지 않은 일을 하기에는 자신이 "너무 훌륭하다"고 생각했다. 반면 첼시와 첼시의 여성 동료들은 다른 태도를 취했다.

> 제가 요리를 만들면 그걸 치우는 것도 제가 해요. 이 일도 해야죠. 청소도 해야 하고요. 저도 설거지를 해야 해요. '학생들은 내 노예지'라고 생각하는 사람도 있는데, 매우 흥미로워요. 자기 안에 있는 불안이 튀어나와서 "나는 불안하기 때문에 나쁜 새끼처럼 굴 거야"라고 하는 것 같다니까요.

첼시는 기꺼이 청소를 하려는 태도를 셰프로서의 위치에 자신감이 있다는 표시로 해석했다. 젊은 남자 셰프들은 부엌의 리더로서 자신감이 없다는 사실을 감추려고 직함 뒤에 숨고 엄격한 위계질서를 강조하려고 든다. 첼시는 여성의 경우 부엌에서 이미 자신의 위치를 다져놓았기 때문에 이런 행동을 할 필요가 없다고 말했다.

엄마 같은 리더십 유형은 부엌을 차분하게 만드는 효과가 있다. 전문 레스토랑 부엌은 주로 남성으로 이루어져 있기 때문에 경쟁과 성적 농담, 일반적인 '난봉'을 특징으로 하는 남자다움의 문화를 가진 경우가 많다. 이런 문화가 너무 깊이 뿌리박혀 있기 때문에 부엌에 남녀가 섞여 있으면 남성 셰프들의 형제애가 흔들려서 부엌이 잘 돌아갈 수 없다고 생각하는 이들도 있다. 반면 우리 인터뷰이들은 남성만 있는 부엌에 여성 리더가 들어가면 차분한 분위기를 조성해 분노와 경쟁심, 성희롱 및 프로답지 못한 행동과 태도를 줄일 수 있다고 주장했다. 또한 여성은 일터를 편안하고 서로를 존중하는 환경으로 만들 확률이 남성보다 높다고 말했다. 엘리사는 성미가 급해서 바쁘거나 원하는 것을 찾지 못할 때마다 폭언을 퍼붓는 남성 셰프 빌을 따로 불러 이야기를 한 경험이 있다. 엘리사는 분노를 폭발시키는 빌의 태도가 부엌의 조화로움을 해친다고 판단했다.

> 빌에게 이야기했어요. "빌, 이건 너한테도 안 좋아. 우리한테도 안 좋고. 그 누구에게도 도움이 안 된다고. 네가 화를 내고 욕을 하면 아무도 너를 도와줄 수가 없어. 필요한 게 뭔지 정확히 말하고 사람들에게 도움을 요청해야 사람들이 너를 도와주지. 네가 화를 내고 욕을 하면 네가 필요한 게 뭔지 알 수 없잖아. 사람들이 당황해버린다고. 그건 좋지 않아. 더 이상 그러지 마."

차분한 태도를 보이는 게 레스토랑 전체에 더 좋기 때문에 엘리사는 빌의 행동이 레스토랑에 피해를 입힌다는 사실에 주목했다. 엘리사는 어떻게 하면 자신과 나머지 직원이 빌을 더 잘 도울 수 있는지에 집중했기 때문에 빌이 자신의 조언을 받아들이고 태도를 바꿀 수 있었다고 생각했다.

여성 셰프가 맞닥뜨리는 이중 기준을 언급한 젊은 헤드 셰프 다나는 자신이 일하는 레스토랑의 오너가 헤드 셰프 자리에 항상 여성을 고용한다고 말했다. 이유를 묻자 다나는 이렇게 대답했다.

> 부엌에 여자가 한 명도 없으면 테스토스테론이 넘쳐서 너무 상스러워져요. 제 생각엔 이게[여성 헤드 셰프를 두는 것이] 상황을 진정시키는 것 같아요. 모두가 편안하게 느끼도록 말이죠. 헤드 셰프가 여성이면 종업원들은 마음 편히 질문을 해요. 질문하는 게 그리 무섭지 않거든요. 그래요, 차분함 같은 게 있어요. 아마 남자들은 남자들끼리 있을 때 언제나 바보처럼 행동해야 한다고 느낄 거예요. 하지만 성숙함도 어느 정도 필요한 법이죠. 감사하게도 전 그런 게 뭔지 잘 몰라요. 제가 여자이기 때문에 남자들만 있는 부엌이 어떤 건지 절대 알 수 없잖아요. 다른 사람의 얘기를 들었을 뿐이에요. 제가 듣기로 그건[다나가 헤드 셰프로 들어오기 전 부엌의 환경은] 정말……. 서로 적대적인 것까지는 아니었어도 상당히 공격적이었을 거예요.

다나와 여러 인터뷰이의 말에 따르면, 여성의 존재 자체가 부엌에서 남성이 어떻게 행동하느냐에 영향을 끼친다. 남자만으로 이루어진 부엌을 손쓰지 않고 내버려두면 성적인 농담이나 공격적인 괴롭힘이 난무하는 "상스러운" 일터가 형성된다. 전문 레스토랑 부엌에 민속지학적으로 접근한 파인의 연구는 이런 상호작용이 남보다 나아 보이려는 행동의 한 형태이자 동료 간의 연대를 쌓는 방식으로 작용한다고 보았지만, 인터뷰이들은 이 같은 마초적 환경이 분명 부정적인 영향을 미친다고 주장한다. 셰프로 일했고 지금은 레스토랑을 운영하고 있는 케이트는 부엌의 리더 자리에 여성 셰프를 앉히면 직원들이 더욱 프로답게 행동하며, "남자들의 동아리"가 만들어지는 것을 피할 수 있기 때문에 부엌이 불행해지거나 경쟁이 심한 공간이 되지 않는다고 말했다. 다나가 일하고 있는 레스토랑의 경우 전임자가 만든 분위기 탓에 종업원들이 겁을 먹고 질문하는 걸 두려워했는데, 이는 결국 레스토랑이 제공하는 서비스의 질을 떨어뜨릴 수 있다. 이와 비슷하게, 첼시는 요리학교의 남학생들이 경쟁에서 이기는 데만 열중한 나머지 학생들이 운영하는 레스토랑에서 조화로운 메뉴를 구성하지 못한다고 말했다. 당시 첼시는 즉시 결과물을 돌려보내고 이 과제의 목표는 주목을 받으려고 경쟁하는 것이 아니라 서로 협력해 손님을 기쁘게 할 수 있는 요리를 만들어내는 것이라는 점을 다시 한 번 일깨웠다.

엄마 역할과 부엌을 관리하는 일 사이에서 균형을 유지하는 것은 쉽지 않다. 하지만 많은 인터뷰이가 직원들에게 개인적인 관심을 기울이는 것이 결국 팀워크를 강하게 만들고 연대감을 키운다고 말했다. 이 복잡한 관계를 유지하는 데 성공한 여성 셰프들은 권위적이고 남성적인 리더십을 추구하는 셰프보다 자신이 더 크게 성공할 수 있다고 믿었다. 이런 믿음에서 여성 관리자가 남성 관리자보다 직원을 더욱 잘 보살필 것이라는 젠더화된 기대가 존재하며, 여성이 이런 규범을 어겼을 때 사회적 제재가 가해진다는 사실을 알 수 있다.

실제로 여성 셰프들은 엄마나 큰누나 역할을 수행할 때 특히 조심해야 했다. 몇몇 인터뷰이는 직원들이 자신을 너무 친근하게 여길 때 경계선을 설정하기가 어렵다는 점을 강조했다. 여성스러운 셰프에게 나쁜 기억이 있는 브렌다는 "전 친절한 상사예요. 너무 친절해서 탈이죠"라고 말했다. 문제가 있으면 전부 이야기할 것을 장려했더니 직원들이 "말을 너무 많이 하고, 특히 불평을 잘한다"는 것이었다. 위계질서를 중시하는 남성 셰프 밑에서는 직원들이 겁을 먹고 말을 잘 못하는 반면, 브렌다는 문제에 휘말려 시간을 잡아먹는 일이 잦았다. 또한 브렌다는 "친절하다"는 평판 때문에 대형 케이크 여러 개 굽기 등(보통 수일이 걸린다) 시간이 촉박한 일을 부탁받은 경험도 여러 번 있었다.

직원을 보살피고 직원의 능력을 키워주는 것이 조화롭고 창조적인 부엌을 조성하는 데 도움이 될 수도 있지만, 가끔 이런 리더의 태도를 이용하는 직원도 있다. 타인을 보살피는 능력을 이용해 젊은 남자 셰프들이 규칙을 지키게 했던 나타샤는 부당한 요구를 피하려고 직원들에게 선을 그어야 했다. 나타샤는 이렇게 설명했다. "제가 자기 친구인 건 아니라는, 어느 정도의 존경은 반드시 필요해요. 안 그러면 직원들이 결국 기어오르거든요. 이렇게 말할 수도 있어요. '제발요! 저 오늘 쉬어야 한단 말이에요.' 그저 한심할 뿐이죠."

레스토랑 직원들의 결정으로 헤드 셰프가 된 다나 역시 친근하고 협력적인 업무 환경을 조성하는 동시에 직원들에게 선을 긋는 일을 어려워했다. "직원들에게 문제를 들은 다음 언제 나서야 하고 언제 나서지 말아야 할지를 알아야 해요. 제일 어려운 부분이죠. 직원들은 가장 많은 시간을 함께 보내는 친구이기도 하지만, 제가 언제나 친구가 되어줄 수는 없거든요. 이게 진짜 어려워요." 다나의 이야기에서 엄마나 큰누나처럼 행동하는 데에도 어려움이 따른다는 사실을 알 수 있다. 누군가 어지른 것은 결국 엄마가 치우지 않는가?

엄마 같은 인물로 여겨지는 여성 셰프들은 직원에게 존경을 받는다고 느끼지만, 그 대가로 위계질서를 강조하고 직원과 거리를 두는 리더와 달리 '가족' 같은 관계에서 발생하는 역동성도 관리해야 한다. 칸터가 주목한 것처럼, 엄마 같은 리더는 전통적인 리더와 달리 편안함을 제공하고 개인적인 문제를 해결해줄 것을 요구받는다. 이는 결과적으로 여성이 일터에서 자신의 감정을 희생하면서 직원을 돌봐야 하는, 젠더화된 형태의 감정노동에 기여한다.

리지웨이는 젠더화된 리더십이라는 문화적 개념을 고려했을 때 협조적인 리더가 되고자 하는 여성이 어려운 전략을 떠맡는 결과가 발생한다고 주장한다. 하지만 동시에 리지웨이는 앨리스 이글리Alice Eagly의 변혁적 리더십 유형을 낙관적으로 평가하기도 한다. 변혁적 리더는 조직 구성원에게 협력함으로써 존경을 얻는다. 우리가 인터뷰한 여성 셰프들은 분명 자신에게 부엌의 문화를 바꿀 수 있는 잠재력이 있다고 믿었다. 실제로 직원을 보살피는 리더십이 여성 리더에 대한 부정적인 젠더 고정관념을 바꿀 수도 있다. 하지만 이런 리더십 유형이 다른 남성 중심적 분야에서는 성공을 거두지 못할 수 있다는 점에도 주목해야 한다. 건설, 경찰, 소방, 금융업 등에서 가족이나 엄마, 큰누나 같은 역할을 강조하는 것은 약점이자 남성적인 하위문화에 적합하지 않은 것으로 여겨진다. 하지만 전문 레스토랑 부엌의 경우 우리 인터뷰이들은 셰프의 남성적인 역할에 저항하고 이를 바꾸고 싶어 하는 것처럼 보였다. 그리고 유명인사인 고든 램지를 화를 내고 독선적이며 과도하게 공격적인 사람으로 묘사했으며, 고든 램지처럼 행동하는 것을 원하지 않았다. 그 대신 여성 셰프들은 여성만이 가질 수 있는 독특한 리더십 유형을 강조하기 위해 특히 여성화된 업무(직원 돌보기, 가르치기 등)를 이용했으며 여성성의 다양한 측면을 전략적으로 활용했다.

젠더화된 리더십: 본질적인 것인가, 본질화된 것인가?

인터뷰이들은 젠더와 리더십 유형에 대한 답변에서 여성 셰프가 레스토랑 부엌의 문화를 바꿀 수 있다고 주장하면서 종종 젠더의 특성을 본질화하는 언어를 사용했다. 이들의 의견 속에서 여성은 (나쁜 년이나 남자처럼 구는 것과는 다른) 여성적인 힘을 끌어내는 방식으로 새로운 전문성을 구축해왔다. 이런 발언은 여성에게 심리적 이익을 제공해 여성이 일터에서 얻은 오명에 저항할 수 있게 도울 뿐만 아니라, 어떻게 여성 셰프가 남성 중심적인 부엌의 문화를 바꿀 수 있는지에 대한 청사진을 제공하기도 한다.

리더십 유형에 대한 여성 셰프들의 이야기는 젠더와 일을 주제로 한 연구에 복잡한 문제를 제기한다. 칸터의 토크니즘 이론을 기반으로 할 때 젠더를 연구하는 학자들은 이런 리더십 전략들이 매우 젠더화되어 있기 때문에 그 어느 것도 이상적이지 않다고 주장할 수 있다. 어떤 면에서 이 세 가지 리더십 유형은 남성은 이렇고 여성은 저렇고 이런 차이는 본질적이고 자연스러운 것이라는, 젠더와 섹스를 본질화하는 개념에 의존한다. 예를 들어, 레스토랑 오너가 여성 헤드 셰프를 선호하는 이유에 대한 다나의 설명은 본질화되어 있고("테스토스테론"과 "상스러움"의 관계) 두 젠더가 부엌을 관리하는 방식을 비교 설명한다. 다나는 여성의 존재 자체가 남성의 행동을 억제하기 때문에 사실 그렇게 남성이 과잉된 일터를 실제로 경험해본 적은 없다는 점을 인정했다.

자신을 직원들의 큰누나로 생각했던 나타샤 역시 본인은 "원래 그런 사람"이기 때문에 의도적으로 엄마 같은 리더십 유형을 이용한 것이 아니라고 주장하면서 본질화된 언어를 사용했다. 그 결과 약자를 괴롭히는 남성 셰프와 엄마 같은 여성 셰프 사이에 본질적인 차이가 있다는 생각을 강화했다. 이 사례에서 여성들은 이런 본질적인 차이가 리더로서의 장점이 된다고 주장했지만, 젠더 간의 본질적인 차이는 여성이 일터에서 기회를 얻지 못하는 이유로 거론되기도 한다. (여성의 힘을 강조하거나 발화의 주체가 여성일 때도) 남성과 여성의 차이에 대한 설명을 통해 여성이 경력을 쌓을 수 있는 기회가 증가하고, 더 많은 존경을 받고, 자격 있는 사람으로 인정받고, 일터에서 더욱 성공할 수 있다고 말하는 경우는 드물다. 크리스틴 슐트Kristen Schilt는 사회가 언제나 여성을 평가 절하하기 때문에 젠더 이분법을 옹호하는 것은 무엇이든 결국 젠더 불평등을 촉진한다고 주장한다. 이런 문제는 남성 중심적이고 남성성이 여성성보다 더욱 가치 있는 것으로 평가받는 직장 문화에서 더욱 강조된다. 결국 본질화의 위험은 젠더화된 현재의 상태를 강화한다는 데 있다.

우리가 인터뷰한 여성 셰프와 칸터의 연구에서 말하는 여성 토큰(젠더의 본질주의적 자질과 밀접하게 연결된 페르소나를 갖고 있다)이 달라지는 지점은 바로 여성적 힘에 대한 강조에 있다. 여성 셰프들은 스스로를 남성과 다르다고 보는, 심지어는 더 낫다고 보는 레토릭을 사용했다. 일을 시작한 지 얼마 안 됐을 때 여성 셰프들은 '너희들은 달라'라는 이야기를 자주 듣는다. 몇몇은 이런 주장을 받아들인 다음 여성 셰프가 부엌에서 뛰어난 능력을 보일 수 있다는 점을 강조하는 방식으로 이 주장을 재정의한다. 인터뷰이들은 남성적인 고든 램지 식의 관리 유형에 동화되려고 애쓰기보다는 여성 리더가 부엌을 더욱 효과적으로 이끌 수 있다고 주장했다. 인터뷰이들의 주장에 따르면, 능력 있는 셰프나 리더는 직원들을 잘 대우하고, 직원들의 가족에게 관심을 표하며, 부엌에서 성희롱이 일어나는 빈도를 줄인다. 물론 우리가 인터뷰한 여성 또는 여성 셰프 전체가 모두 남성보다 능력이 뛰어나다고 단정 지을 수는 없다. 하지만 분명한 것은 인터뷰이들이 차별과 편견을 겪은 경험을 이야기하면서도 본인이 리더의 자리에서 강력한 힘을 지니고 있다고 느낀다는 것이다. '여성적 힘'이라는 단어가 문화적인 모순어법으로 보일 수도 있지만, 우리가 인터뷰한 여성 셰프들은 남성적인 리더십에 대한 지배적 신념에 저항하고 있었다.

여성이 전문 레스토랑 부엌에 진입해 성공을 거둘 때까지 넘어야 하는 장애물은 수없이 많다. 하지만 다나는 이런 어려움을 여성 셰프만이 가질 수 있는 기회로 해석했다.

> 사람들이 여성 셰프에게 어떻게 반응하는지를 보면 남성 셰프에게는 없는 이중 기준이 분명 존재해요. 하지만 그건 어느 산업에서나 마찬가지예요. 사람들은 남성 상사의 말과 여성 상사의 말을 다르게 받아들이죠. 같은 말도 다르게 인식하는 거예요. 하지

만 이런 상황이 우리를 더 나은 리더로 만들어요. 우리는 모든 일을 양쪽 시각에서 바라봐야 하거든요. 우리는 공격적이면서도 동시에 직원을 따뜻하게 돌봐야 해요. 남자들은 이런 문제를 고민할 필요가 없어요. 자기가 원하는 건 그게 뭐든 간에 다 할 수 있고, 그래도 되니까요. 하지만 이런 상황에서 더 많이 배우는 건 누구일까요? 사람들이 더욱 친밀한 관계를 맺고 존경하는 리더는 누구일까요? 무엇을 할지 지시하면서도 문제가 있을 때는 이야기를 들어주기도 하는 그런 리더 아닐까요?

다나의 말은 여성적 힘이 가진 변화의 잠재력을 강조한다. 다나는 스스로를 부엌의 '타자'로 보는 대신 레스토랑 전체 직원의 필요를 배움의 기회로 삼는 성찰적인 리더가 되기로 선택했다. 다나가 이야기한 것처럼 그녀의 남성 동료들은 기존의 남성적 리더십을 이용할 수 있기 때문에 배움의 기회를 놓치므로 그만큼 많이 배울 수 없다.

여성적 리더십 재구성하기: 여성적 힘을 인정하다

인터뷰이들의 말에 따르면, 전문 레스토랑 부엌을 이끄는 여성 리더들은 아슬아슬한 줄타기를 해야 한다. 여성은 부엌의 위계질서 상층으로 올라가 헤드 셰프가 된 후에도 권력을 가질 자격이 있는지 판단하는 감시의 눈과 저항에서 자유롭지 못하다. 이때 남성적이고 권위적인 리더십 유형을 선택하면 나쁜 년이라는 꼬리표를 얻게 되고, 옷차림(화장을 하거나 액세서리를 착용하는 것 등)이나 행동(친절한 태도를 보이거나 추파를 던지는 것 등) 면에서 자신의 여성성을 과도하게 드러내는 것 역시 부엌을 이끌기에 적합하지 않다는 평가를 받는다. 그래서 몇몇 여성 셰프는 엄마나 큰누나의 역할을 맡음으로써 문화적으로 좀 더 용인되는 형태의 여성적 리더십을 수행한다. 엄마 같은 리더십 유형은 직원들과 협력하고 존경받는 데 도움이 되기도 하지만 젠더를 본질화하는 개념을 사용하고 있기 때문에 문제가 있다고 여겨지기도 한다.

한 가지 희망적 견해가 있다면, 인터뷰이들은 여성이 남성과 다르더라도(또는 다르게 인식된다 하더라도) 스스로 리더로서의 강점이 있다고 생각한다는 것이었다. 이런 강점은 여성이라는 지위와 직접적으로 관련되어 있으며, 인터뷰이들은 여성 리더를 향한 비판을 여성적 힘이라는 담론으로 재구성하는 방법을 찾아냈다. 원래 여성보다 남성이 더 관리직에 적합하다는 생각을 거부했으며, 여성이 직원을 더욱 잘 돌볼 수 있기 때문에 더 나은 리더가 될 수 있다고 주장했다. 그리고 직원과 직원의 가족을 살뜰히 보살피고, 직원들이 가족과 더 많은 시간을 보낼 수 있게끔 장려하고, 성희롱을 근절하고, 셰프들이 분노하지 않게 통제함으로써 자신이(그리고 다른 여성 셰프들이) 부엌의 강한 리더가 될 수 있다고 말했다. 이들은 이런 행동을 여성은 부엌을 이끌기에 너무 예민하다는 증거로 바라보는 대신 훌륭한 여성 셰프에게서 공통적으로 나타나는 힘으로 재구성했다. 인터뷰이들은 남성 리더와 여성 리더 간의 차이를 받아들이고 여성적 힘을 이끌어냄으로써 자신이 (각 레스토랑과 요리학교에 있는) 전문 레스토랑 부엌을 보다 민주적이고 인간적인 환경으로 바꿀 수 있다고 믿었다.

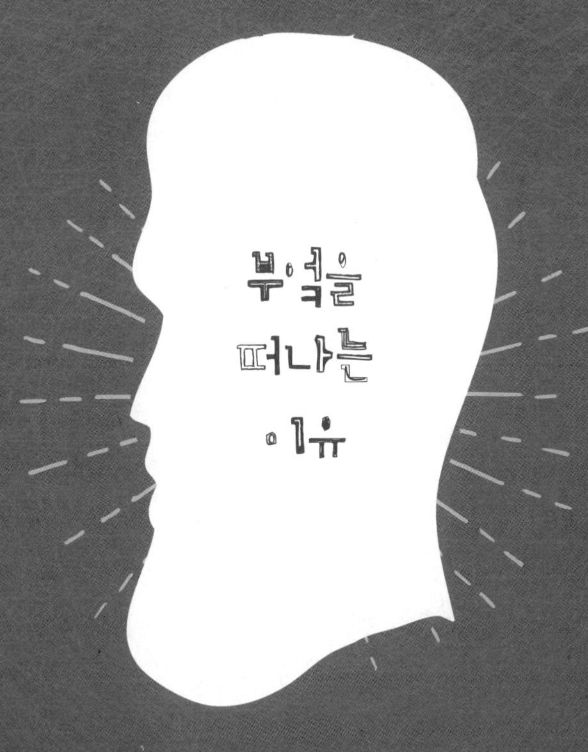
부엌을
떠나는
이유

Taking the Heat:
Women Chefs and
Gender Inequality
in the Professional
Kitchen

멜리사는 모든 인터뷰이의 동경의 대상이었다. 멜리사는 다정하고 솔직하며 사려 깊은 태도로 전문 패스트리 셰프로서의 경험을 이야기해주었다. 인터뷰를 하는 동안 성희롱에서부터 개인 사업을 시작할 때 겪었던 어려움에 이르기까지 쉴 새 없이 이야기를 풀어냈다. 하지만 여성 셰프의 수가 이렇게 적은 이유를 묻자 말을 멈췄다. 처음에 멜리사는 "왜 여성 셰프 수가 적은지 저도 잘 모르겠어요"라고 말하면서 당혹감을 표현했다. 그리고 잠시 침묵하다가 "셰프는 힘든 직업이에요"라며 여성 셰프의 과소대표 문제를 설명했다. 하지만 조금 더 생각해본 후, 멜리사는 '모성'이라는 문제로 훌쩍 넘어갔다.

> 모두를 위해 시간을 낼 수는 없어요. 아이를 가질 수가 없다는 말이에요. [여성인] 제 사업 파트너가 얼마 전에 여자아이를 낳았는데, 이 친구를 볼 때마다 저는 이런 생각을 해요. '와! 난 지금

아이를 가질 수가 없겠어!' 어쩔 수 없어요. 저는 이게 큰 이유라고 봐요. 자신이 삶에서 원하는 것이 무엇인지에 달려 있어요. 제가 아는 사람들 중에 제 나이 또래의 여성 셰프들은 거의 결혼을 안 했어요. 혹은 결혼한 지 얼마 안 됐거나. 그동안 결혼할 시간이 없었거든요. 결혼하고 아이 낳는 것을 생각해봤다 할지라도, 그럼 결국 일을 그만둬야 한다는 결론이 나와요. 받을 수 있는 혜택이 아무것도 없어요. 혜택을 받을 수 있다고 해도 3개월 동안 유급 휴가를 받을 수는 없죠. 이런 문제가 여성 셰프의 발목을 잡는다고 말할 수 있을까요? 저도 잘은 모르겠어요. 하지만 이런 문제 때문에 제가 아이를 낳고 싶어 하지 않는 건 맞아요. 적어도 지금은요.

이 프로젝트를 시작할 때 우리는 왜 전문 셰프의 길로 들어선 수많은 여성 셰프가 끝내 일을 그만두는지 알고 싶었다. 레스토랑 부엌의 문화에 관한 문헌 대부분이 경쟁이 심하고 남자다움을 과시하는 업무 환경과 성적 농담 및 괴롭힘이 만연하다는 사실을 언급했기 때문에 우리 역시 인터뷰이들이 일을 그만둔 가장 큰 원인으로 성차별이나 성희롱 문제를 들 것이라고 생각했다. 하지만 놀랍게도 셰프 일을 그만둔 17명의 여성(인터뷰이는 총 33명) 중 성차별이나 성희롱을 꼽은 사람은 아주 소수였다. 가장 많이 언급된 이유는 레스토랑 일과 가정생활의 양립 불가능과 일터와 가정에서의 대립되는 책임을 모두 충족시키기 어렵다는 점이었다. 멜리사와 다른 인터뷰이들의 말에 따르면, 셰프 일을 "힘들게" 하는 것은 무거운 물건을 들거나 바쁜 부엌에서 뛰어다니는 게 아니었다. 여성 셰프들이 겪는 성희롱이나 성차별 역시 가장 힘든 문제는 아니었다. 여성 셰프들이, 특히 자녀가 있는 여성 셰프들이, 가장 힘들어하는 점은 셰프로서 성공하려면 믿을 수 없을 정도로 많은 시간을 부엌에서 보내야 한다는 것과 받을 수 있는 혜택이 부족하다는 점이었다.

셰프는 남성과 여성 모두에게 힘든 직업이다. 하지만 특히 엄마들에게는 특정 문화적 기대가 작용해 일과 가정 사이에서 균형을 잡아야 한다는 스트레스가 더해진다. 인터뷰를 하는 동안 멜리사는 다음과 같은 말로 이런 상황을 언급했다. "부엌에서 일하는 남자들도 시간이 없는 건 마찬가지예요. 아이가 있어도 집에 안 가죠. 하지만 그 사람들은 배우자가 아이들을 돌봐줘요." 결혼한 남성 셰프들은 자녀 양육의 책임 대부분을 아내에게 맡길 수 있는 반면, 여성 셰프 대부분은 셰프로서 또 엄마로서 모두 완벽해야 한다는 기대에 직면한다. 이런 기대는 종종 여성 셰프들이 그 두 가지에서 모두 실패했다고 느끼는 결과를 낳는다.

여러 인터뷰이가 대립하는 이 책임 때문에 임금노동을 그만두거나 덜 힘든 일을 찾아 직업을 바꿨다. 이런 결정은 일반적으로 가정과 일에 관한 여성의 '선택'으로 규정된다. 멜리사는 임신과 출산을 결정하는 건 "자신이 삶에서 원하는 것이 무엇인지에 달려 있다"고 강조했다. 이 문제를 셰프로 남을 것인가 아닌가에 관한 여성의 선택으로 규정하는 것은 여성의 결정에 영향을 미치는 여러 문화적·구조적 요인을 무시할 뿐만 아니라 이런 선택이 여성의 경력에 미치는 영향 또한 고려하지 않는다. 인터뷰이들이 말했듯 여성이 힘든 직업에서 "빠져 나왔을" 때, 또는 여성이 출산을 하거나 덜 힘든 일을 하기 위해 일에서 "손을 뗐을" 때, 그 여성의 커리어는 장기적으로 부정적인 결과를 맞이할 수 있다. 여성들은 자신이 가정 때문에 일을 그만둔다고 생각하지만(또는 우리 인터뷰이들처럼 가정 때문에 덜 힘든 직업으로 이동한다 생각하지만), 사실 여성을 일에서 밀어내는 것은 대개 융통성 없고 힘든 업무 형태를 야기하는 일터의 구조다.

현재 아이가 있는 전체 여성의 약 4분의 3이 직장에 다니고 있기 때문에(2013년 미국 노동통계국) 일과 엄마로서의 역할을 동시에 해낼 수 없는 이유가 무엇인지, 또 힘든 직업에 종사하는 여성이 대립하는 여러 책임을 어떻게 헤쳐 나가고 있는지 살펴보는 것은 매우 중요하다. 이런 현상을 파악하면, 요리학교 졸업생 수는 남녀가 비슷한데 파인다이닝 레스토랑에 근무하는 남녀 셰프의 수는 비슷하지 않은 이유를 이해하는 데 도움이 될 수 있다.

우리는 인터뷰에서 여성 셰프들이 다른 직업을 찾아 레스토랑을 떠나는 이유를 알아내려고 했다. 이를 통해 셰프가 계속해서 남성 중심적인 직업으로 남아 있는 이유를 해명할 수 있기 때문이다. 여성 셰프들이 레스토랑을 떠나는 이유와 방식을 살펴보는 것은 장 내에서 직무가 분리되는 근본적인 원인을 이해하는 데 반드시 필요하다. 장 내에서 직무가 분리된다는 것은 남녀의 직책이 같아도 서로 다른 전문 분야에 집중하는 것을 의미한다. 장 내의 직무 분리 현상을 이해하는 것은 매우 중요한데, 직무 분리 현상이 직종 분리 현상과 더불어 남녀의 임금 격차를 유발하는 주원인 중 하나라는 사실이 밝혀졌기 때문이다.

우리는 파인다이닝 레스토랑에서 셰프(헤드 셰프, 수 셰프, 수석 패스트리 셰프 등)로 일했던 여성들이 왜 케이터링 셰프나 요리학교의 강사 등으로 직업을 바꾸는지 알아보았다(파인다이닝 레스토랑의 셰프는 미식의 장에서 가장 높은 지위를 갖는다). 셰프 일을 그만둔 17명의 여성은 모두 부엌에서 일하는 게 좋았다고 말했다. 그들은 여전히 요리 산업 내에 있는 직업에 종사하고 있었다. 이를 통해 셰프 일을 계속하기 어렵게 만드는 것은 파인다이닝 레스토랑의 환경과 그곳에 근무하는 셰프의 특성이라는 점을 알 수 있다.

지금부터 여성 셰프가 레스토랑을 떠나기로 결정하는 이유와 그 과정을 살펴보고, 새로 얻은 직업은 제공하지만 셰프 일은 제공하지 못했던 혜택이 무엇인지 알아볼 것이다. 레스토랑에 남기로 한 여성의 경우 무엇이 그런 선택을 하게 만드는지, 일과 가정에서의 책임 사이에서 어떻게 균형을 맞추는지에 대해서도 살펴볼 것이다. 인터뷰에서 우리는 이상적인 노동자가 되기 위해 해야 하는 일과 더불어 일과 가정에 관련된 여성의 '선택'을 둘러싼 레토릭을 알아보았으며, 이를 통해 고용에 관한 결정을 개인의 자유로운 결정으로 틀 짓는 것의 한계를 강조할 것이다.

일과 가정 사이의 불균형

인터뷰이들이 셰프 일을 그만둔 가장 큰 이유로 꼽은 것은 셰프 일이 가정에서의 요구와 양립할 수 없다는 점이었다. 여러 인터뷰이가 모든 것을 가지는 것은 불가능하며 여성 셰프는 결국 일과 가정 중 하나를 선택해야 한다고 말했다. 사실 그리 놀랍지 않은 이야기인데, 이미 수많은 연구에서 일과 가정 사이의 갈등 때문에 발생하는 스트레스를 다뤘기 때문이다. 이런 불균형 때문에 여성이 우울증과 불안 같은 문제를 겪을 확률이 더 높다는 연구결과도 있다.

전문 셰프들이 처한 근무 환경을 다시 한 번 간단히 살펴보면 어떻게 이런 요인들이 일과 가정에서의 요구를 동시에 수행하는 것을 어렵게 만드는지 짐작할 수 있을 것이다. 먼저 셰프는 하루에 12시간 이상 서 있어야 하고, 식재료가 들어 있는 무거운 냄비와 그릇을 들어 올려야 하는 육체적으로 매우 힘든 직업이다. 헤드 셰프가 된다고 해도 이런 육체노동에서 자유로울 수 없으며, 직원 수가 적은 소규모 레스토랑에서 근무할 경우 특히 더하다. 수석 패스트리 셰프인 카미유는 이렇게 설명한다.

> 부엌에서 일할 때의 문제는 은퇴라는 게 없다는 거예요. 10년을 일해도 "그래. 이제는 이 일들을 후임에게 넘길 거야"라고 말할 수 있는 때는 오지 않아요. 나이를 먹고 경력을 쌓으면 더 쉬운 삶을 살 수 있다는 보장이 없어요.

카미유가 말한 것처럼 상사가 되더라도 셰프로서 긴 시간 동안 수많은 업무를 처리해야 하는 상황에서 벗어날 수는 없다. 헤드 셰프이자 레스토랑 오너인 셜리는 자신이 레스토랑에서 "모든 일을 거의 다" 한다고 농담을 하면서 심지어 필요할 때는 설거지도 한다고 말했다. 헤드 셰프는 이런 육체노동뿐만 아니라 새로운 요리를 만들고, 식재료 공급업자와 협상을 하고, 작은 사업을 하는 데 필요한 끝없는 서류 작업을 완료하고, 직원을 관리하고, 레스토랑을 홍보하기 위해 공식 석상에 얼굴을 내미는 일도 해야 한다. 이 모든 업무는 결국 믿기 어려울 정도로 긴 근무시간으로 이어진다. 그리고 이런 근무시간은 해리엇 프레서Harriet Presser가 말한 "저녁이나 밤에 교대 근무를 하고 주말에도 일하는" 비정규직 노동의 형태를 띤다. 요리 강사인 세라가 묘사한 것처럼, 셰프는 여러 가지 측면에서 비정규직 노동자의 전형이다.

레스토랑의 세계에는 안정감이라는 게 별로 없어요. 저는 관리자였기 때문에 항상 레스토랑에 있어야 했어요. 제 업무 스케줄을 보면 어떤 때는 오후 6시에 출근했다가 그 다음날에는 낮 12시에 출근하고, 그 다음날에는 문을 닫아요. 그러니까 수면 시간이 들쑥날쑥해요. 그만큼 가족을 볼 수 없죠. 아이를 갖는 건 거의 불가능해요. 그리고 주당 50에서 60시간씩 일하죠. 싱글이거나 배우자가 비슷한 직업이라서 이 일을 이해해줄 수 있다면 괜찮지만요. 어쨌든 셰프는 정말로 힘든 직업이에요.

셰프들은 스케줄에 관한 한 선택지가 별로 없다. 대부분의 파인다이닝 레스토랑이 밤에만 문을 열며, 레스토랑이 아침과 점심 영업을 할지라도 저녁 시간에 일한다는 것은 곧 부엌에서 가장 기술이 좋으며 지위가 좋다는 사인이기 때문이다. 세라는 근무시간이 길고 스케줄이 일정하지 않아서 힘들다고 말하면서도 이를 감당할 수 있다고 했다. 싱글이거나 배우자가 이런 상황을 이해해준다면 말이다. 여기서 여성 셰프들이 겪는 가장 큰 어려움이 드러난다. 바로 처음에는 받아들일 수 있었던 스케줄과 업무 환경도 아이가 생기면 더 이상 받아들일 수 없다는 점이다. 이런 근무시간은 보통 아이가 다니는 유치원이나 학교의 스케줄과 맞지 않는다. 또한 인터뷰이들은 주말과 휴일에 일하는 경우가 매우 흔했다고 회상했다. 다음은 패스트리 전문 강사인 로즈의 경험으로, 그녀는 그동안 매우 유명한 셰프들과 함께 일했다. 로즈는 자신의 일을 사랑했지만 아이가 생긴 후로는 우선순위가 달라졌다고 말한다.

아이를 갖기 전에는 호텔에서 일했어요. 주당 60시간, 70시간, 80시간씩 일했지만 괜찮았어요. 하지만 아이가 생긴 후에 일을 그만뒀죠. 그리고 다시 돌아갈 수 없었어요. 패스트리 셰프로서 부엌에서 일하려면 새벽 4시나 5시부터 정오까지 일해야 하는데 그 시간에 유치원에 아이를 맡길 수 없으니까요. 유치원을 이용하려면 오후에 일을 해야 해요. 그리고 셰프는 언제나 주말에도 일해요. 휴일에도 일하죠. 그러니 아이가 생긴 후 일을 그만둘 수밖에 없었어요. 제 생각에 이건 우리 직업의 유일한 단점이에요. 일단 아이를 가지면 일을 지속하는 게 어렵다는 점 말이에요. 밤과 주말에 일해야 한다는 것 때문에 일하는 게 정말 힘들어져요. 가족 가까이에 살면 엄마나 다른 친척에게 도움을 받을 수 있겠지만, 오전 6시부터 오후 6시까지만 운영하는 유치원은 이용할 수 없어요. 이 문제 때문에 일을 그만뒀죠. 그때 전 알았어요. 제 커리어가 중단될 거라고요. 제 남편은 항상 여행 중이라 도움이 전혀 안 되거든요. [작은 웃음]

인터뷰이 중 몇몇은 패스트리 셰프의 경우 좀 더 가정 친화적인 스케줄을 받을 수 있다고 했지만 로즈는 그렇지 않았다. 로즈는 호텔에서 일하면서 해야 할 일들을 계속 해나가는 것이 어렵다고 판단했다. 셰프의 근무시간이 대부분의 유치원 스케줄과 맞지 않기 때문이다. 로즈와 다른 여성 셰프들이 자신의 근무시간에 맞춰 유치원을 이용할 수 있다 하더라도 아마 엄청난 비용이 들 것이다. 미디어는 레스토랑 사업, 요리책, 제품 홍보로 백만장자가 된 슈퍼스타 셰프들에게 지나칠 정도로 많은 관심을 쏟지만 셰프 대부분은 그리 돈을 많이 벌지 못한다. 미국 노동통계국의 자료(2013)에 따르면, 셰프와 헤드 쿡의 중간 연소득은 4만 2,480달러였다. 특히 물가가 비싼 도시에서는 이런 임금으로 하루 종일 유치원을 이용하는 것이 어려울 수 있다.

또한 레스토랑 부엌에서의 일은 건강보험 혜택을 충분히 받지 못한다는 특성이 있다. 2014년의 보고서에 따르면, 전체 파인다이닝 레스토랑의 단 50%만이 직원들에게 건강보험을 제공했다. 보고서 작성자들은 이 수치마저도 건강보험 제공 실태를 그대로 반영하지 않는다는 점을 지적했는데, 레스토랑이 제공하는 보험의 유형이 충분한 보장 혜택을 제공하지 않거나 직원 대다수에게 너무 비쌀 수 있기 때문이다. 레스토랑은 대부분 여성 셰프에게 유급 출산 휴가를 주지 않는다. 아이가 있는 인터뷰이 중 임신 당시 다니고 있던 직장의 출산 정책에 만족한 사람은 헤드 셰프인 에린뿐이었다. 에린은 요리학교에 다니면서 학교에서 운영하는 레스토랑의 셰프로 일하고 있을 때 딸을 낳았다. 당시 에린은 기업에 속해 있었기 때문에 셰프 대다수에 비해 더 좋은 혜택을 받을 수 있었다.

건강보험 혜택이 부족하다는 사실은 아이를 낳은 후에도 계속 레스토랑에서 일하고 싶어 하는 엄마들에게 가장 큰 장애물로 작용한다. 셰프이자 레스토랑 오너이며 네 아이의 엄마인 마리셀은 직원들에게 건강보험 혜택을 제공하고 싶지만 사업 규모가 너무 작기 때문에 비용이 부담스럽다고 말했다. 그 대신 의사 친구와 협약을 맺어 무료로 식사를 제공하고 직원들의 건강관리를 부탁하고 있다. 마리셀은 이런 조치가 결코 충분하지 않다는 점을 인정했지만, 현재로서는 이것이 직원들에게 할 수 있는 최선이라고 생각했다.

여성 셰프들이 가족과 더 많은 시간을 보낼 수 있도록 돕는 다른 혜택으로는 유급 휴가와 레스토랑 내에 있는 어린이집, 탄력근무제가 있다. 하지만 인터뷰이들의 말에 따르면, 이런 정책은 매우 드물다. 또한 레스토랑에는 아프거나 일이 생겨도 휴가를 내면 안 된다는 암묵적인 규칙이 있다. 제인은 레스토랑 부엌의 문화에서는 휴가를 내는 것이 불가능하다고 말한다.

> "저 가봐야 해요"라고 말할 수 없어요. 내 일을 맡아줄 사람이 아무도 없거든요. 전화해서 아프다고 말할 수 없는 게 이 산업의 문제예요. 전화를 받아줄 음성 사서함이 없거든요. 음성 사서함이

전화를 받고 끝나는 게 아니라, 다른 사람이 레스토랑으로 돌아와서 저 대신 일을 해야 해요. 그러니까 매일매일 레스토랑에 있어야 하죠. 해야 할 일들을 전부 해야만 해요. 기분이 좋지 않다거나 목이 까끌하다고 집에 갈 수 없어요. 제가 일할 때는 죽을 만큼 아파도 레스토랑에 출근해야 했어요. 그러면 셰프가 저를 보고는 집에 돌아갈지 말지를 결정했죠. 레스토랑에 전화해서 "저 아파요"라고 말하면 안 돼요. 절대 그럴 수가 없어요.

레스토랑은 대개 수익을 내려고 될 수 있는 한 최소한의 직원만 고용해 운영하기 때문에 직원들이 아플 때 일을 대신해줄 수 있는 사람이 거의 없다. 이런 상황은 아이가 아프거나 자신의 건강 문제로 휴가를 내야 할 수도 있는 엄마들에게 특히 힘들다. 휴가를 내는 것은 여성 셰프를 더욱 가혹하게 검증하는 결과를 낳을 수 있다. 친절하고 공감을 잘하는 동료조차도 전화를 걸어 출근할 수 없다고 말하는 아이 엄마에게 비판적인 태도를 보이는데, 결국 자신이 그 일을 떠맡아야 하기 때문이다. 헤드 셰프인 애나는 이렇게 말했다. "직원들은 이렇게 생각해요. '네 아이가 기침하는 건 유감이지만, 나도 일주일 동안 한 번도 못 쉬었거든.'" 셰프들은 아플 때 그냥 참고 견디라는 조언을 듣는다. 하지만 임신한 채로 하루에 14시간씩 일하거나 아이가 아픈 여성 셰프는 이런 조언을 따르기 힘들다.

인터뷰이 중에는 호의적인 상사가 가족 문제를 처리할 수 있도록 협조했다고 말한 사람도 몇몇 있었지만, 그 외에는 무신경한 관리자가 레스토랑의 필요를 충족시키기 위해 직원들에게 일찍 출근하고 늦게 퇴근할 것을 요구했다고 말했다. 고된 직업에 종사하는 사람들 사이에는 휴가 요청은 용납되지 않으며, 포부가 큰 사람이라면 절대 근무시간을 줄여달라는 부탁을 하지 않는다는 강력한 메시지가 돈다. 인터뷰이들도 휴가를 내는 사람은 일에 그리 헌신하지 않는 것으로 생각했다.

엘런과 조앤은 자신이 엄마라는 사실 때문에 승진에서 밀려났다고 했다. 두 사람은 승진 대상자 후보였지만 엄마로서의 '의무'와 가정에서의 책임을 다하는 데 시간을 써야 한다는 이유로 탈락했다. 이들의 관리자는 이상적인 노동자를 원했고, 엘런과 조앤은 이상적인 노동자라는 틀에 부합하지 않았던 것이다. 애커에 따르면, 이상적인 노동자는 자신의 일에 전적으로 헌신하며 조직의 이익을 위해 기꺼이 오랜 시간 근무한다. 이런 개념은 자녀 양육이나 노인을 돌보는 일 같은 외부에서의 책임을 전혀 고려하지 않는다는 문제가 있다. 돌봄 노동의 책임을 떠맡는 것은 주로 여성이므로 이상적인 노동자상에 의존하는 것은 여성 노동자에게 불이익을 가져다준다. 여성은 일에 덜 헌신하는 것으로 여겨지며 이는 곧 고용이나 승진에서 여성이 차별당하는 결과로 이어진다. 여성은 일에 자신의 시간을 전부 바칠 수 없다고 간주되기 때문이다.

이런 '모성 불이익'에 깔려 있는 믿음이 너무나도 뿌리 깊기 때문에 아이가 없는 여성조차 고용과 승진에서 불이익을 당한다. 로즈는 1980년대에 셰프직에 지원했을 때 아이를 가질 계획이 있냐는 질문을 받았다. 질문을 한 남성은 임신하면 일을 그만둘 여성은 고용하고 싶지 않다고 말했다. 이처럼 여성은 미래에 임신을 하거나 엄마가 될 수 있다는 염려만으로 취업과 승진에서 밀려난다. 그런데 아이러니하게도 여성 셰프인 질은 아이 아빠인 남성 셰프에게 밀려 승진을 할 수 없었다. 문화적으로 여성은 보통 가정을 돌보는 역할을, 남성은 가장의 역할을 부여받기 때문에 아이가 있는 여성은 가정에서의 책임을 다하느라 일에 소홀할 것이라고 간주되는 반면, 아이가 있는 남성은 가족을 부양해야 하기 때문에 열심히 일할 것으로 간주되어 승진하기 딱 좋은 직원이 된다.

변화의 때

여성 셰프들은 레스토랑 부엌의 고된 업무 환경과 낮은 임금에도 자신의 일을 사랑하며 요리를 그만두고 싶지 않았다고 말했다. 인터뷰이들에게 셰프 일은 정체성의 일부가 되었고, 몇몇은 일을 그만둔 후에도 여전히 자신을 셰프라고 소개하곤 했다. 대부분 셰프 일을 계속하려고 대립하는 여러 가지 책임들을 조화시킬 방법을 찾으려 애썼다. 이들은 일종의 한계점에 도달한 후에야 레스토랑을 떠나겠다는 결정을 내렸는데, 그 한계점이란 다른 셰프에게 더 이상 일을 지속할 수 없을 거라는 이야기를 듣는 것이었다. 패스트리 셰프 일을 그만두고 현재 고급 식료품점에서 판매를 담당하고 있는 엘런은 둘째를 가진 후 승진에서 밀려나자 직업을 바꿔야겠다는 결정을 내렸다.

> 둘째를 가졌어요. 아이를 가졌다는 이유로 승진에서 밀려났죠. 사람들은 이렇게 생각했어요. "글쎄, 이제 너는 필요한 만큼 시간을 낼 수 없을 거야." 저는 '이젠 할 만큼 했어'라는 생각이 들었어요. 수석 패스트리 셰프……. 그 남자하고 문제가 좀 있었어요. 언쟁을 했죠. 그리고 그만 해야겠다는 결정을 내렸어요.

수석 패스트리 셰프와 벌인 "언쟁"이라는 게 엘런이 여성이라는 사실과 관련 있는지 묻자 엘런은 단호하게 답했다.

> 네, 분명히요. 아이를 낳으면 그에 따르는 의무가 생기잖아요. 그래요, 출근을 하지 못하는 날이 있을 수도 있어요. 하지만 레스토랑에 무슨 일이 있으면 자리를 지켜야 해요. 한번은 큰 행사가 있어서 7일을 내리 일했어요. 매일 밤 10시나 11시에 퇴근했고요. 제가 "저 내일 쉬는 날이에요"라고 하니까 그 셰프가 이렇게 말하더군요. "아니, 너 내일 나와. 너 내일 여기에 있어야 해." 내일 출근하지 않으면 안 된다고 저를 위협했어요.

엘런의 이야기는 여성 셰프가 직면하는 딜레마를 잘 보여준다. 아이가 있는 여성은 쉬는 시간이 더 많이 필요하리라 여겨지며, 이는 곧 아이 엄마를 셰프에 적합하지 않은 사람으로 만든다. 또한 여성은 일단 아이를 낳으면 1차 양육자 역할을 요구받기 때문에 여성 셰프들은 좋은 엄마가 되어야 한다는 문화적 기대에 부응하지 못했다는 죄책감을 느낀다. 일과 가정생활을 병행하는 것의 어려움에 대해 이야기를 나누는 내내 인터뷰이들은 이상적인 노동자상에 부합해야 한다는 압박감을 토로했다. 그리고 이런 압박감은 이상적인 엄마가 되어야 한다는 압박감과 상충한다.

샤론 헤이스Sharon Hays는 지난 수십 년 사이에 '과잉 모성'이 등장하면서 어머니 역할에 대한 기대가 변했다고 보았다. 과잉 모성은 문화적으로 구성된 이상적인 어머니상으로 엄마가 자녀의 필요와 성장에 지나치게 전념하는 것을 의미한다. 엄마들은 끊임없이 자녀와 함께할 것을 요구받는데, 아이가 어릴수록 더 그렇다. 또한 엄마들은 갖은 노력으로 아이의 감정적·지적·사회적 발달에 아낌없이 투자해야 한다. 이제 아이와의 교류는 아이를 돌보는 것을 넘어 아이가 가진 가능성을 남김없이 펼칠 수 있도록 교육하는 것을 의미한다. 과잉 모성은 엄청난 시간과 에너지를 필요로 하며, 일터에서 이상적인 노동자가 될 것을 요구받는 상황에서 과잉 모성이 요구하는 것들을 충족시키기란 거의 불가능하다. 그런데도 여성들은 두 가지를 모두 잘 해내려고 애쓴다. 고급 식료품점의 생산 관리직을 그만두고 요리 강사가 된 크리스틴은 자신이 좋은 엄마이자 좋은 노동자가 되기 위해 얼마나 분투했는지 설명했다.

> 전 하루에 15시간씩, 일주일에 6일을 일했어요. 출근도 하고 딸하고도 시간을 보내려고 자정에 출근했죠. 딸을 유치원과 학교에 데려다주는 일은 남편이 했어요. 일할 때는 휴일 이틀이 반드시 주중에 있도록 했어요. 그래야 딸하고—그때는 아이가 유치원에 들어가기 전이었어요—이틀 내내 함께 있을 수 있으니까요. 딸하고 저는 많은 시간을 함께 보냈어요. 전 오후 3시면 퇴근할 수 있도록 언제나 일찍 출근했어요. 자정에 출근해서 오후 3시나 3시 반에 퇴근한 다음 아이 학교로 아이를 데리러 갔죠. 그 다음부터는 엄마로서 할 일들을 하는 거예요.

여러 인터뷰이가 좋은 노동자이자 좋은 엄마가 되기 위해 수면 시간을 줄이는 등 자신을 희생했다. 엘리사는 "모두를 위해 나를 여러 개로 쪼갬으로써" 레스토랑 운영과 10대 아들에게 좋은 엄마 되기, 건강이 좋지 않은 남편 돌보기를 모두 해낼 수 있었다고 설명했다. 그런 방식이 얼마나 지속 가능한지 묻자 엘리사는 이렇게 말했다. "그 문제는 생각하지 않으려고 애써요. 대신 이렇게 생각하려고 하죠. '난 해야 하는 일들을 해야만 해.'"

이렇게 노력해도 셰프 일을 계속하지 못할 때가 있다. 크리스틴은 신중하게 스케줄을 조정함으로써 모든 일을 다 잘 해내고 있다고 생각했다. 그러나 그녀의 남편은 그런 방식을 좋아하지 않았고, 가족과 지내는 시간이 줄어들거나 장기적으로 크리스틴의 건강이 나빠질 것을 염려했다. 남편은 크리스틴에게 다른 직업을 찾아보라고 설득했지만, 크리스틴이 한계를 느끼고 직업을 바꾸기로 결정한 것은 특히 힘들었던 크리스마스 시즌이었다.

> 크리스마스이브에 딸이 성당에서 가장 행렬을 했어요. 아마 5살이었을 거예요. 저는 계속 전화를 했어요. "집에 가고 있어. 집에 가고 있다고. 꼭 갈 거야." 그리고 다음 전화에서는 "성당으로 바로 갈게"라고 말했죠. 그다음에는 "늦을 것 같아"가 됐고요. 결국 전 이 모든 게 말이 안 된다고 느꼈어요. 함께 일하는 사람들이나 그깟 빵보다 제 딸이 훨씬 중요했으니까요. 그래서 나와 버렸어요. 초콜릿투성이인 채로 성당에 갔죠. 하얀 옷이라 미사에 참여하기 딱 좋았어요. 신부님이 이렇게 말씀하셨어요. "지난 몇 년 중에 가장 흥미로운 선택을 내리셨군요. 기분이 어떤가요?" 제 남편은 결국 "이건 아냐. 넌 완전히 지쳤어"라고 했어요. 그때 마침 새 제안이 왔죠. 이 자리에 관심이 있냐고 묻더라고요. 남편은 이렇게 말했어요. "네 연봉이 1만 달러 줄어들든 말단 사원이 되든 상관없어. 네 건강과 우리 결혼 생활을 지키기 위해서라도 그 일을 해야 해."

이 사건은 크리스틴이 지역의 요리교육기관 강사직에 지원하는 계기가 되었다. 처음에 크리스틴은 부엌에서 일하며 아드레날린이 솟구치는 것을 더 이상 느낄 수 없다는 사실이 걱정스러웠지만, 몇 주 동안 요리 강사로 일한 다음 "놀라운" 변화를 겪었고 "진즉에 직업을 바꿨어야 했다"고 느꼈다.

직업 바꾸기

셰프 일을 그만둔 17명의 여성은 어떤 직업으로 이동했을까? 셰프 일은 제공하지 못했지만 새 직업에서는 얻을 수 있었던 혜택으로는 무엇이 있을까? 셰프 일을 그만둔 여성 모두에게 보편적으로 해당되는 이야기는 분명 아니겠지만, 인터뷰이 17명은 여전히 음식 산업에 남았다. 9명은 요리 강사가 되었고, 5명은 직접 케이터링 사업을 하거나 제과점을 열었다. 나머지 3명은 고급 식료품점에서 카페 담당 셰프나 제품 구매 담당 등으로 일했다. 이들이 직업을 바꾸고 얻은 혜택으로는 가족과 함께할 수 있는 개인 시간이 늘어나고, 연봉과 보험 혜택이 늘어났으며, 창의적인 요리를 만들게 되었다는 점이 있다.

대학과 고급 식료품점에서 요리 강사로 일하는 리사는 연로하신 부모님을 돌봐야 하기 때문에 현재의 스케줄에 감사했다. 또한 대학이나 기업에서 일하게 되자 성차별도 덜 겪게 되었다. 리사는 가르치는 일이 레스토랑 부엌에서처럼 혹독한 육체노동을 하지 않으면서도 매우 보람차다고 느꼈다.

> 일단 가르치는 일을 시작하면 육체노동이 얼마나 적은지를 깨닫고 안도하게 돼요. 스트레스의 종류가 달라요. 완전히 다르죠. 하루에 8시간에서 10시간씩 서 있지만 나쁘지 않아요. 레스토랑에서는 하루에 12시간에서 16시간씩 서 있는 게 당연하다는 걸 생각하면 전혀 나쁘지 않죠. 그러니까 꽤 괜찮은 일이에요. 서류 작업이 훨씬 많고, 다양한 사람들과 함께 일해야 하고, 일이 약간 복잡하긴 해요. 다른 종류의 스트레스죠. 이런 걸 빼면 레스토랑에서 일하는 것보다 훨씬 좋아요. 레스토랑으로 다시 돌아가는 것에 대해서는, 두 번 생각하게 돼요. 정말로 다시 주당 60시간씩 일하고 싶어? 뜨거운 부엌에서 다시 일하고 싶어? 여기는 편안하고 쾌적하잖아. 일은 완전히 다르지만 여기에는 균형이 있어요. 기혼자들은 대개 여기 남고 싶어 하는데, 여기서 일하면 가족과 더 많은 시간을 보낼 수 있거든요. 여기 사람들은 매주 주말에 쉬어요. 휴가도 있어요. 기간이 정해져 있는 휴가요. 봄에 일주일, 여름에 일주일 그리고 크리스마스요. 이건 축복이에요.

리사와 다른 인터뷰이들은 안도감을 느꼈으며, 새 일이 바쁘긴 하지만 스케줄을 조정할 수 있기 때문에 레스토랑 부엌에서 일하던 때와 비교하면 "축복"이나 다름없다고 말했다. 셰프와 결혼한 요리 강사 제인은 아이를 갖고 싶어 했다. 제인이 마지막에 제안 받았던 패스트리 셰프 자리는 시간당 9달러를 지급했다. 제인은 레스토랑 부엌을 떠나 요리학교에서 일을 시작했다. 요리학교가 제공하는 혜택에 대해 제인은 이렇게 말했다.

> 전 월요일부터 금요일까지 일해요. 때에 따라 조금씩 다르지만요. 가끔은 토요일에도 일하고요. 보험도 있고, 유급 휴가도 있어요. 학교가 쉴 때만 휴가를 갈 수 있긴 하지만 어쨌든 휴가가 있죠. 퇴직연금도 있어요. 진짜 직업이 제공하는 여러 혜택이 다 있어요. 이런 혜택이 없다는 게 레스토랑에서 일하는 사람들의 가장 큰 불만이고요.

제인의 이야기에서 셰프로 일한다는 것이 어떤 측면에서는 여전히 지위가 낮은 일로 간주된다는 사실을 알 수 있다. 앞에서 셰프들이 훈련받은 전문가로 인정받기 위해 고군분투한 과정을 살펴보았다. 하지만 제인에게 셰프직은 진짜 직업이 아니었다. 대부분의 화이트칼라 일자리에서 제공하는 퇴직연금이나 휴가를 제공하지 않았기 때문이다. 또한 제인의 비판은 미디어가 셰프에게 뀌는 알랑방귀와 실제 셰프들이 처한 환경 사이의 괴리를 잘 보여준다. 셰프들을 새로운 록스타에 비유하는 수많은 이야기가 있지만, 슈퍼스타 셰프 대열에 끼지 못한 셰프가 절대다수이고 이들은 그런 명성과 거리가 멀다. 대도시의 유명한 고급 레스토랑에서 일하면서 미디어의 주목을 받지 못한다면, 셰프는 고된 저임금 직업이며 긴 근무시간을 고려했을 때는 더욱 그렇다. 제인과 다른 여성 셰프들이 봤을 때 요리 강사 일은 진짜 직업이 제공하는 여러 가지 실용적인 혜택이 있으며 이로써 신뢰와 안정성을 얻을 수 있었다.

요리 강사 여럿은 업무 만족도가 높다고 말했으며 강사로서 더 전문적인 업무 환경, 많은 보수, 짧은 근무시간을 경험한 후에 다시 레스토랑 부엌으로 돌아갈 수는 없을 거라고 생각했다. 아이러니한 것은 전문 셰프가 되고 싶어 하는 사람이 늘어난 덕분에 더 이상 레스토랑 부엌에서 일하고 싶지 않거나 일할 수 없는 셰프들을 위한 새로운 일자리 또한 늘어나고 있다는 점이다. 요리 강사인 첼시는 다시 레스토랑 일로 돌아갈 수 있을지 염려했다. 존경받는 패스트리 셰프였지만 임신 후 요리학교로 자리를 옮긴 첼시는 근무시간이 짧다는 데 감사했고, 특히 남편과 이혼한 후 더욱 그렇게 생각했다. 그녀는 다시 레스토랑으로 돌아가기가 어려우며 요리 강사라는 직업은 직장을 옮기는 데 다소 한계가 있다고 말했다.

> 지금 상태에서는 이 일[가르치는 일]이 아니면 무슨 일을 할 수 있을지 모르겠어요. 다른 데서 다시 패스트리 셰프로 일할 수도 있겠지만 이곳에서[텍사스에서]는 패스트리 셰프로 일한 경험이 없거든요. 전 여기서 가르치는 일만 했어요. 여기서는 직업 변경

의 선택지가 별로 없어요.

첼시는 요리 강사 일에 상당히 만족하고 있었지만 장기적으로는 여전히 (특히 텍사스에서는) 직업 변경의 기회가 부족하다고 생각했다. 여타의 비전통적 직업에 종사하는 여성과 마찬가지로 여성 셰프들은 전문 셰프로서의 성공가도에서 벗어날 경우 승진의 기회가 줄어드는 결과를 맞이할 수 있다. 여기서 아이를 키우는 여성은 더 나은 일자리로 이동한 후에도 여전히 어떤 것들을 포기해야 한다는 점을 알 수 있다.

케이터링 분야에서 작은 사업을 시작하거나 제과점을 연 5명은 직접 사업을 하면서 스케줄을 더욱 자율적으로 조정할 수 있게 되었고, 레스토랑의 통제 없이 더욱 창조적인 작업을 할 수 있게 되었다. 기업이 운영하는 호텔이나 전국 규모의 고급 레스토랑 체인처럼 메뉴가 정해져 있는 곳에서 일하던 여성 셰프들은 이처럼 창조적인 작업을 할 수 있는 자유를 특히 중요하게 여겼다. 기업이 운영하는 레스토랑은 여러 가지 면에서 여성 셰프에게 알맞은 일터다. 보험 혜택과 휴가를 제공하고 개인이 운영하는 레스토랑보다 임금이 높기 때문이다. 하지만 근무시간이 길고 셰프가 자신이 만드는 요리에 거의 영향을 미치지 못한다는 단점도 있다. 호텔에서 수석 패스트리 셰프로 일하다가 직접 제과점을 오픈한 브렌다는 "하고 있는 일에 전혀 관심이 없고 퇴근하기만을 기다리"게 되었을 때 기업에 속한 삶을 떠날 때가 되었다는 사실을 깨달았다고 말했다. 호텔에서 일할 때 브렌다는 주당 최소 50시간씩 일했으며 아침 6시에서 7시 사이에 출근해 밤 9시나 10시에 퇴근했다. 요리를 끊임없이 찍어내는 곳에서 일하는 스트레스는 브렌다를 지치게 만들었고, 스트레스 때문에 가슴에 통증을 느낀 적도 있었다. 브렌다는 지금 운영하는 제과점은 사업 속도가 느려서 가끔 지루하기도 하지만, 전에는 할 수 없었던 방식으로 자신이 원하는 것을 만들 수 있고 "메뉴를 갖고 놀 수 있"어서 기쁘다고 말했다.

멜리사도 기업이 운영하는 고급 레스토랑에서 수석 패스트리 셰프로 3년을 일했다. 다른 레스토랑에 비하면 보수가 상당히 높았지만, 관리자로서 주당 80시간씩 일하는 탓에 스트레스가 매우 컸다. 게다가 고객들은 레스토랑에서 식사를 할 때 메뉴 선택에 지나치게 신중을 기했기 때문에 자신이 준비한 요리에서 성취감을 거의 느끼지 못했다. 멜리사는 이렇게 말했다.

> 그런 곳에서 일할 때 힘든 것 중 하나는 손님들이 사가는 메뉴는 거의 3개뿐이라는 거예요. 시간과 에너지를 들여 연구하고 만든 나머지 5개는 안 팔려요. 손님들은 초콜릿 수플레를 먹으러 온 거니까요. 초콜릿 수플레도 훌륭하지만, 제 입장에서는 하루 종일 피자만 만드는 기분이에요. "여기 수플레 하나요." 그걸 3년 동안 하고 나니 이렇게 힘들게 일할 거면 내 작업을 더 알아봐줄 사람

들을 위해, 그리고 다른 사람이 아닌 나 자신을 위해 일해야겠다는 생각이 들었어요.

멜리사는 그 레스토랑에서 3년 동안 근무한 후 일을 그만두고 요리를 1년 쉬었다. 하지만 결국 다시 쿠키를 구워 동네에 있는 카페에 판매했다. 인터뷰 당시 멜리사는 제과점을 열어 레스토랑과 카페에 디저트를 납품하고 있었다. 일하는 시간은 여전히 길었지만 적어도 자신이 원하는 것을 만들 수 있었고 창조적인 측면에서의 이 같은 자유가 현재 일의 가장 큰 장점이라고 생각했다.

새로운 사업을 시작하는 것이 인터뷰이들에게 여러 혜택을 가져다준 것은 사실이지만 이 일에도 스트레스가 없는 것은 아니다. 앰버와 그녀의 남편은 음식 배달 사업을 시작했다. 두 사람은 이게 어린 딸에게 더 좋은 결정이라고 생각했다. 앰버 부부는 매주 새로운 메뉴를 구상하고, 며칠에 걸쳐 장을 보고, 요리를 한 다음 고객에게 음식을 배달한다. 여기에 사업을 키우기 위해 쏟는 시간이 일주일에 몇 시간 추가된다. 앰버는 이렇게 말했다. "사실은 매일 요리를 하고 있거나, 사업을 키우려고 애쓰거나, 아니면 필요한 다른 일들을 하고 있어요. 행사를 관람하거나 참여하기도 하죠. 가끔은 운이 좋아서 일을 빨리, 아니 비교적 빨리 마칠 때도 있어요. 하지만 자정까지 일하는 날도 있죠." 스케줄이 빡빡한 것은 마찬가지지만, 결국 앰버는 오래 일함으로써 다른 사람에게 이윤을 가져다주는 것이 아니라 자신의 사업을 키울 수 있다는 데 만족한다. 앰버 부부는 이 가게를 가족 사업으로 여기고 있으며 지금 힘들게 일한 결과가 가족의 미래에 도움이 될 것이라고 믿었다. 앰버는 이 가족 사업이 성공해서 딸이 성인이 되면 함께할 수 있기를 바라고 있었다.

인터뷰이 중 3명은 고급 식료품점으로 이직했다. 이들이 근무하는 식료품점에는 작은 카페나 직접 만든 요리를 진열하는 공간이 있어서 셰프를 필요로 했다. 이 밖에 다른 일자리로는 가게 내에서 여는 요리 교실의 요리 강사, 치즈 전문가, 와인 전문가, 판매와 마케팅 담당자 등이 있었다. 이 일자리들은 대개 레스토랑 셰프 일보다 보수가 좋았고 퇴직연금이나 건강보험을 제공했다. 최근 노스캐롤라이나에 있는 고급 식료품점에서 낸 구인 광고를 보자.

> 식당과 카페, 테이크아웃 식품으로 사업을 확장하는 고메 식료품 체인이 셰프와 패스트리 셰프를 찾습니다.
>
> - 주 5일 근무 / 주당 40시간
> - 다양한 의료보험 제공 / 학자금 지원
> - 모든 상품에 대규모 할인 적용
> - 동부 지역 내 100군데 이상에 지점 소재
> - 휴가 2주, 휴일 5일, 개인 휴가 2일
> - 연간 보너스 – 최대한도 제한 없음
> - 현지 연수

레스토랑 부엌의 긴 근무시간을 수년간 겪은 사람들에게 이런 근무시간과 혜택은 매우 매력적일 수 있다. 요리는 똑같이 할 수 있지만 규칙적인 근무시간과 레스토랑 부엌에서는 들어본 적도 없는 다양한 특전이 제공되기 때문이다. 또한 기업 구조 내에서는 더 높은 직책으로 승진할 수 있는 기회도 주어진다. 레스토랑에서는 라인 쿡이나 수 셰프로 일하고 있더라도 비교적 적은 일자리를 두고 치열한 경쟁을 벌여야 하기 때문에 헤드 셰프로 승진할 수 있으리라는 보장이 없다. 반면 고급 식료품점은 부엌의 안팎에서 더 높은 자리로 승진할 수 있는 기회를 제공한다.

출산, 포기하거나 미루거나

일터에서의 책임과 엄마로서의 책임을 동시에 충족시키기 힘들다는 것은 아이가 없는 여성도 잘 알고 있는 사실이다. 인터뷰이 7명 또한 자신이 미식의 장에 남을 수 있었던 것은 출산을 미루거나 포기했기 때문이라고 설명했다. 이벤트 플래너이자 스스로를 워커홀릭이라고 묘사한 알렉산드라는 아이를 낳지 않겠다는 다짐이 꽤 확고했다. 그녀는 이런 결정이 자신의 직업 목표 때문이라고 말했다.

> 아마 전 아이를 낳지 않을 거예요. 일을 상당히 많이 하는데다가 이 일을 좋아하거든요. 조카가 예쁘긴 하지만 만약 내 아이를 낳

는다면, 제가 아이를 낳고 해야 할 일들을 하기 위해 기꺼이 3개월을 쉴 수 있을까요? 아닐 것 같아요. 이 산업 내에 있는 여성 셰프는 대부분 저처럼 아이를 낳지 않겠다는 결정을 내려요. 아이를 낳으면 이 판을 3개월 동안 떠나 있어야 하니까요. 그 3개월 동안 남자들이 우리 자리를 차지하겠죠.

알렉산드라가 설명한 것처럼 전문 셰프는 경쟁이 극도로 심한 직업이다. 한번 셰프라는 직함을 얻는다고 해도 라인 쿡이 되고 다시 수 셰프가 될 때까지는 각각 수년의 시간이 걸린다. 출산 휴가를 쓸 수 있다고 하더라도 아이를 낳기 위해 3개월을 쉰다는 것은 곧 부엌에서의 위치가 위태로워지며 남자 동료 중 한 명이 그 자리를 차지할 수 있다는 것을 의미한다. 원칙대로라면 셰프들은 "능력"으로 평가받아야 하지만, 이 일에 누가 더 헌신하는 것처럼 보이는가와 같은 부차적인 요인 역시 성과에 영향을 미친다. 남성 셰프들은 아이가 있어도 돌봄의 책임을 위해 부엌을 떠나야 하는 일이 전혀 없기 때문에 자신이 일에 전념하고 있으며 이상적인 노동자가 될 수 있다는 사실을 증명할 수 있다. 그리고 이런 상황은 장기적으로 여성 셰프에게 불이익을 가져다준다. 이미 부엌 내의 위계질서에서 높은 자리로 이동하고 있었던 알렉산드라는 이 상승가도를 늦추고 싶지 않았기에 아이를 가지지 못할 수도 있다는 사실을 받아들였다.

패스트리 셰프인 캐런 역시 아이를 낳기 위해 아주 잠시 동안이라도 일터를 떠나는 것이 개인의 커리어에 손해를 끼칠 수 있다고 말했다. 인터뷰를 했을 때는 캐런이 프랑스에서 돌아온 지 얼마 안 됐을 때였다. 캐런은 유명 패스트리 대회에 참가하기 위해 여행을 자주 다녔다. 출산에 대해 질문하자 캐런은 이렇게 대답했다. "저에게 가족이 있었다면 모든 게 달라졌을 거예요. 이 대화도 완전히 달라졌을 걸요. 아마 여기에 앉아서 당신에게 이야기하고 있지도 못했을 거예요. 절대 이만큼 해내지 못했을 거예요. 가족이 제 발목을 잡았겠죠."

알렉산드라와 캐런이 자신의 커리어에 에너지를 집중하기로 결정한 것을 후회하지 않았던 반면, 성공한 이탈리아 레스토랑의 셰프이자 오너인 셜리는 자신이 개인적인 희생을 했다고 느꼈고 출산 문제에 복잡한 감정을 갖고 있었다. 인터뷰 당시 셜리는 44살이 되기 직전이었고 "이게[셜리의 레스토랑] 내 삶에 매우 많은 부분을 차지한다"는 사실을 깨달았다. 셜리는 마흔이 되던 해 아이를 갖는 것에 대해 생각해봤지만, 결혼하고 함께 아이를 낳고 싶은 사람을 찾지 못했기 때문에 일에 전념하기로 했다. 셜리는 사업이 성공한 데 매우 자부심을 갖고 있었고 자신이 이룬 전문적 성취에 만족했으나, 성인이 된 후 자신의 시간을 모두 일에 바치느라 개인적인 관계가 다 끊어졌다는 후회를 했다.

몇몇 인터뷰이는 20대에는 일을 가장 중요하게 여겼으나 나이가 들면서 아이를 갖는 것을 고려하기 시작했다고 말했다. 남편과 함께 제과점을 운영하고 있는 수전은 다음과 같이 설명했다.

> 우리한테는 경력을 쌓는 것이 가장 중요해요. 아이 키우는 건 결코 저렴하지 않으니까요. 아마 100만 달러 이상 들 거예요. 아이를 낳는다면 우리가 부모님에게 받은 것만큼 아이에게 해주고 싶어요. 음식과 옷을 사주고, 좋은 교육을 받게 해줄 수 있었으면 좋겠어요. 그래서 우리에게 가장 중요한 건 커리어예요.

수전 및 다른 인터뷰이들은 아이를 갖기 전에 먼저 전문가로서의 경력을 쌓기로 결정했다. 어떤 시점이 되면 셰프로서 경력을 충분히 쌓았기 때문에 사업에서 손해 보는 일 없이 임신과 자녀 양육에 시간을 쏟을 수 있으리라는 것이 그 근거였다. 앞으로의 가족계획을 질문했을 때 인터뷰이들이 언급한 또 다른 전략으로는 아이를 가진 후에 일의 비중을 점점 줄여서 삶에서 일과 가정 사이의 균형을 도모하겠다는 것이 있었다.

되게 하라

아이가 있는 15명의 인터뷰이 중 여전히 레스토랑에서 일하고 있는 사람은 6명이었다. 이 여성들은 신중하게 계획을 짜고 일이나 가정생활 중 하나를 다른 하나에 맞게 조정함으로써 계속 레스토랑에서 일할 수 있었다. 이렇게 할 수 있었던 것은 스케줄을 조정할 수 있는 업무 환경에서 일하고 있기 때문이었다. 관리자가 부모의 역할을 잘 이해해주었거나, 또는 그 자신이 아이를 갖기 전에 이미 일정 수준의 지위에 도달해 자신의 업무 스케줄과 의무를 직접 정할 수 있는 힘이 있었다. 상황이 이러할 경우 아이를 일터에 데리고 왔던 인터뷰이도 있었다. 수석 패스트리 셰프인 카미유는 자녀가 어린 아기였을 때 일터에 데리고 온 적이 있다고 말하면서, 아이를 카시트에 앉힌 다음 레스토랑 카운터에 마치 "밀가루 포대"처럼 올려놓았다고 농담을 했다. 헤드 셰프인 에린 역시 딸을 일터에 데려온 적이 있는데, 직원들이 마치 "두 번째 가족"처럼 아이를 돌봐주었다. 아이가 어릴 때는 일터에 데려오는 게 편안했다. 이렇게 하면 일에 집중할 수 있으면서도 아이와 함께 시간을 보낼 수 있어서 좋았다. 하지만 아이가 자라서 움직일 수 있게 된 후로는 레스토랑에 데려올 수 없었기 때문에 더 복잡한 방식으로 아이를 돌봐야만 했다.

셰프이자 레스토랑을 공동으로 운영하고 있는 마리셀은 네 아이의 엄마로, 아이들의 나이는 4살부터 20대 후반에 이르기까지 다양했다. 마리셀은 주로 사무실 바깥에 요람을 설치해놓고 막내를 데려오곤 했다. 이런 경우가 잦은 편은 아니었다고 했지만, 당시 그녀의 가족은 이렇게 할 수밖에 없었다고 한다. 또한 마리셀은 아들을 일터에 데려올 수 있을 만큼 힘이 있었다는 것이 행운이라는 사실을 잘 알고 있었다. 마리셀은 "내가 상사예요. 누가 나한테 뭐라고 하겠어요?"라고 했는데, 마리셀의 이런 태도는 부엌의 위계질서에서 높은 곳에 앉은 사람이 많은 책임을 지고 있는 동시에 일터의 규범을 더욱 가족 친화적으로 만들 수 있는 힘도 갖고 있다는 사실을 잘 보여준다. 여성 셰프들은 대체로 관리직까지 오르지 못하는데, 이는 가정 내에서의 책임 때문에 경력 경로에서 빠져나온다는 데 일부 원인이 있다. 직장 문화를 바꿀 수 있을 정도로 높은 자리에 오르지 못하는 것이다.

레스토랑에 남아 있는 인터뷰이 6명은 가족의 스케줄에 맞춰 업무를 재조정하거나 수정하는 전략을 쓰기도 했다. 아이가 자라면서 카미유가 가장 많이 사용한 전략이 바로 이것이었다. 카미유는 패스트리 셰프이기 때문에 다른 셰프들보다 빨리 출근해서 빵을 굽고 저녁에 내놓을 디저트를 만들었다. 보통은 저녁 영업 시작 전에 퇴근하지만, 다른 셰프에게 디저트를 담는 방법을 교육하는 것 또한 카미유의 업무 중 하나였다. 카미유는 자신이 원래 "매우 헌신적인 직원"이어서 저녁 영업시간에도 출근해 디저트 플레이팅이나 다른 일을 돕곤 했다고 농담을 했다. 하지만 최근 몇 년 동안 상황이 많이 바뀌어 "이제는 아이 둘과 남편이 있기 때문에 집에 가고 싶"게 되었다. 카미유는 더 이상 모든 것을 완벽하게 마무리하기 위해 늦게까지 일터에 남아 있지 않는다. 그 대신 반드시 해야 하는 업무들만 완수하는 식으로 스케줄을 바꿨다.

전 제가 적당하다고 여기는 시간 내에 모든 것을 끝내려고 노력해요. 레스토랑에 늦게까지 남아 있는 대신 일찍 출근하죠. '이 직원을 3일 동안 교육하겠어'라고 생각하는 대신 이틀 동안 교육시키고 하루는 그 직원에게 일찍 출근해달라고 부탁해요. 이제는 아이의 스케줄에 맞추려고 노력하죠.

자신이 헌신적인 직원이었다는 카미유의 농담에서 이상적인 노동자상에 부합해야 한다는 생각이 잘 드러난다. 이상적인 노동자로서 일에 헌신한다는 것은 곧 늦게 퇴근하거나 휴일에도 출근하는 등 시간에 관계없이 기꺼이 일하는 것을 의미한다. 카미유는 이제 이런 식으로 일하지 않으며 자신이 해야 할 일을 가장 효율적으로 완수하는 데 집중했다. 카미유는 다행히 아이를 가졌을 때 이미 자신의 근면함을 입증해 수석 패스트리 셰프로 일하고 있었다. 하지만 다른 여성들은, 특히 부엌의 핫 사이드에서 일하는 여성 셰프는 여전히 긴 근무시간을 버텨야 한다는 압박을 받는다. 인터뷰이 중에도 업무 스케줄을 재조정해 가끔 일찍 출근해서 오후 3시에 학교로 아이를 데리러 갔다가 저녁 영업을 위해 다시 레스토랑으로 돌아오는 사람이 여럿 있었다.

가정생활을 업무 스케줄에 맞추는 사람도 있었다. 공휴일이나 기념일 행사 등을 다른 날로 옮겨서 축하하는 것이다. 어떤 인터뷰이들은 남편과 함께 매우 복잡한 육아 스케줄을 고안했는데, 남편이 스케줄을 조정할 수 있을 때만 가능한 방법이다. 남편이 아침 9시에 출근해 5시에 퇴근하면 여성 셰프가 밤에 일하는 동안 남편이 집에서 아이를 돌볼 수 있었다. 에린은 일을 시작한 지 얼마 되지 않았을 때 보육원 비용을 아끼려고 전기 기술자인 남편과 엇갈리게 스케줄을 짰다. 덕분에 돈을 아낄 수 있었다. 그러나 에린은 이렇게 말했다. "하지만 이렇게 하면 가족을 희생하게 돼요. 가족을 자주 만날 수가 없거든요."

조앤과 그녀의 남편은 아이를 등하교시키거나 외부 활동에 데려다줄 때 주차장에서 만나 서로에게 넘겨주곤 했다. 부모 중 한 명이 일을 하고 있을 때 다른 한 명이 아이를 돌보는 '분할 근무식 부모 역할 분담'이다. 이 방식은 대개 문제없이 굴러가지만 조앤은 가끔씩 일이 복잡해질 때도 있다고 말했다. 예를 들어, 매년 5월은 조앤의 식료품점 일도 바쁘고 아이의 스포츠 행사나 학기말 활동도 많은 달이라서 섬세한 조율이 필요했다.

인터뷰이들은 자녀 양육뿐만 아니라 다른 집안일을 교대로 해주는 남편에게 도움을 받을 수 있었지만, 그렇게 해도 생기는 공백을 채우려고 종종 친척이나 친구의 도움을 받을 때도 많았다. 전문 셰프는 근무시간 때문에 일반적인 유치원을 이용하기가 힘들다. 그러므로 셰프로서 일을 지속하려면 가족이나 친구들에게 아이를 부탁하거나 응급상황 시 도움을 요청하는 것이 필수적이다. 마리셀은 남편이 스케줄을 융통성 있게 조정할 수 있었기 때문에 남편과 일을 분담하며 막내 둘을 키웠다. 하지만 응급상황이 발생해 아슬아슬하게 문제를 해결할 때도 있었다.

> 예를 들어, 지난밤에는 남편이 급한 일이 생겨서 늦게까지 일을 했어요. 보통은 일찍 퇴근하거든요. 제가 아이를 체육관에 데려다 줄 수는 있었어요. 그리고 다른 엄마가 아이를 집으로 데려와서 남편이 올 때까지 기다려줬죠. 보통 이런 상황이 생기면 우리 엄마가 도와줘요. 하지만 너무 갑작스러울 때는 다른 아이의 부모가 대신 아이를 맡아주죠.

마리셀은 레스토랑에서 열리는 대규모 비공개 파티를 준비하는 동시에 급작스럽게 막내 둘을 돌봐줄 사람을 찾아야 했던 때도 있었다. 결국 다른 부모의 도움을 받을 수 있었고, "하늘이 도운 거야!" 하며 안도했다고 한다. 사회 연결망에 의존하면 여성 셰프들의 보편적이지 않은 근무시간에 맞춰 아이의 스케줄을 조정할 수 있으며(예를 들어, 아이가 친구네서 하룻밤 자고 올 수 있다) 상호간의 원조 외에 다른 비용이 들지 않기 때문에 상당한 도움이 된다. 하지만 이런 경우 이동 가능성에 제약이 생긴다. 성공한 셰프 대부분은 유명 셰프와 함께 일하는 경험을 쌓고 더 나은 기회를 찾기 위해 여행을 다니거나 거주지를 옮기는 일이 잦다. 하지만 아이가 있는 여성 셰프에게 이사를 한다는 것은 곧 공들여 쌓아온 사회 연결망이 사라져 더 이상 도움을 받을 수 없다는 것을 의미하므로 문제가 된다.

바뀌는 사람은 누구인가?

지금까지 여성 셰프가 가정에서의 의무와 일 사이에서 균형을 맞춰야 한다는 압박을 느낀다는 사실과 이들이 이 문제를 해결하기 위해 취한 방법(예를 들면, 직종 변경)을 알아보았다. 중요하게 짚고 넘어가야 할 것은 고된 직업에 종사하는 엄마와 아빠 모두 좋은 노동자이자 좋은 부모가 되어야 한다는 압박감을 느낀다는 것이다. 하지만 자녀 양육, 특히 자녀의 안녕에 대한 궁극적 책임을 엄마에게 지우는 문화는 여전히 존재한다. 여성은 자신의 직업에 온몸을 바쳐 헌신하는 사람일지라도 결혼하고 가족이 생긴 후에는 자신의 행동과 자기 인식, 직업 목표를 변경해야 한다는 압박을 받는다. 인터뷰이들도 다르지 않았다. 스스로를 워커홀릭이라고 칭하며 아이를 낳을 생각이 없다고 말한 알렉산드라는 자신의 일이 연애 관계에 갈등을 유발한다고 말했다.

> 7년 사귀었던 남자와 남편 둘, 이 사람들은 다 부엌에서 일할 때 만난 사람들이에요. 제가 조리복을 입고 있을 때요. 그 사람들이 볼 수 있었던 건 제 손과 얼굴뿐이었고, 전 화장도 안 하고 있었어요. 하지만 그 사람들은 저를 귀엽게 보고 저와 데이트를 하고

싫어 했죠. 그런데 사귀기 시작하고 나서 제가 깨어 있는 시간 내내 요리와 레스토랑만 생각한다는 걸 깨닫고는 "집에서 저녁식사를 차려줄 아내는 어디에 있는 거야?"라고 하는 거예요. 전 이렇게 말했죠. "나는 아닌 것 같은데."

그들은 알렉산드라가 헐렁하고 남녀공용인 조리복을 입고 있을 때 그녀와 사귀기 시작했고, 그녀가 외모에서 전형적인 여성성을 드러내지 않는 여성임에도 여전히 매력을 느꼈다. 관계에서의 갈등은 알렉산드라의 외모가 아니라 행동에서 비롯되었다. 그녀는 우선 셰프였고, 집에서 남편을 위해 저녁식사를 차리는 등 전통적인 아내의 역할을 고수하지 않았다. 알렉산드라는 남자들의 이런 반응에 실망했다. 남자들은 관계를 시작할 때부터 알렉산드라가 셰프라는 사실을 알고 있었다. 하지만 알렉산드라가 파트너나 아내의 역할을 맡기 시작하자 이들의 기대는 일과 가정생활을 양립 불가능하게 만드는 방식으로 바뀌었다. 알렉산드라는 일에 자신의 시간과 정신적인 에너지를 덜 쓸 것을 요구받았고, 이런 기대에 부응하지 않자 관계에서 갈등이 생겼다.

아내와 남편에게 기대하는 역할이 다르다는 것이 관계를 끝내는 유일한 요소는 아니지만, 관계와 직업에 큰 중압감을 부과하는 것은 분명하다. 고급 식료품점에서 판매 담당자로 일하는 조앤은 파인다이닝 레스토랑의 셰프이자 오너인 남편과 자녀 넷이 있다.

조앤은 식료품점에서 일하기 전에 남편의 레스토랑뿐만 아니라 여러 레스토랑에서 셰프로 근무했다. 인터뷰를 하는 내내 조앤은 셰프 일을 그만둔 것에 복잡한 감정을 드러냈다. 먼저 현재의 직업이 가족에게 건강보험 혜택을 제공하며 근무시간이 아이들을 키우는 데 훨씬 도움이 된다는 사실에는 만족감을 표했다. 하지만 아직 자신이 셰프 일을 "놓지 않고 있"으며 여전히 부엌에서 일할 수 있다는 이야기를 여러 번 반복했다. 또한 레스토랑 부엌을 떠난 것이 해야 할 일을 체력적으로 감당하지 못해서가 아니라 자신의 선택이었음을 강조했다. 조앤은 부엌에서 요구하는 체력을 아직 잃지 않았음에 분명 자부심을 느꼈으며, 직업을 바꾼 것에 대한 조앤의 반응은 부모로서 가족의 안녕을 위해 양보해야 한다는 압박감과 어느 정도 관련이 있는 것 같았다. 몇몇 연구에 따르면, 일과 가정 사이의 갈등을 해결하기 위해 스케줄을 바꾸는 사람은 주로 남편이 아니라 아내다. 특히 아내가 파트타임 스케줄로 바꾸는 등 아내의 커리어가 손상되는 형태로 나타난다. 이런 조치는 배우자와 부모에게 요구되는 젠더 역할 및 일과 가정 문제에 관련해서 타협해야 하는 사람은 아내/엄마라는 가정과 관련이 있을 수 있다. 또한 아내가 자신의 커리어를 양보하는 것은 부부 간 소득 격차와 관련되어 있는데, 일반적으로 남편의 소득이 아내의 소득보다 많기 때문이다.

직업을 바꾼 인터뷰이들은 일과 가정 사이에 갈등이 생겼을 때 부부 중 바뀌어야 하는 사람은 당연히 자기자신이라고 생각했다. 고된 직업에 종사하면서도 가족을 꾸리기 위해서는 여성이 바뀌어야 했다. 요리 강사인 엘런은 둘째를 임신한 후 승진에서 밀려났을 때 셰프 일을 그만두었다. 그녀는 이렇게 말했다. "그 당시에는……. 아이가 있으면 의무도 생기잖아요." 아이의 엄마와 아빠에게 주어지는 책임의 수준이 다르며, 자동적으로 자녀 양육의 책임을 더 많이 지는 사람은 엄마인 자신이라는 이야기였다.

인터뷰이 대부분은 자신이 자녀의 주 양육자라는 사실을 의심 없이 받아들이는 것처럼 보였다. 인터뷰이 중 가족 내의 젠더 역할에 도전하거나 바꿔보려고 노력했다는 사람은 아무도 없었다. 남편이 주로 자녀를 양육할 때 여성들은 남편을 칭찬했으며, 이렇게 기꺼이 자녀 양육을 도와주는 남편이 있어서 "행운"이라고 말했다. 여기서 자녀를 키우는 것은 본래 여성의 역할이며 자녀 양육의 의무를 분담하는 남성은 여성을 도우려는 의지와 능력이 남들보다 크거나 특출하다는 가정이 잘 드러난다.

가족 구성원이나 친구들이 매일 있는 부모로서의 의무를 도와주었을 때, 여성 셰프들은 이들이 "우리 가족"을 도와주었다고 말하는 대신 엄마인 "자신"을 도와주었다고 표현했다. 이런 태도는 자신의 일과 가족을 모두 사랑하는 여성이 복잡한 감정을 느끼는 이유를 잘 설명한다. 셰프 일은 대개 매우 경직되어 있음에도 인터뷰이 중 남편 쪽이 가족을 위해 업무 스케줄이나 직업을 바꾸었다고 말하는 여성은 아무도 없었다. 일과 가정의 문제에서 가장 우선시할 것은 남편의 커리어라는 너무나도 당연하게 여겨지는 이 생각은, 미식의 장 정상에 머물고 싶어 하는 여성에게 가족과 관련된 결정이 셰프직의 특성이나 남성적인 업무 환경만큼이나 힘든 문제라는 사실을 잘 보여준다.

일터를 더 가족 친화적으로 만드는 방법

일과 가정에서의 의무를 모두 해내는 것이 얼마나 어려운지에 대해 이야기를 나눈 후, 인터뷰이들에게 레스토랑에서의 일을 가정생활과 병행 가능한 것으로 바꾸는 방법이 있는지 물었다. 가장 많이 나온 대답은 레스토랑과 셰프직 자체를 더 "가족 친화적"으로 바꿀 수 있는 방법은 없다는 것이었다. 이런 대답은 아마도 변화를 꾀하는 행동이 레스토랑 부엌의 독특한 직장 문화를 바꿀 수 있다는 두려움에서 어느 정도 기인할 것이다. 레스토랑 부엌에서 오랫동안 버틴 인터뷰이들은 생존자로서의 정체성을 발전시켰다. 이들은 전문 요리라는 힘든 환경 속에서 일을 계속했고 심지어 이처럼 경쟁이 심한 분야에서 높은 자리에 올라섰다. 여군과 마찬가지로 여성 셰프들도 전문 요리 산업의 부정적인 측면을 받아들일 수 있다고 생각했는데, 이렇게 하는 것이 전문 셰프로서 살아남지 못한 여성과 자신을 구분하는 데 도움이 되기 때문이다.

몇 가지 방안을 제시한 인터뷰이도 있었다. 이들은 퇴직연금이나 건강보험 같은 혜택을 제공하는 게 일과 가정 사이에서 균형을 유지하고 싶어 하는 여성 셰프들에게 도움이 될 거라고 생각했다. 하지만 비용이 너무 많이 들기 때문에 소규모 레스토랑은 이런 혜택을 제공하지 못할 거라고 생각하는 사람도 있었다. 기업의 세계에는 흔히 존재하는 가족 정책도 전문 레스토랑에서는 셰프 일에 적용할 수 없다는 이유로 일축된다. 밤과 주말에도 일해야 하는 레스토랑 일의 구조 자체가 탄력근무제나 잡셰어링 같은 정책을 적용하기 힘들게 만드는 것이다. 레스토랑은 대부분 최소한의 직원만 고용하고 있기 때문에 셰프들은 다른 직원과 일을 나누거나 근무시간을 바꾸기가 어렵다.

임금 인상이 여성 셰프에게 도움이 될 거라고 말한 인터뷰이도 소수 있었으나, 이들은 임금 인상이 아이 엄마뿐만 아니라 노동자 전체에 도움이 될 거라고 조심스럽게 이야기했다. 이들이 목소리를 낮춘 것은 아마도 여성 셰프들이, 특히 아이 엄마들이 전문 레스토랑 부엌에서 철저하게 검증받았던 경험이 있기 때문일 것이다. 인터뷰이들은 특별대우를 요구하는 것이 여성은 전문 레스토랑 부엌에 어울리지 않는다는 생각을 더욱 부각할까 봐 염려했다.

주의할 점은 인터뷰가 2008년과 2009년에 이루어졌다는 점이다. 2013년 더 많은 미국 시민이 적정 가격에 건강보험 혜택을 받을 수 있게 한 오바마케어Affordable Care Act가 도입되었다. 오바마케어는 실제로 셰프나 다른 남성 중심적인 직업 내에서 직무 분리 현상을 줄이는 데 기여했다. 여성 셰프가 레스토랑을 떠나는 이유 중 하나는 건강보험을 제공하는 일자리를 얻기 위해서다. 아마도 오바마케어가 도입된 이후 더 많은 여성이 건강보험 혜택을 제공하는 다른 직업으로 빠져나가는 대신 레스토랑 부엌에 머물 수 있었을 것이다.

더 많은 여성이 셰프 일을 그만두지 않을 수 있도록 돕는 가장 좋은 방법은 어떤 정책이나 프로그램을 제공하는 것이 아니라 일과 가정에 더 많은 시간을 쏟을 수 있도록 직장 문화를 바꾸는 것일 수 있다. 레스토랑 부엌에서 수년간 일하다 요리 강사로 전향한 로즈는 자신의 학생들에게 분명 변화가 일어나고 있으며 이들의 우선순위가 바뀌고 있는 것이 눈에 보인다고 말했다. 로즈의 말에 따르면, 여성 셰프는 아이를 갖기 위해 일을 그만둘 것이라는 가정이 오랫동안 존재했으며 많은 레스토랑의 오너가 이 가정을 여성 셰프의 승진을 거부하는 수단으로 이용했다.

> 오너들은 속으로 다 이렇게 생각하고 있어요. '하지만 그 사람은 여자잖아. 내가 그 여자를 계속 승진시켜도 애를 낳고 애가 아프면, 또 애 학교에서 전화가 오면 애를 데리러 학교에 갈 거라고. 누가 학교에 가겠어? 결국 그 여자가 학교에 갈 거란 말야.' 그리고 오랫동안 이 생각은 거의 사실이었어요.

하지만 로즈는 최근 몇 년 사이에 경력과 자녀에 대한 남성들의 태도가 변하는 것을 지켜보았다.

> 이제 아빠들도 자녀의 삶에 책임감을 갖고 더 적극적으로 나서고 있어요. 제 생각엔 여성이 더 높은 임금을 받고 더 높은 자리까지 올라가고 있기 때문에 언제나 남편이 돈을 더 많이 벌지는 않게 된 것 같아요. 그리고 레스토랑 사업에 여자와 남자, 남편과 아내들이 점점 더 많아지고 있어요. 제 경험상 아이가 있는 셰프들은 언제나 제 상황을 잘 이해해주고 존중해줬어요. 하지만 싱글인 남성 셰프는 제 상황을 이해하지 못했죠. 요즘에는 남자들도 집에 가서 아이들과 시간을 보내고 싶어 해요. 남자는 감정을 보이면 안 되고 자녀 양육은 엄마의 일이었던 사오십 년 전과는 달라요. 이제는 남자들도 아이들과 시간을 보내야 한다고들 하니까요. 실제로 그렇게 되고 있어요. 앞으로는 남자들도 이렇게 말할 거예요. "집에 가서 아이들과 함께 있고 싶어요."

로즈의 말에 따르면, 자녀 양육은 당연히 엄마의 책임이라는 생각이 점점 줄어들고 있다. 또한 남성성과 아버지 역할에 관해서도 문화가 바뀌고 있기 때문에 남성도 자녀 양육의 책임을 져야 한다는 생각이 더욱 보편화되고 있으며, 아이들과 시간을 보내고 싶어 하는 남성에게 낙인을 찍는 경향도 줄어들고 있다. 자녀 양육에 참여하는 남성이 점점 더 많아지면서 가정적인 남편을 둔 여성은 "운이 좋은 것"이라는 말이 아이를 보살피는 것은 부모 모두의 책임이라는 말로 바뀌었다. 일터에서 직원의 가족을 더 많이 지원하게 되면 더 많은 여성 셰프가 권위 있는 자리에 올라 전문 레스토랑 부엌의 구조와 문화에 변화를 가져올 수 있다. 2장에서 살펴본 것처럼 아이가 있는 남성 셰프 상당수가 인간적인 모습을 드러내는 수단으로 자신의 아이와 가정생활을 미디어에 노출하고 있다. 일과 가정 사이에서 균형을 잡고 싶다고 인정하는 남성이 많아진다면 모든 노동자가 더욱 균형 잡힌 삶을 살 수 있는 기반이 마련될 수 있다. 여성이 노동 인구 내에서 더 많은 지분을 얻는 것 또한 도움이 된다. 여성이 남성과 동등한 수준의 임금을 받게 된다면 부모 중 누가 일을 하고 누가 집에서 시간을 보낼 것인지에 대해서도 동등한 입장에서 대화를 나눌 수 있을 것이다.

'선택'에 저항하기

인터뷰를 한 당시 인터뷰이 중 17명이 셰프 일을 그만두고 요리 분야 내의 다른 직종으로 이동한 상태였다. 직업을 바꾼 이유로 가장 많이 거론된 것은 셰프로서 해야 하는 일과 가정생활에서의 책임이 양립 불가능하다는 점이었다. 계속 셰프 일을 하고 있는 여성 대다수는 업무 환경 때문에 출산을 미루거나 엄마 되기를 포기했다. 그 외에는 남편이 업무 스케줄을 조정할 수 있거나 가족과 친구로 이루어진 사회 연결망의 도움을 받을 수 있었기에 셰프 일을 지속할 수 있었다.

여성은 이상적인 노동자가 될 것을 요구받으며, 여성에게 가족의 필요를 책임질 것을 요구하는 문화적 규범 또한 존재한다. 이 같은 딜레마는 여성이 고된 직업에 계속 남아 있는 것을 더욱 어렵게 만든다. 여성이 덜 힘든 일을 찾아 직업을 바꾸었을 때, 이런 행동은 여성이 "일에서 빠져 나가"거나 직업적 야망을 "줄이"기로 선택한 것으로 규정된다. 많은 사회학자들과 마찬가지로 우리 역시 선택의 레토릭을 문제라고 보는데, 이런 레토릭은 사회 구조에서 자유로운, 개인화된 개념을 상정하기 때문이다. 일과 가족에 대한 선택은 진공 속에서 이루어지지 않는다. 이런 선택은 조직화된 구조와 문화뿐만 아니라 부모의 역할에 대한 사회적 믿음의 영향을 받는다.

가족 친화적인 일터를 찾아 일을 그만두는 여성의 수가 많아질수록 이런 선택의 레토릭은 여성이 능력 부족 때문에 일을 그만둔다는 생각을 강화하고 여성 노동자에게 직접적인 비난을 가한다. 이런 상황에서 대화의 내용은 일터에서의 규범과 정책이 어떻게 여성을 특정 직업에서 밀어내는가로 이어지지 않는다.

우리는 일과 가정에서의 책임 그리고 이 책임을 모두 완수해야 한다는 과제가 오직 여성에게만 주어진다는 사실에 주목해야 한다. 구조적·문화적 요인이 개인의 선택보다 더욱 강력한 힘을 가진다는 사실을 인정한 후에야 비로소 실제 직종 분리 현상을 심화시키는 요인이 무엇이며, 여러 종류의 일터에서 여성(그리고 남성)을 위해 할 수 있는 일이 무엇인지 더욱 잘 파악할 수 있다.

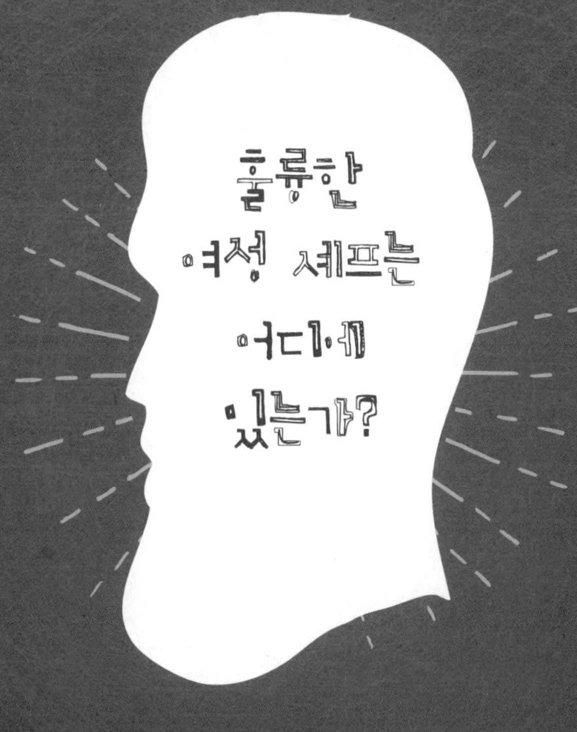
훌륭한
여성 셰프는
어디에
있는가?

Taking the Heat:
Women Chefs and
Gender Inequality
in the Professional
Kitchen

2014년 초 «뉴욕타임스»의 줄리아 모스킨Julia Moskin은 ‹부엌에서 일어나고 있는 변화›라는 기사를 썼다. 여성 셰프들이 새 물결을 일으키며 유명 레스토랑의 리더가 되고 있다는 내용이었다. 모스킨은 «타임»의 ‹요리의 신› 기사를 둘러싼 논란을 언급하면서 «타임»의 에디터들이 여성 셰프가 이룬 성취에 충분한 관심을 쏟지 않았다고 지적했다. 그리고 우리가 마침내 "성별은 진정한 셰프의 일과 아무 상관이 없다"는 생각이 인정되는 지점에 도달했다고 선언했다. 더 나아가 앞으로 파인다이닝 레스토랑이 점점 기업화되어 직원을 고용하거나 승진시킬 때 더 공식적인 절차를 거치고, 나이가 많은 기존 셰프들이 은퇴해 덜 성차별적인 (남녀) 셰프들에게 리더의 자리를 넘겨주면서 전문 레스토랑에서 여성의 위치는 더 높아질 것이라고 말했다.

모스킨의 기사는 이 책과 관련해 매우 중요한 질문을 던진다. 성별은 정말 진정한 셰프의 일과 아무 상관이 없을까? 우리 인터뷰이들은 상관이 없다고 주장하며 '여성 셰프'라는 수식 없이 그냥 '셰프'로 보이고 싶은 욕망을 표현했다. 하지만 여성 셰프들은 미식의 장에서 토큰이라는 지위에 있으며 이는 곧 여성이라는 성별과 일을 분리하기가 어려움을 의미한다. 여성 셰프가 그동안 이룬 것이 없으며 앞으로도 그러할 것이라고 말하는 것이 아니다. 변화가 매우 느리고 모순으로 가득 차 있을 수 있다는 것이다.

지난해에는 미식의 장에 고용되어 있는 여성의 재현을 목표로 하는 토클러스 소사이어티Toklas Society 등 여러 새로운 조직이 만들어졌다. 토론토 새뮤얼 J. 무어 레스토랑의 셰프 알렉산드라 페스윅Alexandra Feswick이 기획한 행사의 쇼케이스에서는 여성 셰프가 요리하는 모습을 보여주었으며, 2013년 여성과 요리를 주제로 창간한 잡지 «체리 봄브Cherry Bombe»는 성공한 여성 셰프로 구성된 패널들이 고용 및 일과 가정 사이의 균형에 관련된 문제에 관해 이야기를 나누는 행사를 열기도 했다.

하지만 이처럼 여성을 중심으로 한 조직과 요리 행사가 생기고 있는 동시에, 세계 최고의 여성 셰프 어워드 비판처럼 여성만을 대상으로 하는 시상식이나 사회적 공간을 못마땅하게 여기는 시선 역시 존재한다. 바버라 린치(레스토랑 6개를 운영하며, 본인 소유의 외식산업그룹에 260명의 직원을 고용하고 있으나 «타임»의 ‹요리의 신› 기사에는 실리지 않았다)가 성공한 셰프로서 «뉴욕타임스»에 프로필을 올리던 바로 그때 ‹엘르닷컴›이 모모푸쿠 밀크 바를 운영하는 크리스티나 토시Christina Tosi와 함께 진행한 Q&A에서는 그녀가 소유한 다수의 베이커리와 수상 내역은 제외한 채 어떻게 패스트리 셰프로서 그렇게 날씬한 몸매를 유지할 수 있는지에만 주목했다. 이런 모순에서 여성 셰프들이 새로운 물결을 통해 주목받고 있기는 하지만 존경받는 전문가의 지위를 얻을 때까지는 아직도 갈 길이 멀다는 사실이 드러난다.

여성화의 위협, 위태로운 남성성 그리고 떨떠름한 변화

여성이 기록적인 수치로 요리학교에 입학하고 파인다이닝 레스토랑에 진입하고 있지만(몇몇 레스토랑은 몇 년 전까지만 해도 여성 셰프의 지원을 고려조차 하지 않았거나 여성 셰프를 샐러드 부문이나 모스킨이 "핑크 게토"라고 부른 패스트리 부문으로 좌천시켰다), 레스토랑의 고위 관리자 내에서 여성은 여전히 소수자로 남아 있다. 우리는 전문 셰프들이 자신의 일을 가정에서 여성이 수행하는, 무보수에 인정도 받지 못하는 요리 노동과 구분해야 했던 현실에 그 원인이 있음을 살펴보았다. 요리는 여성성과 매우 밀접한 관련이 있기 때문에 셰프들은 위태로운 남성성을 경험하게 된다. 남성 셰프들은 자신의 일이 차지하는 사회적 지위, 더 나아가 자기 자신의 사회적 지위를 드높이고 유지하기 위해 셰프직의 가치를 방어해야만 한다. 남성 셰프들이 일부러 여성을 부당하게 대우하는 일은 많지 않다. 남성 셰프들은 남성 중심적인 직업이 남성의 일에서 여성의 일로 변화할 때 발생하는 부정적인 결과에 저항하려 하는 것이다. 남성 중심적인 직업 내에서 젠더 분리 현상이 줄어들 때, 특히 그 직업 내에서 여성이 다수가 될 때 결국 지위나 보수가 하락했다. 건설, 경찰, 금융업계처럼 본래 남성적인 것으로 정의된 분야는 진입하는 여성의 수가 늘어나도 고유의 가치를 유지할 수 있었다. 이 분야들은 여성이 해당 업무를 수행해도 그리 큰 위협을 느끼지 않는다. 반면, 셰프는 누가 셰프이며 누구의 요리가 가치 있는 것으로 평가받는가를 규정하기 위해 끊임없이 경계를 그어야만 한다.

하인 계급에서 '준전문가' 계급으로의 변화를 거치면서 강한 반대를 경험했던 셰프들은 더더욱 여성화의 위협을 우려한다. 수백 년 동안 부엌에 숨어 있어야만 했던 전문 셰프들은 이제 사람들의 주목과 새로 얻은 지위가 가져다주는 이익을 즐기고 있다. 하지만 셰프의 전문성에 대한 위협은 여전히 존재한다. 사람들은 외과 의사를 존경하고 그들에게 높은 지위를 부여한다. 수년간의 교육과 연습을 필요로 하는 전문적인 일을 한다고 생각하기 때문이다. 반면 요리는 많은 사람들이 일상적으로 하는 일이며, 보수나 환호가 주어지지 않을 때가 더 많다.

전문적으로 요리를 하는 사람들은 자신의 일이 지닌 가치를 유지하기 위해 끊임없이 경계선을 긋는다. 그리고 가정에서 무보수로 요리 노동을 하는 집단은 보통 여성으로 이루어져 있으므로 경계선을 긋는 작업은 전문가든 아마추어든 상관없이 여성을 배제하는 방식으로 이루어진다. 현재는 셰프라는 직업뿐만 아니라 미식의 장 전체가 극심한 변화를 거치고 있는 시기이므로 경계선을 긋는 작업이 더욱 중요할 수 있다. 셰프들의 인지도가 점점 높아지면서 누구를 셰프라고 부를 수 있는가에 대한 불안이 커졌기 때문이다. 이런 변화는 곧 누가 셰프라는 이름을 얻을 자격이 있는지를 두고 과도한 경쟁이 벌어지는 결과로 이어졌다. 이미 레이철 레이나 요리 프로그램을 진행하는 유명 여성 진행자들은 심한 비난을 받았다. 그러한 비난에는 이 여성들이 비전문가라는 사실이 특히 강조되는데, 이는 경계선을 그음으로써 셰프직에 더 큰 전문성을 부여하는 방법 중 하나다.

여성의 일에서 남성의 영역으로

그렇다면 셰프를 계속해서 남성 중심적인 직업으로 유지시키는 메커니즘은 무엇일까? 우리는 어떻게 셰프가 하나의 직업으로 인정받았으며, 초기에 전문가라는 정체성을 확립하는 과정에서 왜 반드시 여성을 배제해야 했는지를 설명함으로써 성별화된 셰프 업무의 기원을 살펴보았다. 여성은 요리학교에 등록하거나 요리 경연대회에 참여할 수 없었으며, 여러 전문 조직은 남성 셰프의 기술적 역량과 예술가적인 창조성을 강조하면서 이에 비해 가정에서 만드는 여성의 요리는 단순하다고 판단했다. 최근에 등장한 주요 트렌드, 즉 1970년대의 누벨 퀴진과 2000년대의 슈퍼스타 셰프의 부상, 지역주의, 노즈투테일 요리, 분자 요리 등은 셰프직의 젠더화를 더욱 부추겼다. 이 트렌드들은 가정 요리에서 전문 요리의 요소를 완전히 제거하고 우월한 전문가(남성)와 아마추어(여성)의 구도를 더욱 강조했다.

성공한 엘리트 셰프에 대한 미디어 담론은 미식계의 슈퍼스타가 되려면 고도의 기술이 필요하다는 사실을 강조한다. 이런 설명은 셰프가 블루칼라 생산직에서 보다 기술적이고 예술적인 전문 직종으로 바뀌었다는 사실을 잘 보여준다. 한편 셰프직의 가치와 예술적인 측면이 강조되고 있음에도 젠더는 빠르게 변화하는 환경 속에서 여전히 두드러지는 요소로 단단히 자리 잡고 있다. 셰프를 평가하는 방식은 성별화된 요소를 갖고 있으며, 훌륭한 셰프라는 이름을 부여하는 방식에서 나타나는 이런 차이는 여성 셰프가 명망 있는 지위를 얻는 데 상당한 영향을 미친다. 예를 들어, 성공한 남성 셰프는 전통적인 요리에 도전한 혁신가가 되는 반면 여성은 가족이나 문화적 전통에 의존함으로써 기존의 경계 안에 머무를 때 더 큰 찬사를 얻는다. 그 어떤 트렌드에서도 왕국 건설자나 선구자, 또는 인습 파괴자라는 찬사를 얻은 여성 셰프는 등장하지 않는다. 미디어는 가정집과 오뜨 퀴진이라는 이분법을 구축했으며, 각각의 영역에 여성과 남성을 위치시킴으로써 전문 요리 내에서 젠더 위계질서를 유지시키고 창조적인 직업에서 필요하다고 여겨지는 공평한 경쟁의 장에 심각한 문제를 일으켰다. 일반적으로 창조적인 분야는 '능력'이 성공을 결정하는 능력주의를 추구한다는 칭찬을 받지만, 만약 그 능력을 나타내는 표지가 젠더화되어 있다면(또는 젠더화된 렌즈를 통해 평가받는다면) 여성은 불리한 위치에 놓일 수 있다.

여성 셰프들과 함께한 인터뷰로 요리 산업에 적응하고, 더 높은 지위로 올라서고, 인정받는 리더십 유형을 확립하고, 일과 가정에서의 책임을 절충하는 측면에서 조직 문화가 어떻게 젠더화되어 있는지 살펴보았다.

첫째, 인터뷰에 응한 여성 셰프들은 레스토랑 부엌의 남성적인 하위문화에 적응하는 과정에서 어려움을 겪었다고 말했다. 인터뷰이들은 여성은 전문 레스토랑 부엌에서 일하기엔 육체적·감정적으로 너무 연약하다는, 매우 해로운 고정관념에 부딪쳤다. 또한 대부분 자신이 전문 셰프가 될 자격이 있다는 것을 입증하기 위해 남성 동료들의 시험을 통과해야 했다고 말했다. 성희롱을 견뎌야 했다고 말한 인터뷰이도 많았으며, 자신이 남성만으로 이루어진 업무 환경에 적응할 수 있다는 것을 입증하려고 공격을 "되돌려준" 경우도 있었다. 하지만 인터뷰이들은 젠더와 관련된 편견과 차별에 대해 이야기하면서도 요리 산업이 더욱 여성 친화적으로 바뀌어야 한다고 생각하느냐는 질문에 주저하거나 방어적인 태도를 보였다.

둘째, 인터뷰이들은 자신과 다른 여성 셰프들이 사용하는 정형화된 리더십 유형이 존재한다고 보았다. 인터뷰이 대다수의 말에 따르면, 전문 레스토랑 부엌에서 일하는 여성은 남성적인 관리 유형에 적응함으로써 나쁜 년이 되거나 여성스러운 여성이 될 수 있다. 하지만 두 유형 모두 동료들의 신임을 얻을 수 없다. 나쁜 년 같은 여성은 진실되지 않다거나 너무 가혹하다는 비난을 받을 수 있으며, 여성스러운 여성은 여성이 리더 역할을 하기에는 육체적·감정적으로 너무 약하다는 또 하나의 증거로 여겨지기 때문이다. 그래서 많은 여성이 세 번째 리더십 유형을 선택한다고 말했는데, 바로 남성 동료에게 엄마나 큰누나가 되어주는 것이다. 인터뷰이 대부분은 이 세 번째 리더십 유형을 통해 여성적인 힘을 사용할 수 있기 때문에 이 유형을 선호한다고 답했다. 여성 셰프들은 동료들의 엄마나 큰누나로서 남성 직원에게 인정받는 리더의 역할을 할 수 있었으며, 이런 리더십 유형 덕분에 셰프가 직원들에게 소리를 지르고 비난을 가하는 전형적인 부엌 환경을 서로를 배려하는 공동체적인 일터로 바꿀 수 있었다고 말하는 인터뷰이도 여럿 있었다. 여성 셰프들이 이 세 번째 관리 유형을 선호하기는 했지만 이 유형 또한 앞선 두 유형과 마찬가지로 남성과 여성에 대한 본질주의적 믿음에 의존하고 있으며, 여성 셰프가 과연 '여성은 이렇게 해야 한다'는 젠더화된 개념을 넘어설 수 있는가라는 문제를 만든다.

셋째, 인터뷰이들은 셰프로서 일과 가정에서의 책임 사이에서 균형을 잡기가 매우 어렵다고 말했다. 인터뷰이의 거의 절반이 다른 직업(요리학교 강사, 케이터링 사업, 고급 식료품점 근무, 자기만의 작은 가게 운영)을 찾아 레스토랑을 그만두었다. 이들이 일을 그만둔 가장 큰 이유는 레스토랑 일과 가정생활이 양립 불가능하다는 점이었다. 근무시간이 길고, 휴가가 적으며, 건강보험 혜택을 받을 수 없는 환경은 자녀를 둔 엄마들이 요리 산업에 머무르는 걸 어렵게 한다. 일과 가정생활을 양립하는 데 성공한 여성들은 가족이나 친구들에게 상당한 사회적 지원을 받았거나, 기존의 규칙을 따르는 대신 일과 가족에 관한 규칙을 새로 만들 수 있을 정도로 이미 권위 있는 자리에 올랐던 경우였다.

셰프는 독특한 직업이다… 하지만 아닐 수도 있다

프로젝트 내내 우리는 셰프의 자서전에 등장하는 수많은 사례와 학계의 연구논문에서, 또 여성 셰프들의 입에서 셰프는 다른 직업과는 다르다는 주장을 발견했다. 긴 근무시간과 고된 근무조건, 요리를 예술의 한 형태로 표현하면서도 대량으로 생산해야 한다는 압박감 등이 셰프직을 독특하게 만든다는 것이다. 전문 셰프들이 일터에서 겪는 규범 또한 다른데, 농담과 괴롭힘(성적 의미를 담은 것들도 있다)뿐만 아니라 분노의 폭발이 흔하기 때문이다. 이런 주장 덕분에 사람들은 전문 레스토랑 부엌(그리고 그 안에서 일하는 사람들)이 그 어떤 종류의 변화에도 저항할 것이라고 믿게 되었다.

많은 사람이 정신없이 바쁘게 요리하는 전문적인 환경을 즐기며, 여기서 발생하는 고난과 동지애가 셰프들을 끌어당긴다. 또한 전문 레스토랑 부엌은 기업에 적응하지 못하는 아웃사이더들의 마지막 보루로 여겨지기도 한다.

인터뷰이들은 셰프직과 레스토랑 부엌의 문화가 가진 독특함을 자주 언급했으며, 계속해서 전문 레스토랑 부엌이 여성 친화적으로 바뀔 수는 없을 거라고 말했다. 더욱 중요한 사실은 여성 셰프 대다수가 변화가 일어나면 안 된다고 주장했다는 것이다. 이들은 셰프라는 정체성을 매우 강하게 인식하고 있었으며 이 독특한 일터에 친밀감을 느끼고 있었다. 그리고 공적인 정책이나 다른 수단으로 여성 셰프를 도와야 한다는 제안에 전문 레스토랑 부엌에서는 그러한 변화가 먹히지 않을 거라는 태도를 보였다.

이들의 주장은 어느 정도 사실이다. 공적 인사 평가를 토대로 연봉과 승진을 결정하는 것처럼 일반적인 기업이 젠더 불평등에 대응하는 방식은 창조성과 팀워크를 기반으로 하는 셰프직에 적합하지 않을 수 있다. 창조성과 팀워크는 측정이 어려운 요소이며, 분명한 측정 기준이 없다는 사실은 여성에게 불이익을 가져다줄 수 있다. 여성은 전형적인(남성적인) 셰프의 모습에 들어맞지 않아 부정적인 인사 평가를 받을 수 있기 때문이다. 탄력근무제와 잡셰어링처럼 직원들이 일과 가정에서의 책임 사이에서 균형을 잡을 수 있도록 돕는 정책 역시 셰프에게 요구되는 근무시간 때문에 제대로 작동하지 못할 수 있다. 또한 건강보험 등의 혜택은 셰프 대다수에게, 특히 자녀가 있는 셰프에게 매우 매력적이지만 비용이 너무 많이 들기 때문에 대다수의 소규모 레스토랑은 엄두를 내지 못할 수 있다.

이 사례들을 보고 우울해하기 전에, 우리는 중요한 질문을 던지고자 한다. 셰프는 정말로 그렇게 독특한 직업일까? 여성 셰프들이 경험하는 근무 환경은 똑같이 고되고 남성 중심적인 다른 직업의 근무 환경과 그리 다르지 않다. 변호사나 기업 관리자, 지구과학자, 증권 중개사, 회계사, 재정 고문 같은 직업 역시 노동자에게 오로지 업무에만 헌신할 것과 가족보다 일을 우선시할 것, 주당 40시간을 훨씬 넘게 근무할 것, 근무시간이 끝난 후나 주말에도 일할 것을 요구한다. 이와 비슷하게 건설이나 소방, 탄광업에 종사하는 여성 역시 열악한 근무 환경과 성희롱, 동료들의 괴롭힘을 경험한다. 셰프직은 가정에서 발생하는 여성적 활동과의 관련성 때문에 독특함을 가질 수는 있으나 다른 남성 중심적인 직업의 젠더화된 업무 환경과 그리 다르다고 볼 수는 없다.

실제로 셰프는 다른 직업과 다르다고 보는 시각은 셰프직 내에서 젠더 분열을 유지하는 데 기여한다. 셰프직에 독특한 요소가 전혀 없다고 말하려는 것은 아니다. 셰프가 가진 독특한 요소에만 집중하는 것이 미식의 장에서 일종의 타성을 만드는 데 일조하고 있다는 말이다. 셰프에게 "미치광이와 정신병자" 같은 특성이 필요하기 때문에 그런 사람들이 셰프 일에 몰려드는 게 아니라, 긴 근무시간과 레스토랑 부엌의 업무 환경이 직원들을 그렇게 만든 것이다. 우리의 분석에서 드러났듯이, 장場은 역사적 힘에서 생겨나며 시간의 흐름에 따라, 또 강력한 동인이 등장했을 때 변화를 맞이한다. 즉, 환경이 변하면 "불가피"하다는 이 행동 양식 역시 변할 수 있다는 말이다.

이런 시각으로 셰프직을 바라본다면 레스토랑 부엌의 "거친" 환경은 (특히 리더의) 선택의 결과이지, 전문 요리가 갖고 있는 본질적인 특성이 아니다. 캘리포니아 욘트빌에서 절찬 받는 레스토랑 프렌치 런드리를 운영하고 있는 셰프 토머스 켈러를 소개한 여러 기사는 그의 부엌이 얼마나 차분하고 조용한지에 주목한다. 심지어 켈러는 직원들이 소리 지를 필요 없이 편하게 의사소통할 수 있도록 부엌의 형태를 특별 고안했으며, 영업이 끝난 후 부엌이 얼마나 깨끗한지에 따라 저녁 영업의 성공 여부를 판단할 때도 많다. 이 사례는 부엌의 문화가 마초 같고 난폭한 규범에서 멀어져도 엄청난 성공을 거둘 수 있다는 사실을 보여준다.

전문 레스토랑 부엌의 시끄럽고 마초 같은 환경에서 벗어나는 것은 여성 셰프뿐만 아니라 셰프직 전체에 도움이 된다. 업무 환경을 더욱 전문적으로 만드는 것은 더 큰 인정을 추구하는 셰프들에게도 좋은 일이다. 셰프들은 전문가로 인정받기 위해 오랜 시간 분투했으며 그 결과 사람들의 주목을 받으며 높은 지위를 얻을 수 있었기 때문이다. 직원 전체가 성공할 수 있는 길을 닦는다는 것은 이 직업이 사람들에게 완전히 수용되었다는 표시이자 셰프가 노동자라기보다는 전문가의 영역에 들어섰다는 사인이다.

우리는 레스토랑 부엌의 불친절하고 마초 같은 문화가 정말로 불가피한 것인지 질문함으로써 인간 주체를 위한 공간 그리고 여러 조직이 여성과 유색인, 게이와 레즈비언 같은 아웃사이더를 더욱 환영하는 장소로 바뀔 수 있는 공간을 마련하고자 한다.

더욱 젠더 평등한 문화 만들기

여성 셰프들이 더 큰 성공을 거두려면 여성 셰프 개인의 성공이 미식의 장에서 여성 셰프의 위치와 관련되어 있다는 사실을 인정해야 한다. 그리고 여성 셰프 개인과 전체가 모두 성공을 거두려면 여성이 다름을 인정하고 미식의 장에서 셰프이자 잠재적인 리더로서 자신이 가진 힘을 자본화하는 방법을 찾아야 한다.

여성 셰프는 자신의 일을 홍보하는 방법 중 하나로 셰프에게 쏟아지는 관심과 지위를 이용할 수 있다. 많은 인터뷰이가 이미 부엌에서 여성적 힘을 인정하고 개발하는 방식으로 이를 실천하고 있었다. 이 프로젝트와 여러 연구결과들은 여성 셰프가 명예 남성이 되는 방식으로는 성공할 확률이 낮다는 사실을 보여준다. 여성은 일터에서 남자처럼 행동하면 진실하지 않다는 비판을 받을 수 있다. 진실로 남성적인 리더십 역할을 습득해 이상적인 노동자의 전형이 되는 데 성공한다고 해도, 이들이 여성이라는 사실은 계속 이들의 성과를 엄격한 눈으로 감시하고 구별하는 근거로 작용한다. 남성적인 직업 정체성을 갖는 것은 항상 위태로운 상태에 있는 것과 같은데, 임신을 하거나 휴일을 요구하는 등 남성적인 모습에서 아주 조금만 벗어나도 다시 여성이라는 지위가 가장 주요한 특성이 되어버리기 때문이다. 게다가 한 여성 셰프가 남성적인 문화에서 성공을 거둔다 해도 이런 성공은 개인에게만 적용되는 사례일 뿐이므로 미식의 장 전체의 변화를 이끌어내지는 못한다.

그 대신 여성 셰프는 자신이 남성과 다르다는 사실을 받아들일 수 있다. 그리고 이런 차이를 이용해서 자신이 일하고 있는 부엌을 더욱 강하고 잘 굴러가게 바꿀 수 있다. «뉴욕타임스»의 모스킨은 앨리스 워터스의 레스토랑 셰 파니스가 아이를 가진 부모에게는 잡셰어링 프로그램을, 헤드 쿡에게는 6개월 휴가를 제공하는 등 여러 가지 정책을 실행하고 있으며 이 정책 덕분에 더 많은 노동자가 리더의 역할을 경험할 수 있고 자신의 상황에 따라 일을 조정할 수 있다고 설명했다.

연구에 따르면, 남녀가 고루 섞여 있는 일터는 남성 중심적인 일터에 비해 감정적 지원 및 정보를 더 많이 제공하는 것으로 나타났다. 미식의 장에서 여성의 비율이 늘어나고 있으므로 이제 여성 셰프들은 자신의 여성적 힘을 꺼내 업무 환경에 변화를 꾀하고 직원들의 능력을 이끌어내는 데 사용할 수 있다.

또한 이 다름이라는 자본은 음식 전문 기자나 요리 평론가 같은 미식의 장의 영향력 있는 미디어 주체의 주목을 끄는 데 유리할 수 있다. 여성 셰프들은 통계상의 소수라는 지위를 이용해 자신이 남성 셰프와 어떻게 다르고 어떻게 특별한지를 강조할 수 있다. 여성 셰프들이 미디어의 주목을 얻으려면 "여자라는 카드"를 이용해 여성스럽게 행동하고 연출해야 한다고 말하는 것이 아니다. 미디어의 주목이 셰프의 성공을 결정하는 중요한 요소가 되고 있다는 사실을 말하는 것이다. 우리 연구에서 드러나듯이(그리고 «타임»의 ‹요리의 신› 기사가 분명하게 보여주었듯이) 푸드미디어는 사회가 남성과 여성을 바라보는 시각을 형성하는 문화적 도식에서 자유롭지 못하다. 엘리트 요리의 세계는 아주 좁고 여성 셰프는 이 남자들의 클럽에 초대받지 못할 때가 많다. 여성들은 미디어의 주목을 받는 방법을 찾고 자신이 원하는 방식으로 미디어에 등장할 수 있어야 한다.

이는 여성 셰프들이 뭉침으로써 가능하다. 다른 남성 중심적인 분야의 여성 협력 단체에 대한 연구결과에 따르면, 때때로 여성은 여성이 중심이 되는 조직에 비판적인 태도를 취한다. 이런 단체가 실제로 여성이 높은 지위에 오르는 데 별 도움이 되지 않으며 그 단체에 속하는 것은 그저 여성의 능력 부족을 나타내는 "특별대우"를 강조할 뿐이라는 이유에서다. 또한 여성 중심 조직은 미식의 장에 위치한 이 작은 영토에만 여성의 진입을 "허용"해 여성이 더 넓은 분야에 영향을 미칠 수 있는 가능성을 제한하는 '게토화 효과'를 야기할 위험이 있다. 하지만 여성이 대규모로 뭉친다면 여성이 만든 결과물을 공개하는 행사를 주최하는 데 도움이 될 수 있으며, 이런 행사는 더 많은 미디어 노출로 이어져 여성 셰프의 능력이 더욱 강조되는 결과를 낳을 수 있다. 또한 미디어의 주목이 더 많아지면 미식의 장에 있는 다른 주체(예를 들면, 셰프의 실력을 공인하고 명예로운 상을 수여하는 제임스 비어드 재단 같은 요리 조직)의 인정이 따라올 수 있다.

아울러 여성 중심 조직은 여성 셰프들에게 배출구를 제공한다. 많은 남성 중심적인 분야에서 해당 직업의 구조나 문화를 비판하는 행동은 징징거림으로 간주되거나 여성이 그 직업에 어울리지 않는다는 증거로 이용된다. 우리의 인터뷰 역시 이와 동일한 결과를 보였다. 인터뷰이들은 여성 셰프에게 불이익을 안겨주는 미식의 장의 환경을 수없이 열거하면서도 전문 레스토랑 부엌에서 일할 가치가 없는 불평불만자로 여겨질까 봐 두려워 일터에서 이 문제를 꺼내는 것을 몹시 꺼렸다. 여성이 함께 뭉쳐 일터에서 겪는 어려움을 논의할 수 있는 사회적 공간은 여성 셰프에게 심리적·사회적 도움을 제공한다. 여성 셰프들은 대개 일하고 있는 레스토랑에서 유일한 여성인 경우가 많기 때문에 고립될 수 있으며 이들이 경험하는 문제가 미식의 장의 구조적·문화적 문제가 아닌 개인의 문제인 것처럼 보일 수 있다. 하지만 여성 중심 조직에서 여성 셰프들은 자신이 혼자가 아니라는 사실을 깨닫고 일터에서 겪는 문제를 해결할 수 있는 방법을 함께 논의할 수 있다.

만약 충분한 수의 여성이 뭉쳐 조직을 만들고 이 조직에 미식의 장에서 영향력을 행사할 수 있는 여성 셰프들이 참여한다면 요리 산업의 변화를 요구하며 압력을 가하는 데 도움이 될 것이다. 여럿이 모여 집단을 이루면 미식의 장의 리더에게 "왜 더 많은 레스토랑이 출산 휴가를 제공하지 않는가?"나 "여성 수 셰프는 이렇게 많은데 여성 헤드 셰프는 왜 그리 적은가?"와 같은 어려운 질문들을 제기할 수 있다. 여성 셰프 개개인이 일터에서 젠더 문제를 제기하면 비난이나 조롱의 대상이 될 수 있지만, 여럿이 모인 조직은 문제를 제기하고 문제 해결에 가속도를 붙일 수 있다. 이런 전략은 특히 조직이 미디어를 통해 일터에서의 불평등을 공개적으로 지적할 때 큰 효과를 볼 수 있다.

멘토링 또한 여성이 서로를 도울 수 있는 방법이다. 멘토링은 고된 직종에서 성공하기 위해 반드시 필요한 요소다. 멘토 역할을 하는 여성은 미식의 장에서 젠더 역학에 저항할 때 사용 가능한 주요한 자원이 될 수 있다. 이런 멘토링 사례는 수없이 많다. «뉴욕 타임스 매거진*New York Times Magazine*»은 성공한 셰프이자 레스토랑 경영자인 바버라 린치의 프로필에서 바버라 린치가 요리 경연 프로그램 ‹톱셰프›의 우승자인 크리스틴 키시Kristen Kish에게 멘토 역할을 했다고 설명했다. 이 기사는 린치가 자신의 전 멘토였던 토드 잉글리시Todd English와 사이가 좋지 않았다는 사실을 언급했지만, 긍정적인 미디어 노출과 기회를 얻을 수 있도록 텔레비전 요리 프로그램에 출연하라고 키시를 설득한 사람이 바로 린치였다고 설명했다. 여성 셰프가 모두 바버라 린치 같은 유명 셰프에게 멘토링을 받을 수 있는 것은 아니지만, 여성 간 멘토링은 미식의 장에서 여성의 지위가 향상될 수 있도록 여러 가지 도움을 준다. 멘토는 젠더 불평등 근절에 반드시 필요한데, 이들이 멘티에게 조직과 사업, 일터 안팎에서 중요한 연줄을 소개해주고 규범과 규칙, 관계, 하위문화에 대한 내부 정보 같은 비공식적 비결을 알려주고, 비교적 폐쇄적인 네트워크에 접근할 수 있도록 도와줄 수 있기 때문이다.

여성 간 멘토링을 접할 수 있는 기회가 많아진 것은 최근의 일이다. 오랫동안 여성 셰프들은 다른 여성을 고용하거나 멘토 역할을 하는 것을 경계할 수밖에 없었다. 월스트리트에 근무하는 남녀에 대한 연구결과와 마찬가지로, 남성이 다른 남성을 고용하거나 멘토 역할을 할 때는 아무 의심도 받지 않지만, 여성이 다른 여성과 함께 일하기로 선택했을 때는 능력을 보고 직원을 뽑는 것이 아니라 그저 자신의 안건을 밀어붙이기 위해 여성 직원을 뽑았다는 비난을 받을 수 있다. 또한 여성은 오랫동안 전문 레스토랑 부엌에서 토큰의 위치에 있었기 때문에 또 다른 소수자와 협력했을 때 이 사람이 능력 없는 것으로 판명될 경우 이들의 실패가 소수자 전체에 적용될 것에 대한 두려움이 있었다.

오늘날에도 여전히 여성은 전문 레스토랑에서 소수자이지만, 영향력 있는 자리에 올라 멘토 역할을 할 수 있는 여성도 존재한다. 또한 지위가 높은 여성이 관리직을 맡을 경우 불평등이 줄어든다는 연구결과도 있다. ‹블룸버그닷컴›이 대형 레스토랑과 외식산업 기업 15곳에 근무하는 헤드 셰프의 성별을 조사한 결과 여성 헤드 셰프가 남성 헤드 셰프보다 많은 기업은 여성 셰프인 에이프릴 블룸필드April Bloomfield가 이끄는 기업 하나뿐이었다. 이런 조사결과에서 여성을 고용하고 승진시키는 여성 헤드 셰프의 수가 많아진다면 레스토랑 부엌의 인구통계학적 지도가 바뀔 수 있다는 사실을 알 수 있다.

유명 셰프나 이들이 운영하는 레스토랑과 관계를 맺는 것 또한 언젠가 자기 레스토랑을 오픈하고 싶어 하는 여성 셰프에게 도움이 된다. 드러크먼은 여성 셰프 인터뷰에서 많은 여성 셰프가 레스토랑을 오픈할 때 필요한 자금을 조달하지 못한다는 점에 주목했다. 드러크먼의 인터뷰이들은 남성의 경우 개인 투자자를 통해서든 은행이나 다른 금융기관을 통해서든 쉽게 자금을 얻을 수 있다고 말했다. 여성이 성공한 다른 여성 셰프와 친밀하게 협력한다면, 이들이 함께 수상 실적을 쌓고 미디어의 긍정적인 주목을 받는다면, 여성 셰프 역시 더욱 쉽게 레스토랑 오너가 될 수 있을 것이다. 이는 다른 남성 셰프들처럼 자신만의 왕국을 건설하고자 하는 여성 셰프에게도 도움이 될 수 있다.

여성이 요리 세계에서 더 큰 성공을 거둘 수 있도록 돕는 마지막 방법은 남녀 모두가 셰프로서의 일과 가정에서의 책임을 모두 수행할 수 있도록 더 많은 가족 정책을 요구하는 것이다. 정부 차원에서는 보육 시설에 보조금을 더 많이 지원하는 방식으로 부모들이 일과 가정 사이에서 균형을 잡을 수 있도록 도울 수 있다. 이미 가족 휴가 정책을 실행하고, 직원들과 직원의 가족에게 건강보험 혜택을 제공하는 기업 레스토랑이 점점 늘고 있다. 그리고 데이비드 창이나 마리오 바탈리처럼 미식의 장에서 존경받는 셰프들이 이 기업들 중 일부를 이끌고 있다. 데이비드 창의 모모푸쿠 레스토랑 그룹에서는 여성 직원이 4주 동안 유급 출산 휴가를 사용하는 것이 가능하다. 데이비드 창이나 마리오 바탈리 같은 리더들이 가족 친화적인 정책을 수립하면 다른 레스토랑도 영향을 받아 같은 정책을 수립할 것이다.

미식의 장에서 힘 있는 자리에 오르는 여성의 수가 많아짐에 따라 직접 나서서 이런 변화를 촉구하는 것도 훨씬 더 늘어났다. 레베카 글라우버Rebecca Glauber는 남녀가 고루 섞여 있는 직종의 노동자는 스케줄을 유연하게 조정할 수 있는 가능성이 남성 중심적인, 또는 여성 중심적인 직종에 종사하는 노동자보다 많다는 사실을 발견했다. 또한 리더 역할을 맡은 여성이 더욱 늘어나면 가족 일로 휴가를 내는 사람에게 낙인을 찍는 현상을 근절하는 데 도움이 될 수 있으며, 가족 친화적인 정책이 서류상에만 존재하는 것이 아니라 실제 실행된다는 사실을 직원들에게 알릴 수 있다. 이런 변화는 젊은 세대 사이에서 일과 가족, 젠더에 관해 사회적 차원의 변화가 이루어질 때 더욱 가속화될 수 있다. 더 많은 여성이 전문 셰프 일을 시작하고 성공을 거두게 하려면 미식의 장 안팎에서 변화가 일어나야만 한다. 젊은 사람들은 가족 내 성역할에 대한 전통적인 믿음에서 벗어날 수 있다. 연구결과에 따르면, 전통적인 성역할 믿음에서 벗어나 가사노동을 더욱 공평하게 분담해야 한다고 생각하는 커플이 더 큰 이득을 보며 행복한 결혼생활을 했다. 남녀 모두 일과 가정 사이에서 균형을 잡고자 하는 욕망을 드러낸다면 가족 정책은 불평불만이 많은 여성만을 위한 것이 아닌, 능력 있는 인재를 모집하고 관계를 계속 유지하기 위해 필요한 필수 전략이 될 수 있다.

일터 내 아웃사이더를 위한 마지막 생각

이 책을 쓰며 여성 셰프의 세계에 푹 빠져 있을 때, 일터의 아웃사이더에 대한 또 다른 기사를 접했다. 미식축구 선수인 마이클 샘Michael Sam과 농구 선수인 제이슨 콜린스Jason Collins가 미국미식축구리그NFL와 미국프로농구NBA에 선발된 최초의 성소수자가 것이다. 두 선수는 엄청난 지지를 받았으나(콜린의 셔츠는 NBA.com의 베스트셀러 상품이 되었다) 한편으로는 이들의 커밍아웃을 비판하는 사람들도 있었다. 이들이 게이임을 고백했기 때문에 스포츠에 쏟아지던 관심이 줄어들 것이며, 이성애자 선수들이 게이인 동료와 밀접하게 협력해야 한다는 데 불편함을 느껴 팀의 사기가 저하될 것이라는 주장이었다. 결과적으로 팀워크에 문제가 생기고 팀이 제대로 기능하지 못하리라는 것이다.

게이 선수가 자신의 섹슈얼리티 때문에 팀워크가 손상되었다는 비난을 받는다는 이야기는 매우 터무니없이 들릴 수 있다. 하지만 이 이야기는 우리에게 남성 중심적인 부엌에서 일하는 여성에 대한 발언을 떠올리게 했다. "왜 모든 걸 성별 문제로 보는 거야? 우리처럼 그냥 '셰프'가 될 순 없는 거야?" 물론 팀워크를 요구하는 환경에서는 개인이 집단의 일원이 되려고 노력할 필요가 있다. 하지만 집단의 화합이라는 명목으로 젠더나 섹슈얼리티 같은 타고난 특성을 배제하거나 차별할 때도 사람들은 '집단 역동group dynamics'을 보호하려 하지 않고 다른 이야기를 한다. 그리고 이런 행동이야말로 한 집단의 지배를 영속시킨다.

마이클 샘과 제이슨 콜린스의 사례는 셰프 일이 어떤 면에서는 독특할 수 있으나 아웃사이더가 동질적인 업무 환경에 적응하고 성공하려 노력할 때 어려움에 직면하는 것은 슬플 정도로 흔한 일이라는 사실을 잘 보여준다. 여성 셰프들은 다른 분야의 여성 노동자와 마찬가지로 일에 '린 인lean in' 해야 하고 현재의 직업적 환경에 적응할 방법을 찾아야 한다는 조언을 듣는다. 어떤 여성에게는 이런 조언이 타당할 수 있지만, 결국 전통적인(남성적인) 근무 방식을 옹호하는 것이기 때문에 젠더 평등의 실현을 방해한다. 우리는 이 책을 통해 다양한 직업에 종사하는 여성들이 일터에서의 젠더 불평등을 거부하고 바꿀 수 있는 실마리를 얻을 수 있기를 바란다. 하지만 안타깝게도 이 책은 특정 집단이 다양한 형태의 불평등과 싸우는 구체적인 방식을 살피지 못했다. 우리의 표본은 인종 면에서도 섹슈얼리티 면에서도 다양하지 않았다. 그러나 특정 집단에 속한 여성(예를 들어, 유색인 여성이나 레즈비언)과의 인터뷰를 포함한 상호교차적 연구를 통해 미식의 장에서 불평등이 발생하는 복잡한 방식을 더욱 깊이 있게 이해할 수 있을 것이다. 또한 요리 산업이 여성성을 평가 절하하고 있으므로 여성적이라는 고정관념에 부합하는 남성 셰프나 여성적일 것이라고 간주되는 게이 셰프 또한 이 책에서 다룬 편견을 경험할 수 있다. 이처럼 다양한 종류의 셰프 집단이 젠더 본질주의와 성 중립성을 어떻게 옹호 또는 거부하는지 조사하는 것도 유익할 것이다.

이 책에서 드러나듯 요리처럼 한쪽 성별의 본질이라고 여겨진 일도 지배 집단의 일로 선점될 수 있다. 여성 셰프들이 시간과 능력, 여러 가지 행동으로 길을 내온 최근 몇 년 동안 남성과 여성에게 "잘 어울리는" 직업이 따로 존재한다는 생각은 분명 바뀌었다. "레스토랑 부엌은 언제나 이런 식이었어"라는 말 뒤에는 더 많은 여성 셰프가 뭉쳐 자신의 지위를 요구하기 전까지는 셰프직에 그 어떤 변화도 일어나지 않을 것이라는 생각이 깔려 있다. 여성 셰프들은 협력을 통해 성과를 내고 있다. 그리고 이렇게 얻어낸 다양성과 포용은 전문가로서의 셰프 개개인의 지위뿐만 아니라 셰프직 자체의 지위를 강화하고 촉진시킬 것이다.

| 부록 |

이 연구는 푸드미디어(«뉴욕타임스» «샌프란시스코 크로니클» «푸드앤와인» «고메»)에 실린 레스토랑 리뷰 및 셰프 프로필 내용 분석과 함께 센트럴 텍사스 지역에 거주하는 전·현직 여성 셰프 33명의 심층 인터뷰를 병행했다. 이 두 가지 방법으로 미식의 장에서 권력을 가진 행위자들이 남성 셰프와 여성 셰프를 평가하는 방식뿐만 아니라 다양한 환경에서 근무한 경험이 있는 여성 셰프들의 생생한 경험을 조사할 수 있었다.

푸드미디어 내용 분석

여러 장場에는 생산자와 관객뿐만 아니라 문화적 생산물에 의미와 가치를 부여하는 문화 선도자 또한 존재한다. 우리는 셰프들이 평가받는 방식과 이들이 미식의 장에서 어떻게 위치 이동을 하는지 이해하기 위해 뉴욕과 샌프란시스코의 신문 및 전국에 발행되는 잡지(여러 셰프들과 이들이 운영하는 레스토랑, 이들이 만든 요리에 초점을 맞춘 잡지)에 실린 기사를 분석했다. 특히 이런 담론에서 젠더에 따른 차이가 발생하는지, 또한 누가 훌륭한 셰프인지를 결정하는 방식이 젠더화되어 있는지 알아보려 했다. 우리는 두 가지 신문의 온라인 아카이브에서 자료를 구했다. 2004~2009년에 발행된 «뉴욕타임스»와 «샌프란시스코 크로니클»이다. 뉴욕은 셰프의 위상이 가장 높고 셰프들 간의 경쟁이 가장 극심한 지역 중 한 곳이다. «뉴욕타임스»는 푸드 섹션과 레스토랑 리뷰가 유명하며 «뉴욕타임스»에 실린 유명 리뷰어의 승인은 레스토랑의 성공에 매우 큰 영향을 미친다. «샌프란시스코 크로니클»은 캘리포니아 퀴진의 탄생지인 캘리포니아의 베이에리어를 주로 다루는 신문으로, 캘리포니아 퀴진은 캘리포니아에서 생산되는 식량의 질을 강조하기 위해 제철 식재료 사용에 주력하는 미국만의 독특한 요리 스타일이다. 캘리포니아 버클리에 있는 앨리스 워터스의 레스토랑 셰 파니스는 캘리포니아 퀴진을 널리 알렸으며, 앨리스 워터스는 특정 요리의 대가라고 인정받는 몇 안 되는 여성 셰프 중 하나다. 아마도 이런 역사 덕분에, 혹은 더 인정받는 뉴욕의 요리계와 멀리 떨어져 있다는 베이에리어의 지리적 특성 덕분에 샌프란시스코가 여성 친화적이면서도 여전히 경쟁은 극심한 요리의 중심지가 될 수 있었을 것이다.

잡지 «고메»(2004년 4월~2009년 10월)와 «푸드앤와인»(2006년 2월~2009년 12월)의 기사도 분석에 활용했다. 1941년 창간된 «고메»는 "미국 최초의 푸드 매거진"으로 불리며 이후 생겨난 여러 푸드 매거진의 원형이 되었다. 콘데나스트Condé Nast 출판사가 매달 발행했으며, 초반에는 전반적인 라이스프타일을 다뤘지만 결국 요리와 레시피, 음식 관련 여행, 전반적인 미국의 요리 현장을 주로 다루는 잡지가 되었다. 또한 «고메»는 전국 규모의 잡지 중 정기적으로 레스토랑 리뷰를 실은 첫 번째 잡지이기도 하다. 2009년 말 잡지 발행은 중단됐으나 여러 요리책과 스마트폰 어플리케이션에서 '고메'란 이름을 여전히 쓰고 있다. «푸드앤와인»은 1978년 아메리칸 익스프레스American Express 출판사가 창간한 잡지로 요리와 엔터테이닝, 여행, 레시피, 셰프 들을 주로 다룬다. «푸드앤와인»의 발행부수는 현재 약 100만 부에 이르며, '푸드앤와인 페스티벌'을 주최하고 매년 최고의 신인 셰프를 선정하는 것으로 유명하다.

우리는 먼저 레스토랑 리뷰와 셰프 프로필을 모으는 것부터 시작했다. 앞서 언급한 4개의 미디어 소스에서 셰프의 이름을 언급하고 그 셰프가 만든 요리에 상당한 관심을 기울인 것들만 추려냈다. 여기에는 셰프가 만든 요리나 셰프가 운영하는 레스토랑을 비판한 리뷰도 포함되었다. 또한 분석에는 셰프의 신원이 밝혀진 것 중 셰프가 창조적인 측면에서 어느 정도 통제권을 가진 것으로 묘사된 기사만 사용했다. 셰프의 이름이 전혀 등장하지 않았거나 셰프가 만들어낸 메뉴를 거의 또는 아예 다루지 않은 기사는 제외했다.

제일 먼저 레스토랑 리뷰나 셰프 프로필에 남성 셰프가 등장하는지, 여성 셰프가 등장하는지, 아니면 둘 다 등장하는지 분류하는 것으로 분석을 시작했다. 셰프 프로필(셰프 본인과 본인의 철학, 요리 방법, 리더십 유형, 직접 만든 요리에 대해 이야기를 나눈 셰프 인터뷰 포함)도 같은 방법으로 정리했다. 이 과정을 통해 분석에 사용할 레스토랑 리뷰와 셰프 프로필 2,206개를 추릴 수 있었다. 자료 대부분(1,439개)은 매주 푸드 섹션이 있고 레스토랑 리뷰로 유명한 «뉴욕타임스»에서 나왔다. «샌프란시스코 크로니클»에서는 452개의 레스토랑 리뷰와 셰프 프로필이 분석에 사용되었다. 잡지의 경우 «고메»에서는 기사 144개가, «푸드앤와인»에서는 기사 171개가 포함되었다.

이 미디어 자료들을 통해 텍사스를 넘어 전국의, 더 나아가 전 세계의 셰프들을 파악할 수 있었을 뿐만 아니라 셰프에게 권위를 부여하고 이들이 성공할 수 있도록 돕는 문화 선도자의 역할도 살펴볼 수 있었다. 우리는 셰프들을 둘러싼 담론을 살펴보았으며, 이때 존스턴과 보먼이 "지식과 생각이 제도화되어 집단을 구성하는 체제"라고 부른 것과 유사한 개념을 사용했다. 음식 전문 기자들의 경우 이런 지식 체제는 셰프 및 이들이 만들어낸 요리에 대한 판단과 관련되며, 이런 판단은 대중이 이들의 요리를 바라보는 방식과 셰프가 미식의 장에서 자본을 부여받는 방식에 영향을 끼칠 수 있다. 우리 자료에서 이런 지식 체제는 셰프와 이들의 경력,

개인적인 이력, 성격, 이들의 요리에 대한 묘사를 포함한다. 또한 우리는 음식 전문 기자와 요리 평론가들이 셰프의 어떤 속성을 가치 있는 것으로 판단하는지 파악하기 위해 성공한 셰프와 이들이 만든 요리를 묘사할 때 어떤 언어를 사용하는지도 관심을 가졌다. 그리고 훌륭한 셰프에 대한 묘사가 젠더에 따라 다르게 나타나는지, 만약 그렇다면 남성 셰프와 여성 셰프가 이야기되는 방식은 어떻게 다른지 알아보고자 했다.

레스토랑 리뷰와 셰프 프로필 분석에는 질적 자료 분석 소프트웨어인 NVivo(버전 10)를 사용했다. NVivo로 레스토랑 리뷰와 셰프 프로필을 코딩해 카테고리를 나누었다. 우선 남성 셰프에 대한 글과 여성 셰프에 대한 글을 분류한 다음 음식 전문 기자와 요리 평론가들이 셰프와 이들이 운영하는 레스토랑, 이들의 요리를 다룬 방식에 근거해 주제를 뽑았다. 잠재적 편향이 영향을 미치지 않도록 서로의 코드를 계속해서 비교했다. 2,206개의 자료에 대한 기본적인 코딩이 완료된 후에는 NVivo를 사용해 특정 카테고리에 속한 문장을 전부 읽으며(예를 들어, 셰프를 슈퍼스타로 칭한 발언이나 인용문 전부) 분석했다. 그다음 셰프의 성별에 따라 가장 흔히 나타나는 주제를 추려 사례를 찾았다.

여성 셰프들과의 심층 인터뷰

우리는 센트럴 텍사스 지역에서 근무하는 여성 셰프 33명과 인터뷰를 진행했다. 오스틴에서 샌안토니오에 이르는 지역은 새롭고 다양한 레스토랑이 있는 곳이다. ‹이터닷컴›이나 «푸드앤와인» 같은 전국 규모의 미디어들이 텍사스의 성장세에 주목하며 이 지역의 셰프들에게 찬사를 보내고 있다. 2012년 브라보BRAVO 케이블 네트워크는 유명 요리 경연 프로그램의 텍사스 버전인 ‹톱 셰프: 텍사스Top Chef: Texas›를 방영했다. 텍사스 오스틴은 최근 미식의 장에 속한 두 국제기구, 국제요리전문가협회International Association of Culinary Professionals, IACP와 레담데스코피에Les Dames d'Escoffier의 컨퍼런스를 주최했다. 규모가 점점 커지고 있는 오스틴의 푸드앤와인 페스티벌은 매년 여러 유명 셰프를 이 지역으로 끌어들이고 있다. 샌안토니오에서도 푸드 신이 성장하고 있으며 2007년에는 CIA 캠퍼스가 생겨 셰프들에게 미국 남서부 퀴진을 가르치고 있다.

오스틴에서 샌안토니오에 이르는 지역을 선택한 덕분에 우리는 매우 다양한 경력을 가진 여성 셰프들과 이야기를 나눌 수 있었다. 대다수의 레스토랑이 부엌에서 일하는 직원 수가 비교적 적으며 그중에서도 높은 수준의 교육을 받은 셰프는 몇 명 없다. 인터뷰이 대부분은 레스토랑의 유일한 여성이거나 얼마 없는 여성 셰프 중 한 명이었다. 변화를 거치면서 더욱 전문화되고 있는 텍사스의 레스토랑 신scene 덕분에 우리 인터뷰이들은 남성 중심적인 직업의 투과성에 대해 독특한 관점을 가지게 되었다.

조사를 시작하기에 앞서 먼저 셰프의 정의를 규정할 필요가 있었다. 우리는 자신이 전문 레스토랑 부엌에서 셰프로 일한 경험이 있다고 밝힌 여성만 포함하기로 결정했으며, 창의적인 면에서 통제권을 가진 직책과 관리직을 모두 포함했다. 센트럴 텍사스 지역에서 일하는 여성 셰프 정보를 알아내기 위해 온라인으로 수많은 레스토랑 리뷰를 읽고 텍사스의 레스토랑 신을 다룬 웹사이트들을 꼼꼼히 조사했다. 그리고 여성 셰프가 언급될 때마다 그녀의 이름과 근무지를 적어놓았다. 그다음 바쁜 영업시간을 피해 레스토랑으로 전화를 걸었고 우리의 연구 목적을 설명한 후 연구에 참여해줄 수 있는지 물었다. 또한 온라인 조사에서 텍사스에 있는 요리 조직을 발견해 여러 여성 셰프의 전화번호를 얻을 수 있었다. 우리는 이 조직의 대표에게 연락을 취했고, 인터뷰에 참여해줄 여성 셰프들을 알아보는 데 도움을 받을 수 있었다. 우리는 여성 셰프들의 일터로 연락을 취하거나 이메일을 보내는 방식으로 우리 연구에 대해 간략하게 소개했다. 또한 처음에 연락한 여성 셰프들에게 인터뷰에 참여해줄 가능성이 있는 다른 여성 셰프의 이름을 물어보는 눈덩이 표본 추출 방법을 사용하기도 했다.

이런 과정 끝에 센트럴 텍사스에서 근무하는 여성 셰프 50명을 알아낼 수 있었다. 그리고 이들이 근무하는 직장에 접촉해본 결과 그중 5명이 앞으로의 거취를 알리지 않은 채 일을 그만두었다는 것을 알게 되었다. 가능한 인터뷰이의 수는 45명이 되었고, 그중 33명(73%)이 우리 둘 중 한 명과 인터뷰를 해주었다. 이 인터뷰는 2008년에서 2009년 사이에 이루어졌다.

연구의 일환으로 요리 세계에 속해 있는 다양한 여성 집단에게 이야기를 듣고 싶었다. 우리는 헤드 셰프나 수 셰프로서 부엌의 핫 사이드에서 일하는 여성뿐만 아니라 패스트리 셰프로서 부엌의 콜드 사이드에서 일하는 여성도 인터뷰하기로 했다. 헤드 셰프 대부분은 남성이지만 패스트리 셰프는 여성이 더 많다. 우리는 일자리의 유형에 따라서도 경험이 다르게 나타나는지 알아보고자 했다.

레스토랑 부엌은 소모가 상당한 곳으로 알려져 있기 때문에 레스토랑을 그만두고 다른 일을 시작한 여성과도 이야기를 나누고자 했다. 이 작업을 통해 왜 그동안 투자했던 시간과 훈련에도 아랑곳하지 않고 레스토랑을 그만두는지 이해할 수 있을 것이라 생각했다. 인터뷰이 중 17명이 셰프 일을 그만두었으나 여전히 요리학교 강사나 케이터링 업체 운영, 고급 식료품점의 셰프나 관리자, 제과점 오너로서 요리 산업에 종사하고 있었다. 물론 이 여성들이 레스토랑 일을 그만둔 여성 전체를 대변하는 것은 아니다(예를 들어, 이들이 여전히 요리 산업에 종사하고 있다는 사실은 음식을 만드는 일에 긍정적 태도를 갖고 있음을 보여준다). 하지만 이들에게서 레스토랑 부엌을 떠나 다른 직업을 찾게 만든 요인에 관해 이야기를 들을 수는 있었다.

인터뷰이들이 요리 산업에 종사한 평균 기간은 15년이었다.

나이는 24세에서 60세까지 다양했으며 평균 나이는 39세였다. 24명은 백인이었고, 5명은 자신을 히스패닉이나 라틴계라고 설명했으며, 2명은 아시아인이었고, 나머지 2명은 흑인이었다. 1명을 제외한 나머지 인터뷰이는 전부 이성애자였다. 기혼이거나 인터뷰 당시 파트너와 동거 중인 인터뷰이는 21명이었고, 아이가 있는 인터뷰이는 15명이었다.

우리는 인터뷰이 한 명 한 명과 반 구조semi-structured 심층 인터뷰를 진행했다. 인터뷰는 주로 인터뷰이의 집이나 카페에서 진행했고 인터뷰이의 일터에서 진행한 경우도 있었다. 또한 인터뷰는 셰프가 된 동기와 셰프가 되기 위해 받은 훈련(요리학교 입학 또는 현장 실습), 레스토랑에서 일했던 경험, 일과 가정에서의 책임 사이에서 균형을 잡는 방법, 최근에 있었던 직업 변경에 대한 전반적인 생각(예를 들어, 여성이 새 일자리에 적응할 수 있는 방법)을 질문한 질문지를 바탕으로 진행했다.

우리의 표본이 여성 셰프 전체를 대표하지 않는다는 점을 알고 있다. 특히 우리의 표본은 텍사스에 한정되어 있다는 한계가 있다. 인터뷰이들이 여성 및 여성 리더의 역할 등과 관련해 보수적인 견해를 가진 것으로 알려져 있는 주州에서 근무하고 있기 때문에 다른 주에서는 발생하지 않는 젠더 차별이나 부당대우를 경험했을 수 있다. 하지만 동시에 텍사스의 요리 환경은 다른 지역(예를 들면, 뉴욕)만큼 경쟁이 심하지 않기 때문에 인터뷰이들이 일터에

인터뷰이 정보

가명	현 직책	라인/패스트리	경력	나이	인종/민족	결혼 여부	자녀 수	요리 학교 졸업
알렉산드라	레스토랑 이벤트 플래너	라인	22	36	아시아인	이혼	0	O
앰버	음식 배달 업체 오너	라인	10	34	백인	기혼	1	X
애나	헤드 셰프	라인	17	40	히스패닉	기혼	1	O
브렌다	제과점 오너	패스트리	18	54	백인	싱글	0	O
카미유	레스토랑 수석 패스트리 셰프	패스트리	12	32	백인	기혼	2	O
캔디스	레스토랑 패스트리 셰프	패스트리	6	39	백인	약혼	0	X
캐시	셰프/ 레스토랑 오너	라인	25	60	백인	기혼	2	O
첼시	요리 강사/ 패스트리 셰프	패스트리	15	34	백인	이혼	1	O
크리스틴	요리 강사/ 패스트리 셰프	패스트리	7	31	백인	기혼	1	O
다나	헤드 셰프	라인	7	24	백인	싱글	0	O
엘리사	헤드 셰프/ 레스토랑 오너	라인	3	46	히스패닉	기혼	2	O
엘런	요리 강사/ 패스트리 셰프	패스트리	28	42	백인	이혼	3	O
에린	헤드 셰프	라인	22	37	백인	기혼	1	O
글로리아	고급 케이터링 업체 오너	라인	25	57	백인	기혼	1	O
제인	요리 강사/ 패스트리 셰프	패스트리	20	35	백인	기혼	0	O
질	레스토랑 셰프	라인	10	36	백인	기혼	0	O

조앤	고급 식료품점 판매 담당	라인	26	42	백인	기혼	3	O
캐런	호텔 수석 패스트리 셰프	패스트리	16	32	히스패닉	싱글	0	O
케이트	레스토랑 오너	라인	32	49	백인	기혼	0	X
리사	고급 식료품점 요리 강사	라인	30	49	백인	싱글	0	O
린제이	고급 식료품점/ 카페의 패스트리 셰프	패스트리	10	26	백인	파트너와 동거	0	O
마리셀	셰프/레스토랑 오너	라인	25	45	히스패닉	기혼	4	X
멜리사	제과점 오너	패스트리	12	36	백인	싱글	0	O
미셸	헤드 셰프/ 레스토랑 오너	라인	15	52	흑인	기혼	0	
모니카	고급 식료품점/ 카페의 수 셰프	라인	3	25	히스패닉	기혼	0	O
나타샤	비스트로 헤드 셰프	라인	8	31	백인	기혼	0	O
퍼트리샤	헤드 셰프/ 레스토랑 오너	라인	25	59	백인	이혼	2	O
로즈	요리 강사/ 패스트리 셰프	패스트리	25	43	백인	기혼	2	O
세라	요리 강사	패스트리	9	25	백인	기혼	1	O
샤론	요리 강사/ 패스트리 셰프	패스트리	12	47	백인	기혼	0	O
셜리	헤드 셰프/ 레스토랑 오너	라인	21	43	백인	싱글	0	O
수전	패스트리 셰프/ 제과점 오너	패스트리	6	28	아시아인	기혼	0	O
태비사	고급 레스토랑 패스트리 셰프	패스트리	18	34	흑인	기혼	0	X

서 압박을 덜 느꼈거나 검증 과정이 덜 철저했을 수 있다. 인터뷰를 할 때 근무지가 텍사스라는 사실이 레스토랑 부엌에서 자신이 대우받는 방식에 주요한 영향을 미쳤다고 언급한 인터뷰이는 아무도 없었다(하지만 텍사스가 작은 도시이기 때문에 다른 셰프 일자리를 구할 기회가 적다고 말한 인터뷰이는 몇 명 있었다). 인터뷰이 다수가 뉴욕이나 로스앤젤레스, 시카고처럼 레스토랑 신으로 유명한 도시에서 근무한 경험이 있었기 때문에 자신이 경험한 다른 전문 요리 환경에 대해서도 이야기해줄 수 있었고, 덕분에 표본이 텍사스에 한정되어 있다는 문제를 어느 정도 해결할 수 있었다.

| 감사의 말 |

우선 연구에 참여해준 여성 셰프 33명에게 감사의 말을 전한다. 여성 셰프들의 강인함, 요리에 대한 열정과 헌신에 깊은 존경을 표한다. 이들은 자신의 일과 가정생활 이야기를 너그럽게 나누어주었다. 이들의 도움이 없었다면 이 책은 세상에 나오지 못했을 것이다. 러트거스 대학 출판부의 편집자 케이티 키란에게도 고맙다는 말을 전하고 싶다. 이 프로젝트에 적극적인 관심과 지원을 아끼지 않은 데 진심으로 감사한다. 책의 마무리를 도와준 러트거스 대학 출판부의 레슬리 미치너와 니콜 망가나로에게도 감사의 말을 전한다.

학회 논문과 아티클의 형태로 책의 내용을 정리한 수년간 여러 사람들에게 피드백과 지원을 받았다. 특히 대학원생들은 여러 문헌과 자료 찾는 것을 도와주었다. 라울 카사레즈와 제이미 혼버클, 켈리 러셀-듀바니, 휘트니 해리스, 앨리사 파월, 트레이시 키로스에게 감사의 말을 전한다. 그를 '단장'해준 데보라의 친구 수잰 대니얼스에게 감사한다. 우리의 기획안과 아티클, 논문, 초고를 검토하고 조언을 건넨 친구들과 동료들, 커스틴 델링거, 크리스틴 윌리엄스, 다나 브리턴, 패트리샤 리처드, 그레첸 웨버, 엘런 슬래튼, 제시 대니얼스, 바니나 레시자이너에게도 감사의 말을 전한다. 위태로운 남성성 개념을 제안해준 존 바트코프스키도 고맙다. 텍사스 주립대학의 사회학부(특히 학과장인 수전 데이 박사와 책의 몇몇 기술적인 측면을 보조해준 티나 비야레알)와 교양학부(특히 딘 마이클 헤네시), 책을 출간할 수 있도록 보조금을 지원해준 교무처(특히 교무부 처장인 신시아 옵하임)에게 감사의 말을 전하고 싶다.

이 프로젝트를 진행하는 동안 우리를 감정적으로 지지해준 친구들과 가족들에게도 개인적으로 감사를 전하고 싶다. 데보라의 어머니 엘라 해리스는 끈기와 열정이 무엇인지 알려주셨다. 사랑과 지원을 아끼지 않은 자매들, 그웬 깁스, 앤절라 스탠퍼드, 수전 윌리엄스에게도 감사하다. 책을 집필하는 동안 여러 친구들이 지지를 보내고 상담을 해주었다. 크리스티 폰드런, 다이애나 브리지스, 에어런 투생, 매기 슐라이히, 제이미 스미스는 여성 셰프들에 대해(그리고 이들의 이야기를 집필하는 과정에 대해) 그 누구보다도 많이 들어주었다. 모두에게 책을 한 권씩 나눠드릴 것이며, 데보라는 이들이 책을 받자마자 종이 분쇄기에 처넣지 않기만을 바라고 있다. 또한 응원을 보내준 페미니스트 키친 북 클럽Feminist Kitchen Book Club의 숙녀 분들에게도 감사를 보내며, 특히 여성 셰프 연구에 열광

하고 흥미를 보인 단체 창립자 애디 브로일즈에게 감사의 말을 전한다. 이 프로젝트를 계획하던 초기에 조언을 건넨 버지니아 우드에게도 감사를 전하고자 한다.

패티는 절대 흔들리지 않고 끝까지 패티를 믿어준 팀 패촐트에게 끝없는 감사를 전한다. 팀의 사랑과 믿음, 지원이 없었더라면 이 책을 마무리할 수 없었을 것이다. 친구이자 동료인 커스틴 델링거, 크리스틴 윌리엄스, 줄리 윈터리치, 엘런 슬래튼, 제프 잭슨, 미셸 리즈, 미셸 로벅, 스티브 로벅, 베스 버틴, 존 베이커에게도 감사하다. 이들은 초안을 읽어주고 제안과 통찰을 제공했다. 패티를 웃게 하고 때때로 춤추게 만들었으며 언제나 패티의 삶에 밝은 빛을 주었다. 마지막으로 수년간 학문적 작업을 지원해준 진저 화이트셀과 닐 화이트셀, 페리 주프리, 팻 패촐트에게 감사의 말을 전한다. 패티는 삶에서 정말 중요한 것이 무엇인지 끊임없이 상기시켜 주는 친구와 가족들에게 마음속 깊은 곳에서부터 감사하고 있다.

이전에 출간되었던 우리의 작업 일부를 이 책에 실을 수 있도록 허락해준 에메랄드 출판사와 스프링어 출판사에 감사를 전한다. 3장과 4장 일부는 2010년에 쓴 논문 ‹남자 중 한 명이 아닌: 여성 셰프, 요리 산업에서 젠더를 재정의하다Not One of the Guys: Women Chefs Redefining Gender in the Culinary Industry›, «일에 대한 사회학 연구*Research in the Sociology of Work*», 20권 59~81쪽을 토대로 했다. 5장 일부는 2010년 논문 ‹당신이 치르는 대가: 여성 전문 셰프들은 어떻게 일과 가정생활을 병행하는가The Price You Pay': How Female Professional Chefs Negotiate Work and Family›, «젠더 이슈*Gender Issues*», 27권 27~52쪽을 토대로 했다.

| 참고문헌 |

Acker, Joan. 1990. "Hierarchies, Jobs, Bodies: A Theory of Gendered Organizations." *Gender & Society* 4 (2): 139–158.

Balazs, Katharina. 2002. "Take One Entrepreneur: The Recipe for Success of France's Great Chefs." *European Management Journal* 20 (3): 247–259.

Bartholomew, Patricia S., and Jenene G. Garey. 1996. "An Analysis of Determinants of Career Success for Elite Female Executive Chefs." *Hospitality Research Journal* 20 (2): 125–135.

Batt, Rosemary, Jae Eun Lee, and Tashlin Lakhani. 2014. *A National Study of Human Resource Practices, Turnover, and Customer Service in the Restaurant Industry*. New York: Restaurant Opportunities Centers United.

Baumann, Shyon. 2002. "Marketing, Cultural Hierarchy, and the Relevance of Critics: Film in the United States, 1935–1980." *Poetics* 30 (4): 243–262.

Beagan, Brenda, Gwen E. Chapman, Andrea D'Sylva, and B.

Raewyn Bassett. 2008. "'It's Just Easier for Me to Do It': Rationalizing the Family Division of Foodwork." *Sociology* 42 (4): 653–671.

Bellas, Marcia. 1999. "Emotional Labor in Academia: The Case of Professors." *ANNALS of the American Academy of Political and Social Science* 561 (1): 96–110.

Benard, Stephen, and Shelley J. Correll. 2010. "Normative Discrimination and the Motherhood Penalty." *Gender & Society* 24 (5): 616–646.

Bielby, Denise D., Molly Moloney, and Bob Q. Ngo. 2005. "Aesthetics of Television Criticism: Mapping Critics' Reviews in an Era of Industry Transformation." *Research in the Sociology of Organizations* 23: 1–43.

Bilderback, Leslie. 2007. *The Complete Idiot's Guide to Success as a Chef.* New York: Alpha Books.

Bird, Sharon R. 1996. "Welcome to the Men's Club: Homosociality and the Maintenance of Hegemonic Masculinity." *Gender & Society* 10 (2): 120–132.

Bird, Sharon, and Laura A. Rhoton. 2011. "Women Professionals' Gender Strategies: Negotiating Gendered Organizational Barriers." In *Handbook of Gender, Work, and Organization*, edited by Emma Jeanes, David Knights, and Yancy Martin, 245–262. Chichester, West Sussex: Blackwell/Wiley Publishing.

Blair-Loy, Mary. 2003. *Competing Devotions: Career and Family among*

Women Executives. Cambridge, MA: Harvard University Press.

Bobbitt-Zeher, Donna. 2011. "Gender Discrimination at Work: Connecting Gender Stereotypes, Institutional Policies, and Gender Composition of Workplace." *Gender & Society* 25 (6): 764–786.

Bourdain, Anthony. 2000. *Kitchen Confidential: Adventures in the Culinary Underbelly*. London: Bloomsbury.

Bourdieu, Pierre. 1993. *The Field of Cultural Production*. New York: Columbia University Press.

Bourdieu, Pierre, and Loïc J. D. Wacquant. 1992. *An Invitation to Reflexive Sociology*. Chicago: University of Chicago Press.

Britton, Dana M. 1990. "Homophobia and Homosexuality: An Analysis of Boundary Maintenance." *The Sociological Quarterly* 31 (3): 423–440.

______ . 2003. *At Work in the Iron Cage: The Prison as Gendered Organization*. New York: New York University Press.

Britton, Dana M., and Laura Logan. 2008. "Gendered Organizations: Progress and Prospects." *Sociology Compass* 2 (1): 107–121.

Brundson, Charlotte. 2005. "Feminism, Postfeminism, Martha, Martha, and Nigella." *Cinema Journal* 44 (2): 110–116.

Bugge, Annechen Bahr, and Reidar Almas. 2006. "Domestic Dinner: Representations and Practices of a Proper Meal among Young Suburban Mothers." *Journal of Consumer Culture* 6 (2): 203–228.

Byron, Reginald A., and Vincent J. Roscigno. 2014. "Relational

Power, Legitimation, and Pregnancy Discrimination." *Gender & Society* 1–28. Accessed April 22, 2014. doi: 10.1177/0891243214523123.

Carli, Linda L. 2001. "Gender and Social Influence." *Journal of Social Issues* 57 (4): 724–741.

Castilla, Emilio J. 2008. "Gender, Race, and Meritocracy in Organizational Careers." *American Journal of Sociology* 113 (6): 1479–1526.

Charles, Maria, and Karen Bradley. 2009. "Indulging Our Gendered Selves? Sex Segregation by Field of Study in 44 Countries." *American Journal of Sociology* 114 (4): 924–976.

Cohen, Phillip N. 2013. "The Persistence of Workplace Gender Segregation in the U.S." *Sociology Compass* 7 (11): 889–899.

Cohen, Phillip N., and Matt L. Huffman. 2003. "Individuals, Jobs, and Labor Markets: The Devaluation of Women's Work." *American Sociological Review* 68 (3): 443–463.

______. 2007. "Working for the Woman: Female Managers and the Gender Wage Gap." *American Sociological Review* 72 (5): 681–704.

Cooper, Ann. 1997. *A Woman's Place is in the Kitchen*. New York: Van Nostrand Reinhold Company.

Correll, Shelley J., and Stephen Benard. 2006. "Biased Estimators? Comparing Status and Statistical Theories of Gender Discrimination." *Social Psychology of the Workplace* 23: 89–116.

Crittenden, Ann. 2001. *The Price of Motherhood*. New York: Henry

Holt and Company, LLC.

Damaske, Sarah. 2011. *For the Family? How Class and Gender Shape Women's Work*. New York: Oxford University Press.

Davis, Mitchell. 2009. "A Taste for New York: Restaurant Reviews, Food Discourse, and the Field of Gastronomy in America." PhD diss., New York University.

De Beauvoir, Simone. 1953. *The Second Sex*. New York: Bantam Books.

Dellinger, Kristen. 2002. "Wearing Gender and Sexuality 'on Your Sleeve': Dress Norms and the Importance of Occupational and Organizational Culture at Work." *Gender Issues* 20 (1): 3–25.

______ . 2004. "Masculinities in 'Safe' and 'Embattled' Organizations: Accounting for Pornographic and Feminist Magazines." *Gender & Society* 18 (5): 545–566.

Dellinger, Kirsten, and Christine L. Williams. 1997. "Make-Up at Work: Negotiating Appearance Rules in the Workplace." *Gender & Society* 11 (2): 151–177.

______ . 2002. "The Locker Room and the Dorm Room: Workplace Norms and the Boundaries of Sexual Harassment in Magazine Editing." *Social Problems* 49 (2): 242–257.

Denissen, Amy M. 2010a. "The Right Tools for the Job: Constructing Gender Meanings and Identities in the Male-Dominated Building Trades." *Human Relations* 63 (7): 1051–1069.

______ . 2010b. "Crossing the Line: How Women in the Building

Trades Interpret and Respond to Sexual Conduct at Work." *Journal of Contemporary Ethnography* 39: 297–327.

Denissen, Amy M., and Abigail C. Saguy. 2014. "Gendered Homophobia and the Contradictions of Workplace Discrimination for Women in the Building Trades." *Gender & Society* 28 (3): 381–403.

DeVault, Marjorie. 1994. *Feeding the Family: The Social Organization of Caring as Gendered Work*. Chicago: University of Chicago Press.

Druckman, Charlotte. 2010. "Why are There No Great Women Chefs?" *Gastronomica* 10: 24–31.

______ . 2012. *Skirt Steak: Women Chefs on Standing the Heat and Staying in the Kitchen*. San Francisco: Chronicle Books.

Eagly, Alice H., and Mary C. Johannesen-Schmidt. 2001. "The Leadership Styles of Women and Men." *Journal of Social Issues* 57 (4): 781–797.

Eagly, Alice, Mary C. Johannesen-Schmidt, and Marloes L. van Engen. 2003. "Transformational, Transactional, and Laissez-Faire Leadership Styles: A Meta—Analysis Comparing Women and Men." *Psychological Bulletin* 129 (4): 569–591.

Ecklund, Elaine Howard, Anne E. Lincoln, and Cassandra Tansey. 2012. "Gender Segregation in Elite Academic Science." *Gender & Society* 26 (5): 693–717.

Ehrensaft, Diane. 1990. *Parenting Together: Men and Women Sharing the Care of their Children*. Champaign: University of Illinois Press.

England, Paula. 2010. "The Gender Revolution: Uneven and Stalled." *Gender & Society* 24 (2): 149–156.

England, Paula, and Nancy Folbre. 1999. "The Cost of Caring." *Annals of the American Academy of Political & Social Science* 561: 39–51.

Epstein, Cynthia Fuchs. 1989. "Workplace Boundaries: Conceptions and Creations." *Social Research* 56 (3): 571–590.

Erickson, Karla. 2010. "Talk, Touch, and Intolerance: Sexual Harassment in an Overtly Sexualized Work Culture." *Research in the Sociology of Work* 20: 179–202.

Esterberg, Kristin G. 2002. *Qualitative Methods in Social Research*. Boston: McGraw Hill.

Fantasia, Rick. 2010. "'Cooking the Books' of the French Gastronomic Field." In *Cultural Analysis and Bourdieu's Legacy*, edited by Elizabeth Silva and Alan Warde, 28–44. London: Routledge.

Ferguson, Priscilla Parkhurst. 2004. *Accounting for Taste: The Triumph of French Cuisine*. Chicago: University of Chicago Press.

Fine, Gary Alan. 1987. "One of the Boys: Women in Male-Dominated Settings." In *Changing Men: New Directions in Research on Men and Masculinity*, edited by Michael S. Kimmel, 131–147. Newbury Park, CA: Sage Publications.

______. 1992. "The Culture of Production: Aesthetic Choices and Constraints in Culinary Work." *American Journal of Sociology* 97

(5): 1268–1294.

______ . 1996a. "Justifying Work: Occupational Rhetorics as Resources in Restaurant Kitchens." *Administrative Science Quarterly* 41 (1): 90–115.

______ . 1996b. *Kitchens: The Culture of Restaurant Work*. Berkeley, CA: University of California Press.

Florida, Richard. 2002. *The Rise of the Creative Class*. New York: Basic Books.

Furia, Stacie. 2010. "Navigating the Boundaries: Army Women in Training." *Research in the Sociology of Work* 20: 107–126.

Gans, Herbert J. 1999. *Popular Culture and High Culture*. New York: Basic Books.

Gardner, William L., Dawn Fischer, and James G. Hunt. 2009. "Emotional Labor and Leadership: A Threat to Authenticity?" *The Leadership Quarterly* 20: 466–482.

Gerson, Kathleen. 2010. *The Unfinished Revolution: How a Generation is Reshaping Family, Work, and Gender in America*. Oxford: Oxford University Press.

Giffort, Danielle M. 2011. "Show and Tell? Feminist Dilemmas and Implicit Feminism at Girls' Rock Camp." *Gender & Society* 25 (5): 569–588.

Giuffre, Patti A., and Christine L. Williams. 1994. "Boundary Lines: Labeling Sexual Harassment in Restaurants." *Gender & Society* 8 (3): 378–401.

Giuffre, Patti, Kirsten Dellinger, and Christine Williams. 2008. "'No Retribution for Being Gay?': Inequality in Gay-Friendly Workplaces." *Sociological Spectrum* 28: 254–277.

Glauber, Rebecca. 2011. "Limited Access: Gender, Occupational Composition, and Flexible Work Scheduling." *Sociological Quarterly* 52 (3): 474–494.

Gopnik, Adam. 2011. *The Table Comes First: Family, France, and the Meaning of Food*. New York: Alfred E. Knopf.

Gorman, Elizabeth. 2005. "Gender Stereotypes, Same-Gender Preferences, and Organizational Variation in the Hiring of Women: Evidence from Law Firms." *American Sociological Review* 70 (4): 702–728.

Haas, Scott. 2005. "Why a Chef?: A Journey into the Darkest Regions of the Kitchen." *Gastronomica* 5: 37–42.

______ . 2013. *Back of the House: The Secret Life of a Restaurant*. New York: Berkeley Books.

Hamrick, Karen S., Margaret Andrews, Joanne Guthrie, David Hopkins, and Ket McClelland. 2011. *How Much Time Do Americans Spend on Food?* EIB-86, U.S. Department of Agriculture, Economic Research Service.

Hays, Sharon. 1998. *The Cultural Contradictions of Motherhood*. New Haven, CT: Yale University Press.

Hennen, Peter. 2008. *Faeries, Bears and Leathermen: Men in Community Queering the Masculine*. Chicago: University of

Chicago Press.

Hochschild, Arlie R. 1983. *The Managed Heart: The Commercialization of Feeling*. Berkeley: University of California Press.

______. 1990. *The Second Shift*. New York: Avon Books.

Hollows, Joanne. 2003. "Feeling Like a Domestic Goddess: Post-feminism and Cooking." *European Journal of Cultural Studies* 6 (2): 179–202.

Hopfl, Heather. 2011. "Women's Writing." In *Handbook of Gender, Work, and Organization*, edited by Emma J. Jeanes, David Knights, and Patricia Yancey Martin, 25–36. New York: Wiley.

Hughey, Matthew W. 2010. "The White Savior Films and Reviewers' Reaction." *Symbolic Interaction* 33 (3): 475–496.

Hyman, Gwen. 2008. "The Taste of Fame: Chefs, Diners, Celebrity, Class." *Gastronomica* 8 (3): 43–52.

Irvine, Leslie, and Jenny R. Vermilya. 2010. "Gender Work in a Feminized Profession: The Case of Veterinary Medicine." *Gender & Society* 24 (1): 56–82.

Jayaraman, Sara. 2013. *Beyond the Kitchen Door*. Ithaca, NY: Cornell University Press.

Jeanes, Emma J., David Knights, and Patricia Yancey Martin, eds. 2011. *Handbook of Gender, Work, and Organization*. New York: Wiley.

Johnston, Josée, and Shyon Baumann. 2010. *Foodies: Democracy and Distinction in the Gourmet Foodscape*. New York: Routledge.

Jones, Steve, and Benn Taylor. 2001. "Food Writing and Food Cultures: The Case of Elizabeth David and Jane Grigson." *European Journal of Cultural Studies* 4 (2): 171–188.

Kamp, David. 2006. *The United States of Arugula*. New York: Broadway Books.

Kanter, Rosabeth M. 1977. *Men and Women of the Corporation*. New York: Basic Books.

Katila, Saija, and Paivi Eriksson. 2013. "He Is a Firm, Strong-Minded, and Empowering Leader, but Is She? Gendered Positioning of Female and Male CEOs." *Gender, Work, and Organization* 20 (1): 71–84.

Kelly, Erin L., Samantha K. Ammons, Kelly Chermack, and Phyllis Moen. 2010. "Gendered Challenge, Gendered Response: Confronting the Ideal Worker Norm in a White-Collar Organization." *Gender & Society* 24 (3): 281–303.

Kelly, Ian. 2003. *Cooking for Kings: The Life of Antonin Carême the First Celebrity Chef*. New York: Walker and Company.

Kuh, Patric. 2001. *The Last Days of Haute Cuisine*. New York: Penguin.

Lamont, Michele, and Virag Molnar. 2002. "The Study of Boundaries in the Social Sciences." *Annual Review of Sociology* 28: 167–195.

Leidner, Robin. 1991. "Serving Hamburgers and Selling Insurance: Gender, Work, and Identity in Interactive Service Jobs." *Gender & Society* 5 (2): 154–177.

Leschziner, Vanina. 2007. “Cooking Careers: Institutional Structures and Professional Selfconcepts in the Field of High Cuisine.” Presentation at the ASA Annual Conference. New York, NY.

Levin, Peter. 2001. “Gendering the Market Temporality, Work, and Gender on a National Futures Exchange.” *Work and Occupations* 28 (1): 112–130.

Levine, Lawrence. 1988. *Highbrow/Lowbrow: The Emergence of Cultural Hierarchy in America*. Cambridge, MA: Harvard University Press.

Lizardo, Omar, and Sara Skiles. 2008. “Cultural Consumption in the Fine and Popular Arts Realms.” *Sociology Compass* 2 (2): 485–502.

Lounsbury, Michael, and Mary Ann Glynn. 2001. “Cultural Entrepreneurship: Stories, Legitimacy, and the Acquisition of Resources.” *Strategic Management Journal* 22: 545–564.

Mandel, Hadas. 2013. “‘Up the Down Staircase’: Women’s Upward Mobility and the Wage Penalty for Occupational Feminism, 1970–2007.” *Social Forces* 91 (4): 1183–1207.

Marcus, Miriam. 2005. “Editor’s Dish: Results of Starchefs.com 2005 Salary Survey.” Accessed November 19, 2008. http://www.starchefs.com/features/editors_dish/salary_survey/.

Martin, Patricia Y. 2003. “‘Said and Done’ Versus ‘Saying and Doing’: Gendering Practices, Practicing Gender at Work.” *Gender & Society* 17 (3): 342–366.

McLaughlin, Heather, Christopher Uggen, and Amy Blackstone.

2012. "Sexual Harassment, Workplace Authority, and the Paradox of Power." *American Sociological Review* 77 (4): 625–647.

McNamee, Thomas. 2007. *Alice Waters and Chez Panisse*. New York: Penguin.

Miles, Elizabeth. 1993. "Adventures in the Postmodernist Kitchen: The Cuisine of Wolfgang Puck." *Journal of Popular Culture* 27 (3): 191–203.

Miles, Matthew B., and A. Michael Huberman. 1994. *Qualitative Data Analysis: An Expanded Sourcebook*. Thousand Oaks, CA: Sage.

Milkie, Melissa A., and Pia Peltola. 1999. "Playing All the Roles: Gender and the Work—Family Balancing Act." *Journal of Marriage and the Family* 61 (2): 476–490.

Moen, Phyllis, and Yan Yu. 2000. "Effective Work/Life Strategies: Working Couples, Work Conditions, Gender, and Life Quality." *Social Problems* 47 (3): 291–326.

Moskin, Julia. 2014. "A Change in the Kitchen." *New York Times*, January 21. Accessed February 1, 2014. http://www.nytimes.com/2014/01/22/dining/a-change-in-the-kitchen.html?_r=0.

Paap, Kris. 2006. *Working Construction: Why White Working-Class Men Put Themselves—and the Labor Movement—in Harm's Way*. New York: Cornell University Press.

Parsa, H. G., John T. Self, David Njite, and Tiffany King. 2005. "Why Restaurants Fail." *Cornell Hotel and Restaurant Administration*

Quarterly 46 (3): 304–322.

Pearlman, Alison. 2013. *Smart Casual: The Transformation of Gourmet Restaurant Style in America*. Chicago: University of Chicago Press.

Pierce, Jennifer. 1995. *Gender Trials: Emotional Lives in Contemporary Law Firms*. Berkeley: University of California Press.

Pinkard, Susan. 2009. *A Revolution in Taste: The Rise of French Cuisine, 1650–1800*. New York: Cambridge University Press.

Pollan, Michael. 2013. *Cooked: A Natural History of Transformation*. New York: Penguin.

Presser, Harriet. 2003. *Working in a 24/7 Economy: Challenges for American Families*. New York: Russell Sage Foundation.

Rao, Hayagreeva, Philippe Monin, and Rodolphe Durand. 2003. "Institutional Change in Toque Ville: Nouvelle Cuisine as an Identity Movement in French Gastronomy." *American Journal of Sociology* 108 (4): 795–843.

Reskin, Barbara F., and Patricia A. Roos. 1990. *Job Queues, Gender Queues: Explaining Women's Inroads into Male Occupations*. Philadelphia: Temple University Press.

Rhoton, Laura A. 2011. "Distancing as a Gendered Barrier: Understanding Women Scientists' Gender Practices." *Gender & Society* 25 (6): 696–716.

Ridgeway, Cecilia. 2007. "Gender as a Group Process: Implications for the Persistence of Inequality." In *The Social Psychology of Gender*, edited by Shelley Correll, 311–333. New York: Elsevier.

______ . 2011. *Framed by Gender: How Gender Inequality Persists in the Modern World*. Oxford: Oxford University Press.

Roth, Louise M. 2004. "Engendering Inequality: Processes of Sex Segregation on Wall Street." *Sociological Forum* 19 (2): 203–228.

______ . 2006. *Selling Women Short: Gender and Money on Wall Street*. Princeton, NJ: Princeton University Press.

Rousseau, Signe. 2012. *Food Media: Celebrity Chefs and the Politics of Everyday Interference*. London: Berg.

Rudman, Laurie A., and Peter Glick. 2001. "Prescriptive Gender Stereotypes and Backlash toward Agentic Women." *Journal of Social Issues* 57 (4): 743–762.

Ruhlman, Michael. 2001. *The Soul of a Chef: The Journey Toward Perfection*. New York: Penguin.

______ . 2007. *The Reach of a Chef: Professional Cooks in the Age of Celebrity*. New York: Penguin.

Sandberg, Sheryl. 2013. *Lean In: Women, Work, and the Will to Lead*. New York: Alfred A. Knopf.

Schilt, Kristen. 2006. "Just One of the Guys? How Transmen Make Gender Visible at Work." *Gender & Society* 20 (4): 465–490.

______ . 2010. *Just One of the Guys? Transgender Men and the Persistence of Gender Inequality*. Chicago: University of Chicago Press.

Shapiro, Laura. 2001. *Perfection Salad: Women and Cooking at the Turn of the Century*. New York: Random House.

Sinclair, Alicia C. 2006. "'On the Line': Identifying Workplace

Stressors in the Restaurant Kitchen." PhD diss., Columbia University.

Smithson, Janet, and Elizabeth H. Stokoe. 2008. "Discourses of Work–Life Balance: Negotiating 'Genderblind' Terms in Organizations." *Gender, Work, and Organization* 12 (2): 147–168.

Spang, Rebecca L. 2000. *The Invention of the Restaurant: Paris and Modern Gastronomic Culture*. Cambridge, MA: Harvard University Press.

Stone, Pamela. 2007. *Opting Out? Why Women Really Quit Careers and Head Home*. Berkeley: University of California Press.

Stringfellow, Lindsay, Andrew MacLaren, Mairi Maclean, and Kevin O'Gorman. 2013. "Conceptualizing Taste: Food, Culture, and Celebrities." *Tourism Management* 37: 77–85.

Sutton, Ryan. 2014. "Women Everywhere in Food Empires but No Head Chefs." *Bloomberg News*, March 6. Accessed April 1, 2014. http://www.bloomberg.com/news/2014–03–06/women-everywhere-in-chang-colicchio-empires-but-no-head-chefs.html.

Swinbank, Vicki A. 2002. "The Sexual Politics of Cooking: A Feminist Analysis of Culinary Hierarchy in Western Culture." *Journal of Historical Sociology* 15 (4): 464–494.

Symons, Michael. 2000. *A History of Cooks and Cooking*. Urbana: University of Illinois Press.

Tallichet, Suzanne E. 2000. "Barriers to Women's Advancement in Underground Coal Mining." *Rural Sociology* 65 (2): 234–252.

Tanner, Julian, and Rhonda Cockerill. 1996. "Gender, Social Chance, and the Professions: The Case of Pharmacy." *Sociological Forum* 11 (4): 643–660.

Tomaskovic-Devey, Donald. 1993. *Gender and Racial Inequality at Work: The Sources and Consequences of Job Segregation*. Ithaca, NY: ILR Press.

Townley, Barbara, Nic Beech, and Alan McKinlay. 2009. "Managing in the Creative Industries: Managing the Motley Crew." *Human Relations* 62 (7): 939–962.

Trubek, Amy. 2000. *Haute Cuisine: How the French Created the Culinary Profession*. Philadelphia: University of Pennsylvania Press.

U.S. Bureau of Labor Statistics. 2013. "BLS Reports: Women in the Labor Force, A Databook." *Bureau of Labor Statistics, U.S. Department of Labor, Occupational Outlook Handbook,* 2014–15 *Edition, Chefs and Head Cooks*. Accessed February 15, 2014. http://www.bls.gov/ooh/food-preparation-and-serving/chefsand—head-cooks.htm.

U.S. Department of Education, National Center for Education Statistics, Integrated Postsecondary Education Data System, Fall 2006. 2007.

Vallas, Steven Peter. 2001. "Symbolic Boundaries and the New Division of Labor: Engineers, Workers and the Restructuring of Factory Life." *Research in Social Stratification and Mobility* 18: 3–37.

Voydanoff, Patricia, and Brenda W. Donnelly. 1989. "Work and Family Roles and Psychological Distress." *Journal of Marriage and the Family* 51 (4): 923–932.

Wallace, Jean E., and Fiona M. Kay. 2012. "Tokenism, Organizational Segregation, and Coworker Relations in Law Firms." *Social Problems* 59 (3): 389–410.

Webber, Gretchen, and Christine Williams. 2008a. "Part-time Work and the Gender Division of Labor." *Qualitative Sociology* 31 (1): 15–36.

______ . 2008b. "Mothers in 'Good' and 'Bad' Part-time Jobs: Different Problems, Same Results." *Gender & Society* 22 (6): 752–777.

Wharton, Amy. 1999. "The Psychological Consequences of Emotional Labor." *Annals of the American Academy of Political and Social Science* 561: 158–176.

Williams, Christine L. 1989. *Gender Differences at Work: Women and Men in Nontraditional Occupations.* Berkeley: University of California Press.

______ . 1995. *Still a Man's World: Men Who Do Women's Work.* Berkeley: University of California Press.

Williams, Christine L., Chandra Muller, and Kristine Kilanski. 2012. "Gendered Organizations in the New Economy." *Gender & Society* 26 (4): 549–573.

Wingfield, Adia Harvey. 2013. *No Invisible Men: Race and Gender in*

Men's Work. Philadelphia: Temple University Press.

Yoder, Janice D., and Patricia Aniakudo. 1997. "'Outsider Within' the Firehouse: Subordination and Difference in the Social Interactions of African-American Women Firefighters." *Gender & Society* 11 (3): 324–341.

Yount, Kristen R. 1991. "Ladies, Flirts, and Tomboys: Strategies for Managing Sexual Harassment in an Underground Coal Mine." *Journal of Contemporary Ethnography* 19 (4): 396–422.

Zimmer, Lynn. 1987. "How Women Reshape the Prison Guard Role." *Gender & Society* 1 (4): 415–431.

여성 셰프 분투기

요리에 가려진 레스토랑에서의 성차별

첫 번째 찍은 날 2017년 5월 30일

지은이 데버러 A. 해리스, 패티 주프리
옮긴이 김하현
펴낸이 김수기
펴낸곳 현실문화연구

편집 김주원, 김소영
디자인 김재은
마케팅 최새롬
제작 이명혜

등록번호 제25100-2015-000091호
등록일자 1999년 4월 23일
주소 서울시 은평구 통일로 684 서울혁신파크 1동 403호
전화 02-393-1125
팩스 02-393-1128
전자우편 hyunsilbook@daum.net
블로그 hyunsilbook.blog.me
페이스북 www.facebook.com/hyunsilbook.kr

ISBN 978-89-6564-196-4 (03330)
가격은 뒤표지에 있습니다.

이 도서의 국립중앙도서관 출판예정도서목록(CIP)은 서지정보유통지원시스템 홈페이지(http://seoji.nl.go.kr)와 국가자료공동목록시스템(http://www.nl.go.kr/kolisnet)에서 이용하실 수 있습니다.(CIP제어번호: 2017010691)